大学生安全教育

主　编　　彭泽立　　陈欣欣　　张松志
副主编　　蔡胜男　　陈燕妮　　陈立新
　　　　　孙　魁　　张万铝　　杨乐乐
　　　　　汤　灿　　刘兆波　　胡弄娥
　　　　　赵　欢　　金　晶　　洪　亮
　　　　　周　婷

中南大学出版社
www.csupress.com.cn
·长沙·

图书在版编目(CIP)数据

大学生安全教育/彭泽立,陈欣欣,张松志主编.
—长沙:中南大学出版社,2020.9
ISBN 978 - 7 - 5487 - 4166 - 4

Ⅰ.①大… Ⅱ.①彭… ②陈… ③张… Ⅲ.①大学生
—安全教育 Ⅳ.①G641

中国版本图书馆 CIP 数据核字(2020)第 174702 号

大学生安全教育
DAXUESHENG ANQUAN JIAOYU

主编 彭泽立 陈欣欣 张松志

□**责任编辑**	刘 莉		
□**责任印制**	易红卫		
□**出版发行**	中南大学出版社		
	社址:长沙市麓山南路	邮编:410083	
	发行科电话:0731 - 88876770	传真:0731 - 88710482	
□**印 装**	湖南蓝盾彩色印务有限公司		

□**开 本**	787 mm×1092 mm 1/16	□**印张** 17	□**字数** 434 千字
□**版 次**	2020 年 9 月第 1 版	□2020 年 9 月第 1 次印刷	
□**书 号**	ISBN 978 - 7 - 5487 - 4166 - 4		
□**定 价**	45.00 元		

前　言

　　校园安全工作，作为教育工作的重要组成部分，牵动着广大家长的心，关系着家庭的安宁与幸福。对大学生进行安全防范教育，是高校思想政治教育的一项重要内容，也是大学生知识体系中不可缺少的一部分。做好大学生安全防范教育工作，是大学生顺利完成学业的重要保障，是落实以生为本的重要体现，同时也是创建平安校园、和谐校园的必然举措和要求。

　　随着市场经济的不断发展，社会转型时期新旧观念、新旧体制中的诸多矛盾和摩擦不可避免地涉及大学校园，社会环境对学校和学生的影响将越来越大，学校的安全和稳定工作也将遇到越来越多的新情况、新问题，加强安全防范教育，建设和谐、安全、稳定的校园环境，是学校、社会、家庭各方面共同的责任，也是帮助学生在错综复杂的社会环境中明辨是非、避免伤害事故、保护自身安全的需要，是实施素质教育的一项重要内容。近几年来，涉及高校和高校学生的凶杀、他杀、自杀、诈骗等案件有所增多，在校学生的人身安全、合法权益受到侵害，学校正常的教学、科研秩序受到严重影响，同时，也增加了社会不稳定因素。大学校园治安、刑事案件的发生固然与严峻的治安形势等外部环境有关，但当事人的安全防范意识及自我保护能力较差，也是不可忽视的重要因素。

　　当今社会是一个快速发展和高度开放的社会。随着我国经济和世界接轨，教育领域也逐步和世界教育接轨。在校大学生的生活空间不断扩展，与社会各个领域的接触、交流也不断拓宽。在校期间，学生除了校内的学习生活外，还要走出学校参加各种各样的社会活动，有的学生还要勤工助学打工赚钱。一些缺乏社会经验尤其是缺乏安全常识的大学生，很可能成为各种不安全问题和案件的受害者。所以，加强高校安全教育，不断增强大学生的安全意识和自我防范能力，已成为高校的一项必须做好的重要工作。

我们历来重视学生安全教育，每届新生入学教育时均专门组织了安全防范与教育。在日常学生教育管理中，注重通过消防演习、专题报告、社团活动等形式增强学生的国家意识、安全意识和自我保护意识。由多年来从事学生教育管理工作的多名同志编写的《大学生安全教育》一书，内容涵盖了国家与社会安全、校园安全、个人安全、应急自救等内容，立足校园，放眼未来，对加强大学生安全防范与教育具有积极的作用。

本书在编写过程中，我们参考了有关著作及论文，吸收了其中不少有价值的成果，其中大部分已在参考文献中说明，文中不再一一注明和列举，在此向原作者致以诚挚的谢意！同时，由于编者知识水平有限，加之时间仓促，书中难免有不足和不妥甚至错误和疏漏之处，恳请各位同仁、专家、学者及广大读者批评指正！

编者

2020 年 9 月

目　录

下篇 高校安全文化建设

上篇

高校安全教育基本理论

人类要生存就必须开展社会生产，要开展社会生产就必然与安全保障相联系。而安全保障的知识和技能需要通过教育的方式传承和实现，所以安全教育是人类生存活动的重要形式和内容之一。安全教育作为以规范人的行为安全为基本目标的教育活动，它与人类的生存和发展密不可分，并伴随人的一生，是一项终身的教育。无论是天真无邪的幼儿阶段，还是朝气蓬勃的少年时期；无论是青春飞扬的大学时代，还是投身社会建设的工作时期，以至于安享晚年的退休生活，都离不开安全，都需要根据时代的不断发展和科技的进步，不断接受各种各样的安全教育。高校安全教育是青春飞扬的大学时代的一门课程，需要广大青年大学生掌握的相关知识与技能。它将是大学生安全走过大学生活，走向社会的"一把伞"，为他们撑起一片安全的天。作为当代大学生，随着社会实践经历的增多，心智逐渐走向成熟，考虑问题会更加理性，并且开始对自己的人生有了一定的规划意识，自主学习的意识明显增强。因此，通过本篇安全教育理论学习，有助于其从思想认识、安全意识、安全理念、法制观念等方面，深刻理解安全教育的重要意义，掌握学习安全教育相关的知识和方法，以及充分明白理论对实践的指导意义。同时，引导广大大学生树立正确的安全价值观，树立"生命至上、安全第一"的安全理念，提高安全文明素质，养成自觉遵守法律规范的行为习惯，增强安全意识，最终形成安全的自觉性。

第一章　高校安全教育概况

2016 年 10 月 14 至 17 日，某职业院校接连发生多起学生死亡事件。据知情人透露，第一起为 10 月 14 日晚上 11 点半左右一学生于该校宿舍楼跳楼身亡，具体坠亡原因不明；第二起学生死亡时间为 15 日凌晨，疑因在校外 KTV 与他人斗殴而死；第三起为 10 月 17 日下午 5 时许，一名男生于宿舍楼跳楼身亡。

疑似斗殴致死学生的父亲说，儿子郭某今年 17 岁，是该校五年制大专金融系学生。14 日傍晚，郭某一行五男一女在市内一家 KTV 内唱歌。其间，女子拿手机与 KTV 外一名男子视频，引发与女子视频男子对 KTV 内男子的不满。随后，争执双方约在 KTV 附近面谈，见面后很快由口角升级为互殴。打斗过程中，郭某颅骨开裂，另有三人重伤。

据知情人透露，第三起死亡学生疑因花钱问题与父亲起争执后坠亡。10 月 17 日学生坠亡前，其父母均在旁边。当时，学生要求父母给他买电脑，家里给他寄了 5000 元钱，后又给他汇了 2000 元，父母觉得不对劲便来到学校质问，引发争执。情绪非常激动的儿子冲出寝室，坠楼身亡。

高校通常被人们称为象牙塔，是一片远离尘世喧嚣和尔虞我诈的纯净之地。刚刚步入成年的学子们，正在开始一段人生中最美好的大学生活，他们沐浴着新时代的春风，徜徉在知识的海洋，接触新朋友，学习新知识，培养新技能，为今后走上社会一展才华，为实现人生理想打基础、做储备。但个别学生却因为某种原因早早结束了自己年轻的生命，令人唏嘘而又不解。

品学兼优的高校大学生，本该天真无邪和无忧无虑，为什么会如此忽视安全轻贱生命？大学生最缺乏的东西是什么？高校又该如何保护大学生的生命和财产安全？

第一节　我国高校安全概况

改革开放以来，我国高等教育规模继续呈现稳步发展态势，结构进一步优化，办学条件保障水平有所提高，为推动经济社会快速发展和国民素质提升发挥了重要的支撑和助力作用。

一、我国高等教育的基本状况

（一）高等教育机构规模

截至 2017 年，全国共有高等学校 2913 所。其中，普通高等学校 2631 所（含独立学院 265 所），比上年增加 35 所。普通本科院校 1243 所，比上年增加 6 所；高职（专科）院校 1388 所，比上年增加 29 所。全国共有研究生培养机构 815 个，其中，普通高校 578 个，科研机构 237 个。

（二）高等教育在校生规模

截至 2017 年，全国各类高等教育在学总规模达 3779 万人。高等教育入学率达 45.7%，每十万人口中高等教育在校生人数为 2576 人。全国在学研究生 264 万人，其中，在学博士生 36.2 万人，在学硕士生 227.8 万人。全国普通、成人本专科在校生 3297.7 万人，其中，普通本专科在校生 2753.6 万人，成人本专科在校生 544.1 万人。

（三）普通高校教师队伍

普通高校教师学位层次普遍提高，师资结构进一步优化。截至 2017 年，全国普通高等学校专任教师 163.3 万人。普通高校生师比 17.5∶1，其中，本科院校 17.4∶1，高职（专科）院校 17.7∶1。

（四）普通高校办学条件

截至 2017 年，全国普通高校校均规模为 10430 人，其中普通本科院校为 14639 人，普通高职（专科）院校为 6621 人。全国普通高校生均教学辅助及行政用房面积 14.0 平方米，其中本科院校 13.3 平方米，高职（专科）院校 15.4 平方米。全国普通高校生均教学科研仪器设备值为 14597 元，其中普通本科院校 16925 元，高职（专科）院校为 9237 元。全国普通高校每百名学生拥有教学用计算机 26.7 台，其中本科院校为 26.7 台，高职（专科）院校为 26.8 台。

二、安全的概念

（一）安全的定义

根据《现代汉语词典》的解释：安全指没有危险、不受威胁、不出事故。根据《韦伯国际词典》，英语的安全（security）表示一种没有危险、恐惧、不确定状态，免于担忧，同时在一定的意义上还表示进行防卫和保护的各种措施。英语中的安全通常用"security"表达，有时也用"safety"表达。一般而言，security 更多用于描述整体安全，safety 则多用于描述个体安全。国家标准《职业健康管理体系规范》（GB/T28001）对安全的定义是："免除了不可接受的损害风险的状态。"所以说，"安全"是人的身心免受外界（不利）因素影响的存在状态（包括健康状况）以及保障条件。首先，它指外界使人的身心处于健康状态。其次，也指人的身心处于健康状态的客观保障条件（因素）。最后，将人的身心存在的安全状态及其事物保障的安全条件有机结合就构成安全整体。

安全有狭义和广义之分。狭义的安全是指某一领域或系统中的安全，具有技术安全的含义，即人们通常所说的某一领域或系统中的技术，如生产安全、机械安全、矿业安全、交通安全等。广义安全即大安全，是以某一系统或领域为主的技术安全扩展到生活安全与生存安全领域，形成了生产、生活、生存领域的大安全，是全民、全社会的安全。

（二）安全的属性

安全有两种属性：自然属性和社会属性。

安全的自然属性可从两个方面讨论：其一，安全是人的生理与心理需要，或者是由生命及生的欲望决定了的自我保护意识，这是天生的，是安全存在的主动因素。其二，安全是人类对天灾的无奈以及新陈代谢、生老病死的规律不可抗拒，使人们不得不把生命安全经常提到议事日程。这虽然是被动因素，但它与前一个主动因素相结合，就决定了安全是自古以来人类生存、生活、进步永恒的主题。

安全的社会属性，指安全要素中那些同人与人的社会结合关系及其运动规律相联系的现象和过程。人类生产从来不是个人的孤立行为，而是在人与人之间形成一定社会关系条件下进行的社会生产活动。作为社会主体的人，不仅是生物人，更是社会人，即一定劳动生产力的承担者、一定生产关系（首先是利益关系）的承载者、一定政治关系和意识形态的体现者。正如马克思所说"人是一切社会关系的总和"。因而，人的安全需要已不是动物式的本能或单纯的求生欲望，而是社会性的人在生产和社会活动中有目的、有意识的行为，是人们的社会地位、利益、思想观念和政治关系的体现。从物的方面来看，生产和安全活动中的物质因素虽然遵循自然规律，但它们也是由人所利用和支配的，依存于一定社会因素和社会条件。例如，采用某种工艺、设备及安全投入水平，都是在一定社会条件下的人所决定的。安全的社会属性，正是反映人类生产活动中人与人的社会关系及其对安全的作用和机制，遵循社会运动规律，属社会科学研究对象。

人的自然属性受社会属性的制约，是社会化的自然属性；安全的自然属性与社会属性的耦合，本质（在哲学）上就是矛盾的统一。

（三）安全的内涵

实现安全是人类最大的也是永恒的哲学命题。随着人类社会的发展，人类对安全需求的迫切和渴望之多，对安全重视程度之高，对安全投入之大都是前所未有的。但是，人们对安全的认识和理解不是那么形象、完备和科学，以至于不管对安全作何定义，都很难完全包容安全的内涵。

安全是人类最基本的需求。人类的一切生活、生产活动都源于生命的存在。如果人们失去了生命，生存无从谈起，生活也无所依存。人类社会发生的一系列悲惨的安全事故告诉我们，安全就是生命，安全就是健康。安全问题无处不在，无时不在，它突破了时间和空间的限制，存在于人类日常生活和生产活动的全过程中。而且随着现代化大生产的不断发展，安全事故更具突发性、灾难性和社会性，保护人类自身安全是我们最重要的课题和任务。

安全是一种文化。文化，是指人类活动创造的精神和物质产品的总和。安全文化，则是指人类安全活动创造的安全生产和安全生活的观念、环境和条件。在我们的传统文化中它有着丰富的内涵，比如千里之堤溃于蚁穴、如履薄冰、如临深渊的忧患意识；未雨绸缪、防患于未然的预防理念；风起于青萍之末的警觉，居安思危、警钟长鸣的警觉思维，都从不同角度揭示了安全的本质内涵。安全文化是以人为本的文化，符合先进生产力的发展要求，符合先进文化的前进方向，符合广大人民群众的根本利益。

安全是一份责任。它是一份对国家、对社会、对工作、对事业的责任，也是对家庭、对亲人、对自己、对他人的责任。对国家和社会，安全意味着和谐稳定和发展；对工作和事业，安全意味着成绩和成功；对亲人和家庭，安全意味着关爱和幸福；对自己和他人，安全意味着健康和生命。无论是哪种情况，安全都是一份沉甸甸的责任。

安全还是一门科学（安全科学），一门管理艺术（安全管理），一门技术（安全技术）。归根结底，安全就是一切。生产、生活离不开安全，工作、学习离不开安全，个人、集体离不开安全，国家、社会离不开安全，安全就像万丈高楼的基石。

（四）安全的分类

一般来说，安全的类型可以进行细化，按照不同方法可以细化为不同的类型。

(1)按危害的来源划分，安全分为自然属性的安全和社会属性的安全。自然属性的安全是指免于和减少自然灾害破坏的安全；社会属性的安全是指社会活动中没有人为破坏、危害的安全。这里，危害安全的原因或因素是人类的生产、生活、文化和其他社会活动。

(2)按社会公与私的关系来划分，安全分为公共安全和个人安全。公共安全是指构成社会整体的安全，如国家安全、社会公共安全、自然环境安全；个人安全是指社会成员个人生命、健康和财产的安全。

(3)按国家的内外关系划分，安全分为内部安全和外部安全。内部安全是指国家内部的安全，包括公共安全、公民个人安全，一般称为国家安全；外部安全是指国家外部的安全，也就是对国家和国内人民的威胁和危害主要来自国外，如敌对国家侵犯、虽无敌意但他国利己的国家行为仍然对本国利益构成威胁、侵害或损害。外部安全通常表达为国际安全。

(4)按安全所处的领域划分，安全主要分为军事安全、政治安全、经济安全、社会安全、环境安全。军事安全主要指国家安全，政治安全主要指主权以及为政治提供合法性支持的意识形态安全，经济安全主要指经济秩序与发展的安全，社会安全主要指民族、宗教以及其他突出的社会问题如犯罪等所形成的安全问题，环境安全主要指自然环境和资源的安全。

(5)按安全本身所处的状态即是否已经受到危害划分，安全分为防范性安全和救济性安全。防范性安全，也可以称为安全防范、积极安全，是指安全尚未受到危害，为了预防、延迟、减少危害而形成的安全；救济性安全，也可以称为安全救济、消极安全，是指危险或危害已经发生，损害结果已经形成时所采取的救济抢险、避免损失扩大、补偿受害者以及追究责任而形成的安全。

三、我国高校安全现状

（一）高校安全的重要性

近年来，全国各地高校各类案件、事故和事件时有发生，不仅给个人、家庭带来不幸和损失，也给高校声誉带来一定的社会负面影响。所以，高校安全应引起学校和全体师生的高度重视和警惕。校园安全与每个师生密切相关，它关系到学生能否健康成长，学业能否顺利完成，更关系到良好的教书育人环境和为国家培养造就人才任务的完成。因此，高校安全是做好高校各项工作的基础和前提，也是高校教育的首要任务之一。所以说，高校安全的重要性是不言而喻的。从国家层面，涉及国家方方面面的安全和发展；从社会层面，涉及社会的和谐与稳定；从高校层面，涉及培养什么人和为谁培养人的问题，以及学校是否能又好又快地发展；从家庭和个人层面，涉及家庭幸福和生命安全与健康。

（二）高校安全的总体情况

教育部对高校安全的总体情况没有统一发布过报告，但每年开学后均有发布全国教育系统的专项督导报告，其中涵盖了高校的安全情况。

2017年5月9日，教育部网站发布《2017年春季开学工作专项督导报告》。报告中指出：高校安全存在如下问题，一些地区农村寄宿制学校、城乡接合部学校、民办学校"三防建设"有待进一步加强。个别学校安防设施配备不全或不符合规范要求，校园重点部位安装的视频监控模糊，安保人员年龄偏大，待遇偏低，数量不足，且安全意识不强，专业素质不高。一些地方学校门前占道经营现象和车辆乱停乱放现象严重，警示标志、减震带、一键式报警等设施设备不健全，上学放学时间段"护学岗""高峰勤务"落实不到位。个别地区仍存在私自搭乘农用车、非法营运车辆上下学和校车准驾不符、超载等现象。部分地区学校（幼儿园）食堂操作间卫生欠佳，食物加工操作和食品留样不规范，生熟储藏不分隔，食品购买渠道台账记录不完整等。个别地区学校校园欺凌事件应急处置预案未得到完全落实，一些地区学校安全教育针对性有待提升，应急演练实效性有待加强。

高等教育的改革和发展，给高校安全稳定工作带来了机遇和挑战。在国家、各级地方政府和高校的努力下，全国高校已经连续保持近30年的持续安全稳定，总体良好。但是，形势不容乐观，仍然存在很多安全隐患。

在安全教育和管理领域：一是安全教育缺位。高校对安全教育重视不够或内容缺乏，造成大学生法制观念不强、安全意识薄弱、安全常识缺少、安全技能生疏、心理知识匮乏，导致案件、事故和事件的发生。二是安全管理存在漏洞。由于高校安全制度不健全或实施不到位、安保人员专业素质不高、安全检查或巡查不够等原因，高校校园存在一些安全隐患和漏洞，威胁着师生安全。三是安全设施建设不到位或配套不合理。很多高校正处于快速建设和发展时期，把更多关注放在了校园建设和学科建设等方面，存在安全设施建设不到位和配套不合理等现象，致使案件和事故发生。

第二节 高校安全教育的重要意义

大学生是祖国的未来和希望，是未来社会的主宰，确保大学生的健康与安全是当前高校的重要任务。大学生正处于青春无限的成长阶段，但由于缺乏社会经验，安全和法治意识薄弱，往往遇到各种安全问题而不能正确应对和处置，以至于发生安全事故或案件，造成自己或他人人身和财产损失，或对国家、社会产生危害。因此，高校应加强安全教育工作，提高大学生安全意识和防范能力，确保其健康成长。

一、高校安全教育是政治安全的需要

改革开放以来，我国经济社会发展取得了翻天覆地的变化，综合国力不断提升，我们充满了对"中国特色社会主义道路自信、理论自信、制度自信、文化自信"，但某些外部势力不愿意看到一个强大的社会主义中国存在，总是千方百计破坏和干扰，企图颠覆中国共产党的领导和社会主义制度。在意识形态领域，随着当代思想文化领域的交流交融，斗争也深刻而复杂，外部势力把我国的崛起视为对其价值观和制度模式的挑战，加紧利用互联网等各种渠道进行渗透分化。他们把高校作为从事颠覆、渗透活动的重点，企图改变大学生的世界观、价值观和人生观，与我们争夺青年一代，实现他们"和平演变"的图谋。因此，加强高校安全教育，培养大学生政治和政权安全意识，是事关我们党和国家生死存亡，事关中国特色社会主义发展全局，事关党和国家长治久安的大事，是国家政治安全的需要。

二、高校安全教育是国家安全的需要

总体国家安全观强调，既重视传统安全，又重视非传统安全，构建集政治安全、国土安全、军事安全、经济安全、文化安全、社会安全、科技安全、信息安全、生态安全、资源安全、核安全等于一体的国家安全体系。加强高校安全教育，让大学生系统理解总体国家安全观的内涵，有益于提高大学生的思想认识，增强国家安全意识。特别是改革开放四十多年来，国家经济实力不断增强、社会秩序良好、人民安居乐业，我国的国际地位日益上升，和平环境下成长的大学生逐渐对国家安全意识放松了警惕，有意无意地造成国家机密被泄露。更有甚者，经不起或金钱或地位或权力的诱惑，丧失人格，买卖情报，造成国家安全和利益深受损失，教训深刻。加强高校安全教育，提高和完善大学生的国家安全意识和知识，树立总体国家安全观十分必要和重要，它关系到国家安危，民族兴亡，百姓幸福。

三、高校安全教育是维护社会稳定的需要

高校知识资源聚集、专家学者荟萃，是人才培养的摇篮、知识的孵化器，是社会各种思潮的重要汇集地和辐射源，也是社会上的各种观点或思潮碰撞、交锋的前沿阵地。高校常被称为社会稳定的"晴雨表""风向标""温度计"，其稳定状况也成为分析和评价社会稳定的重要参数。特别是在当前社会变革进程中，社会稳定面临着巨大挑战。高校学生人数众多，其稳定的重要性不可小视。因此，要加强高校安全教育，提高大学生思想认识水平和政治鉴别力，维护好校园的政治稳定和安全，并把大学生培养成维护校园安全稳定的力量，让高校政

治稳定、安全有序、校风良好，为社会稳定助力。

四、高校安全教育是学校人才培养和发展的需要

高校是人才培养的摇篮，作为大学生成长成才的主要场所，高校应培养学生的创新能力、实践能力、社会适应能力、创业精神和安全意识，提高大学生的道德素质、文化素质、专业素质、心理健康和身体健康等综合素质。这将直接关系到我国社会主义建设事业的成败。安全素养作为综合素质的重要组成部分，具有不可替代性。因此，高校应对大学生进行科学的安全教育，促使其形成正确的安全价值观，促进其成长成才，为社会输送高素质的合格人才。实践证明，具有良好的安全意识可以使大学生的综合能力得到充分发挥，而综合素质的提升又有利于大学生培养良好的安全意识，两者相互促进，相得益彰。加强大学生安全教育，不仅是维护高校稳定的需要，也是人才培养和促进学校发展的必要途径。高校的安全稳定工作是一切工作的基石，它不是中心，但影响中心，不是全局却贯穿全局。所以，扎实做好大学生安全教育有利于高校事业的健康发展与和谐稳定。

五、高校安全教育是确保大学生生命安全和健康成长的需要

人的生命只有一次。不管是伟大的人还是平凡的人，也不管是富有的人还是贫穷的人，生命一旦失去就永不会再来，它无比珍贵，必须倍加珍惜。只有拥有生命，才能享受一切权利，创造有意义的人生；只有拥有生命，才能创造自己的美好生活，才有可能对他人、对社会有所贡献，并在为他人、为社会的奉献中实现生命的价值、体现人生的意义。因此，加强高校安全教育可让大学生掌握常用的求生、救生的方法，掌握判断紧急情况的能力，提高紧急情况下自我保护的能力，在社会建设中顺利实现自我价值。当然，生命中也有一些烦恼、困难、挫折和痛苦，这是正常的。正是有了它们才构成色彩斑斓的生活，构成丰富多彩的人生。加强高校安全教育，可让大学生懂得什么是挫折，怎样面对挫折。

第三节　高校安全教育的开展情况

一、教育部开展安全教育工作情况

教育部对高校开展安全教育非常重视，最早在 1990 年 6 月 4 日，国家教委发布的《学校卫生工作条例》（国家教委令第 10 号）第十一条第一款规定："学校应当根据学生的年龄，组织学生参加适当的劳动，并对参加劳动的学生，进行安全教育，提供必要的安全和卫生防护措施。"1992 年 4 月 15 日，国家教委专门发布了针对高校的《普通高等学校学生安全教育及管理暂行规定》（以下简称《规定》），这是一个由国家最高教育行政主管部门制定的法规性文件。该《规定》的颁布施行，为高校对学生进行安全教育及管理提供了政策法规依据，进一步明确了目标、任务和原则，做到了有法可依，并使之规范化。

2001 年 7 月 26 日，教育部印发《全国教育事业第十个五年计划》，在第四部分"十五"期间教育改革与发展的主要政策措施，第六项中提出"切实加强学校安全工作，加强对师生的安全教育，增强防范意识和自我保护能力"。

2006 年 8 月 31 日上午,教育部在清华大学举办高校突发公共事件应急演练,刚入学的 2006 级 3300 余名新生参加了演练活动。教育部副部长李卫红在演练开幕式上讲话指出,高校要深入贯彻落实《国务院关于全面加强应急管理工作的意见》精神,加强突发公共事件应急演练工作,检验和完善高校应急预案,增强广大师生公共安全意识和防灾避险的能力,提高应急处置工作水平。要把开展突发公共事件应急预案演练形成制度、坚持每年演练,不断总结经验,查找问题,全面提高高校应急管理水平。从此,应急演练正式纳入了高校新生军训计划。

2011 年 7 月 25 日,由教育部等 8 个部门联合制定的《全民消防安全宣传教育纲要 2011—2015)》正式颁布。这是我国第一份由多个职能部门联合制定的针对消防安全宣传教育的规范性文件。中纪委驻教育部纪检组组长、党组成员王立英出席会议,对教育系统加强全民消防安全宣传教育,切实做好学校消防安全工作做出部署。

为加强普通高校大学安全教育工作,教育部发布了一系列的通知和文件,除《普通高等学校学生安全教育及管理暂行规定》做了专门规定外,在《中华人民共和国高等教育法》(以下简称《高等教育法》)《高等学校学生行为准则(试行)》等法律和法规中,也明确指出:高等院校必须对大学生进行公共安全教育。

二、地方政府教育行政部门开展安全教育工作情况

各省、自治区、直辖市坚决贯彻党中央有关高校安全工作的政策和指示精神,各地教育主管部门结合本地实际,开展了多种形式的学校安全教育工作。

(一)北京市

2004 年,北京市委教育工委开始在北京林业大学进行大学生安全教育"进课堂、进教材、落实学分"的试点工作。

2005 年 9 月,北京市教委向在京 58 所高校下发《学生安全教育的培养》教学课件,从消防安全、交通安全等 5 个方面,全面介绍相关安全知识和应对技巧。从 2005 年起,安全教育课逐步成为北京高校大学生的必修课。到 2007 年,北京高校中大学生安全教育以不同形式进入课堂教育的达到 52 所。2006 年北京市委教工委、教委联合发布《首都教育安全稳定"十一五"规划》,规划中明确要求:"在安全教育工程方面实现安全教育'三进'和'1011 工程'"。"三进"即要求大学安全教育实现"进教材、进课堂、进学分";"1011 工程"即大学生安全教育课时不得低于 10 学时,每个学生宿舍至少确定 1 名学生安全员,学校每学期至少开展 1 次安全员培训,并举行"北京高校学生安全教育工作会议",推进此项工作。

2016 年 4 月 1 日,北京市教育委员会、北京市公安局印发了《北京市学校消防安全标准化管理规定》。其中第八条规定"学校应建立消防安全宣传教育制度,列入年度工作计划,纳入日常管理";第九条规定"高等学校应对每届新生进行不低于 4 学时的消防安全教育培训"。

(二)上海市

2008 年,上海市教委印发《大学生安全教育大纲》,进一步明确安全教育的教学目标、内容和方式,积极促进高校安全管理工作上新水平,使大学生通过安全教育,在态度上树立起安全第一的意识,树立积极正确的安全观,把安全问题与个人发展和国家需要、社会发展相

结合，为构筑平安人生主动付出积极的努力；在知识上掌握与安全问题相关的法律法规和校纪校规，安全问题所包含的基本内容，安全问题的社会、校园环境；了解安全信息、相关的安全问题分类知识以及安全保障的基本知识：在技能上掌握安全防范技能、安全信息搜索与安全管理技能，掌握以安全为前提的自我保护技能、沟通技能、问题解决技能等。

2016年4月15日，上海市教委在上海海事大学召开上海市大学生安全教育工作会议暨大学生安全教育三年行动计划启动仪式，并发布了《上海市大学生安全教育三年行动计划（2016—2018）》，明确四项总体目标，提出四项主要任务，构建"六个一"工程平台。为贯彻落实三年行动计划，提高大学生安全防范意识和自救互救能力，于2016年7—11月开展首届大学生安全知识竞赛，将大学生安全教育落到实处。

2017年4月14日，上海市教委委托第三方开发了"上海市大学生安全教育网络课堂"系统和"上海市大学生安全教育标准化考试"系统，进一步完善上海市大学生安全教育课程体系，健全大学生安全教育考核评价机制，构建线上线下相结合的安全教育新模式，切实拓宽大学生安全教育的渠道，提高大学生安全教育的针对性和实效性。

（三）江苏省

2011年6月，江苏省教育厅、江苏省高等教育学会高校保卫学研究委员会出版发行了《大学生安全教育读本》，组织全省高校征订该书供新生学习。教育厅、公安厅在"平安校园"验收考核时，也将《大学生安全教育读本》使用情况列为检查标准之一。2012年12月4日，江苏省教育厅在江苏教育电视台组织全省各高校，开展了以《大学生安全教育读本》为主要内容的大学新生安全知识竞赛，对新入学的大学生进行系统性的安全教育，收到了较好的效果。截至2017年，这一竞赛已经连续开展了五届。

（四）重庆市

2011年8月，重庆市教委下发了《关于开展高校安全教育优秀论文和安全教育课件制作评比活动的通知》，开展了首届高校安全教育论文和安全教育课件制作评比活动，全力推进大学生安全教育进教材、进课堂、进学生头脑，切实提升高校安全教育教师的综合素质和教学效果。

2013年4月，重庆市教委委托重庆市教科院开发了"重庆学校安全教育网"，着重发挥其在重庆安全教育中的指导、服务、管理、宣传、资源建设等功能。

2015年8月26日，重庆市教委、重庆警备区司令部、重庆市公安消防总队联合下发了《关于将消防知识技能纳入军训课程的通知》，要求"各区县教育部门、各高校要广泛开展消防知识教育，结合军训工作的总体安排，落实工作场地，协助消防部门组织好学生参加培训活动，确保工作顺利进行"。

（五）黑龙江省

黑龙江省是开展大学生安全教育较早的省份，1999年黑龙江省委高校工委和省教委联合印发了《关于加强普通高等学校学生安全教育课程建设的意见》，明确要求各高校把对大学生的安全教育作为各层次教学的公共必修课，列入教学计划，纳入课堂教学。为推动安全教育进课堂，1999年黑龙江高校保卫学会和省教委先后举办三期培训班，对担任安全教育课教学任务的保卫干部进行了培训。黑龙江大学、哈尔滨理工大学、佳木斯大学等高校在保卫处成立了安全教育教研室。大庆石油学院从2000级新生开始安全教育进课堂,18个学时,4次讲课,最后开卷考试。

三、高校安全教育开展情况

各高校严格遵循教育主管部门安全教育要求,通过实施安全教育课程,安全教育进课堂,定期安全演练等多种形式,积极开展学校安全教育。

(一)清华大学

安全教育纳入军训课程,全覆盖在校本科生,而且同时探索设置16学时的"实验室安全"研究生学位课程,重点解决实验技术安全隐患问题。

(二)北京林业大学

2004年,北京林业大学在全国首开先河,把安全逃生课列为必修课并纳入学分制,并制定了《北京林业大学安全教育及管理暂行规定》(以下简称《规定》)。该《规定》第五条明确规定:"学生安全教育主要依托大学生安全教育课(10学时、1学分),每年组织对全校新生开展安全教育,通过理论和实践课程的学习,使大学生对消防安全、交通安全、国家安全、治安等安全基础知识进行全面系统地掌握,具备必备的逃生自救和防范技能,经考试合格给予成绩,记入学生德育成绩。"2005年开设了"北京林业大学安全教育专题网站",开展大学生安全教育和网上答题。2016年开展了"互联网+新生安全教育前置",增强新生的安全防范意识,切实提高安全教育的实效性。

(三)合肥工业大学

1. 多形式开展宣传教育活动

合肥工业大学利用学校电视台、广播台、校报播放、刊登国家安全知识,通过"工大110"微信公众平台推送国家安全知识及相关视频等9条,在学校教学楼、图书馆及翡翠湖校区建艺馆等场所利用电子大屏幕滚动播出国家安全知识内容;制作宣传展板、水牌、横幅等在校园人群密集场所展出,编印发放宣传折页2600份;在学校普及国家安全知识。

2. 编写教材,开设课程

组织编写《大学生安全教育》教材,面向大学生开设《大学生安全教育》课程,实施3个学时的国家安全教育。

3. 开设讲座、观看宣传片

邀请有关部门领导为辅导员及相关学生管理人员进行国家安全培训,组织学生观看央视节目《身边的较量》等宣传片。

(四)天津师范大学

1. 开设"形势与政策"课程

全面落实"形势与政策"课程全覆盖要求,校领导带头上课,将国家安全作为课程重要内容讲授。

2. 线上线下联动

线上充分利用学校官方微信、天津师大青年之声、师大卫士等微信平台，宣传国家安全知识。线下通过悬挂宣传横幅、播放宣传口号、张贴宣传海报、播送国家安全警示教育短片等方式，营造浓厚的国家安全宣传氛围。

3. 开展校园安全文化节

把国家安全教育作为文化节重要内容，通过手绘海报展览、校园安全微信大赛、校园安全短剧大赛等多种形式开展宣传。

4. 发挥社团作用

组织、指导学生社团开展学生喜闻乐见的国家安全知识学习宣传活动，扩大活动的覆盖面和学生的参与度。

5. 开展宣传和讲座

面向全校师生开展集中宣传活动，通过发放国家安全学习资料、宣讲国家安全知识、展示宣传海报等方式，开展国家安全教育。邀请有关老师开展国家安全知识讲座、举办"国家安全教育"主题班会、举办国家安全知识竞赛和国家安全法知识学习及承诺签名活动等。

（五）南开大学

1. 开设课程

扎实推进"大学生安全教育"课程建设，面向全校本科生开设"大学生安全教育"公共选修课，以专业知识和典型事例提高学生的安全意识和自护自救能力。

2. 强化安全宣传

积极利用微信、微博、校园 BBS 等新媒体开辟安全教育第二课堂，定期推送相关安全知识，广泛开展安全教育。

3. 组织演练

定期组织消防疏散演习、安全疏散演练。

（六）江南大学

1. 开展安全知识测试

引入大学生安全教育及测试平台，使用网络载体对全校学生进行全面的安全知识培训和测试，有效地提高了安全教育的覆盖率和实效性。

2. 建立专家库，编写教材

建立了包括专家学者、安全服务企业管理人员和保卫处干部在内的安全教育师资库，自编了《大学生安全知识读本》，采用集体备课、特色教学等教育模式，增强了广大学生对安全教育的吸引力和针对性。

3. 安全教育关口前移

编订了《校园安全漫画》等宣传资料，让学生以喜闻乐见的形式接受安全教育，在轻松欢笑中受到安全熏陶。

4. 建立制度

制定了《大学生安全教育管理办法》，全面引导和规范全校安全宣传教育工作。

四、高校安全教育的不足

高校开展安全教育的形式多样，主要有开设安全教育必修课、选修课或讲座课，开展各类安全教育宣传，开展网上安全教育答题测试，体验式安全教育等，但还存在以下不足。

（1）直接开设安全教育课程的学校少，大部分学校开展的是短期安全教育活动。

（2）安全教育没有硬性指标规定，开设课时数、开展安全教育活动次数和总时长等没有规定可循，全凭高校自愿。

（3）开展安全教育的主体大部分在各高校的安全保卫部门，不在教育教学部门，安全教育质量难以保证。很多省、市的高校保卫学会或安全协会正在积极地推动安全教育工作，并得到了省、市教育行政部门的大力支持。

第四节　国外安全教育研究比较

我国高校安全教育工作，无论是理论研究还是实践应用都起步较晚，应当积极学习和借鉴国外先进的研究成果和成功实践做法。在这方面，美国和日本的成果和做法值得我们学习。他们有一些共同的特点：一是注重安全立法；二是注重实践和演练；三是注重危机意识培养；四是国家主导。

一、美国的安全教育情况

美国人认为，安全教育是学校的重要责任，在解决学生安全问题方面，学校有着得天独厚的优势。

（一）美国的安全教育立法

美国于1965年颁布了《高等教育法案》（以下简称《法案》），《法案》中第四章第四百八十五节规定了校园犯罪与安全的法定条例，此条例被称为《高校校园犯罪统计报告法》，简称《克莱瑞法案》。该条例要求各学校每年向教育部提供一份安全报告，内容包括该校校园安全政策信息以及校园犯罪数据。各学校必须遵守条例以获得联邦政府的资助项目，合格的学校必须签订《项目参与协议》。该协议还列出了学校需要遵循的其他条件，如必须证明其已经设立校园安全警察，并遵循了《法案》中对信息公布的要求。如果认定该学校未能遵循《法案》的相关要求，学校将失去获得项目支持的资格，还有可能受到民事处罚。另外，教育部还制定了《校园犯罪报告指导手册》，对学校的安全教育工作提供指导，帮助高校达到《法案》的规定。

（二）美国的安全教育侧重演习

美国是个经常发生自然灾害的国家，因此在美国的高校安全教育中，针对自然灾害的安全演习课占据着很大的篇幅，全体师生都非常重视。美国的高校注重把安全知识与安全技能联系起来，定期举行安全演习，在课堂上学习安全知识，在安全演习中掌握安全技能。美国高校的安全演习主要是根据高校所在的州经常发生的自然灾害进行的，富有针对性。比如俄亥俄州最常见的自然灾害是飓风和龙卷风，因此该州高校的安全教育主要是针对飓风和龙卷风开展安全演习，教会学生掌握飓风和龙卷风发生时的逃生本领及自救和他救措施；纽约最常见的自然灾害是雪灾，纽约的高校在进行安全演习时主要针对雪灾可能带来的各种危险，培养学生的应急能力，锻炼其应对自然灾害的能力。

（三）美国的安全教育文化建设

美国的安全教育非常注重安全意识的培养，将安全教育的理念渗透到学校教育的方方面面。比如，普林斯顿大学设立警报热线、危机支援热线，在学校出现紧急情况下，会有专人接听危机支援热线，提供有关紧急情况和有效支援服务的信息。在没有紧急情况的情形下，此线路保持留言状态。学生也可以通过广播收听紧急情况报告，普林斯顿大学的电视频道也会播出紧急情况通知和公告，学校的餐厅和电话亭都张贴了有关安全信息的海报。还有好多高校针对可能出现的各种安全事件，编写了安全手册，介绍学校的应急避难场所和应急出口，以及各种温馨提示。比如，美国加州理工学院为学生编写了《安全手册》，全面地介绍学校的安全服务、主管部门及相关部门浓厚的安全文化氛围，能起到润物无声的作用，帮助学生自觉学习安全知识。

（四）美国的安全教育指导

美国高校有很多详细的安全教育指导，在学校的网站上为学生提供关于防范安全事故、采取安全措施的建议，内容详尽，指导性强。比如，普林斯顿大学提供紧急事件应对措施，告诉学生遇见紧急事件时应该采取什么行动，其对各种类型事件都有相应的详细指导，如学生遭遇抢劫、火灾、身体意外伤害、化学药品泄漏、自然灾害等。高校还开办各种培训班，让学生了解户外旅游常识、意外伤害紧急救援方法等。美国加州理工学院向学生提供安全提示，涉及各个方面，包括一般性常识、居家安全、宿舍安全、取款安全等。

二、日本的安全教育情况

日本在学校公共安全教育方面也有较多成功的经验。众所周知，日本是个自然灾害频发的国家，为了将自然灾害和人为事故造成的损失降到最低，它不仅建立起了一套较为完整的灾害预防、灾害应急和灾后重建等灾害对策体制和综合防灾技术体系，而且在防灾教育方面也积累了较多经验。

（一）注重课堂教学

日本制定了一套从低年级到高年级的安全教育课程体系，针对不同的年龄段可能遇到的安全问题进行安全教育。日本把课堂作为安全教育的主要阵地，除了开设安全教育专业课，系统化、组织化地讲授安全知识和防灾减灾的各种技能外，其他时间也会穿插讲解。由于日本大学生对驾驶摩托车和汽车感兴趣，教师们也会围绕交通安全、生活安全等方面召开主题班会，与学生展开讨论，教师最后做总结，教会学生学会安全驾驶，保证自己和他人的安全。

（二）注重体育保健课

体育保健课，是日本实施安全教育的中心课程，是日本安全教育的一个重要特色。它不同于我国开设的体育课，不仅仅传授体育知识，增强学生的体质，更重要的是它包含保健和安全等重要内容。由于大学生即将走向社会，成为社会人，因此大学生的体育保健课主要是以交通安全教育为核心。主要内容是了解摩托车、汽车的特性，要做到安全文明驾驶和其他的注意事项；交通安全事故发生后，要做好现场保护和维持，拨打交通警察电话，同时更重要的是要做好应急处置，学会止血法、人工呼吸法、心肺复苏法等，这些都是体育保健课要教授的主要内容。

（三）注重安全演练

日本特殊的地理位置决定了它是个多地震、多灾害的国家，因此日本高校高度重视防灾减灾安全演练，力争将灾害造成的损失降到最低。日本高校通常采取突击的方式进行模拟演习，由校领导在校园广播发布地震警报，要求大家做好避难准备。全体师生在听到地震警报后，全都停止上课，全体学生听从老师的指挥，迅速钻到课桌下面，然后等待老师的下一个指令，整个过程有条不紊。

三、加拿大的安全教育情况

加拿大高校利用课堂、校园、社会三大阵地开展国家安全教育，课程内容涉及道德、宗教、法律、历史、政治、哲学等知识。课堂教学以学生为主体，尊重学生的差异性，因材施教。在校园之外，加拿大高校还积极利用社会资源，通过服务学习的方式作为实践国家安全教育的方法。服务学习提升了学生的公民责任感，塑造了学生的公民品质，培养了学生的批判思维与创新精神，提高了国家安全教育的有效性。

四、俄罗斯的安全教育情况

俄罗斯联邦部长会议于1991年通过了《关于俄罗斯普通学校青年应征训练》决议，要求在普通学校、职业技术学校和中等专科学校开设"生命安全基础"课程。该课程的主要目的是培养学生树立正确的安全态度，锻炼学生在突发危机的情况下的应对技能，使其能够采取适当的方法进行自救、互救，躲避危险。同时，注重培养学生不仅要对个人生命负责，还要有对他人生命负责的意识。"生命安全基础"课程的教材是根据不同授课对象而编写的，根据学生的年级从低到高，课程内容也随之由易到难，从认识自身到周边再到整个社会，遵循着学生的认知规律。

案例选编

典型案例1

张某是山东某大学的辅导员，2013年12月辞职后，他通过QQ认识了某大学的辅导员王某（另案处理）。王某说，"可以利用大学生身份信息办理分期购机业务，取得手机后再卖掉，每名学生每部手机给500到1000元好处费，再给分期平台还3次款，剩余的钱两人平分"。他们还对学生说，"海关有熟人，可以高价卖出手机，不会亏钱"。受害学生李平证实，2015年3月下旬，他和其他几名同学应辅导员王某的要求，每人帮其朋友张某办了一张银行卡和一张手机卡，在潘村商业街某公司填写了个人信息，并签订了由"徐文"担保的所谓保证不影响其征信的协议。另一名学生曲某先后数次在多家网贷平台办理了网贷业务，总金额达5万余元，而他总共在张某处获得了3500元的"好处费"。2016年初，直到网贷公司打电话催促还款，他才意识到上当受骗。就这样，在短短一年时间内，该校58名大学生上当受骗，涉案金额高达110余万元。

【案例分析】

这是不懂法律、贪小便宜吃大亏的典型案例。张某和王某以辅导员的特殊身份为掩护，利用学生缺乏基本的个人信息保护意识的弱点，实现自己的发财梦。大量学生上当受骗，说明了当代大学生普遍不懂法，不懂得自我保护的现状。

典型案例2

2017年4月24日，河南某大学宿舍楼，一名男生决然地从宿舍楼顶跃下身亡。

【案例分析】

一个年轻的生命走到了终点，逝者的父母、亲友将在未来的多少年内看着他们的照片以泪洗面。究其原因，高校思想教育的贫乏、家庭教育的迷茫、社会关爱的缺失，都是造成这些可悲结果的重要诱因。

【思考与练习】

1. 大学生在校期间的生命安全和财产安全，哪个更重要？

2. 高校安全教育应该由谁来主导？由教学部门、宣传部门、学生管理部门、安全保卫部门哪家负责更好？

3. 我们能直接学习、借鉴美国或日本高校安全教育的经验吗？

第二章 高校安全教育

2016年12月10日上午，上海某大学一行18人组成团队从学校出发，踏上"野黄山"这条新探险路线。12日，山上雾气渐浓，团队失去方向，经过几番尝试都无法确定位置。10点40分，团队向黄山市消防支队打电话求救。当晚，黄山市及景区派出由公安、消防、综治、防火等多部门组成的救援队伍前往搜救，第一批救援人员达70多人。13日凌晨3时，黄山市政府和黄山风景区负责人表示，18人终于被找到且护送下山，经体检，身体状况均好。命运垂青大学生的同时，不幸还是发生了。3点26分，救援组成员——黄山风景区公安民警张宁海同志一路打着手电护送大学生，经过一悬崖绝壁时，他细心地让光柱照亮身边的同学，全部注意力都在探险大学生身上，自己却不幸坠崖身亡。

登山是一项非常专业的运动，深受广大年轻人喜爱。高校应该在平时做好安全教育，预防各种安全事故的发生。大学生充满朝气和活力，对新鲜事物充满好奇心，渴望迎接各种挑战，因此学校更要对他们进行全方位的安全教育，让其养成珍惜生命、重视安全的良好习惯。

【思考】

年轻要勇于面对各种挑战，当挑战面对安全的时候，你会选择接受挑战还是选择安全？张宁海同志为救人而牺牲自己，你认为这样做值不值得呢？

第一节 高校安全教育的定义和特点

与西方发达国家相比，我国安全教育起步较晚。学校、家庭把教学质量、升学放在至高无上的地位，忽视了安全教育，甚至没有安全教育，以至于中学生走进大学校园后，存在安全意识薄弱、安全知识缺乏、不懂安全技能等诸多问题。

一、高校安全教育的概念

（一）安全教育的定义

《中国大百科全书·教育卷》将教育概括为："凡是增进人们的知识和技能、影响人们的思想品德的活动，都是教育。"基于对教育广义概念的理解，教育是人们获取知识与技能的手段之一，教育主要职能就是知识、技能与道德的传授。人类在生存、生活与生产活动中为避免身心免受外界（不利）因素影响，以及为避免这种影响必须具备一定的安全知识、技能、意识等。而这些安全知识、技能、意识，又必须通过教育活动来获取与传承，这就是安全与教育活动的交叉结合。所以，对安全教育可以这样理解，它是为保证人类的生存、生活、生产处于安全状态，而开展的一种增强安全意识、丰富安全知识、规范安全行为、提高安全防范技能的教育活动。

（二）高校安全教育的定义

明确了什么是安全教育，也就知道了什么是高校安全教育。高校安全教育，是在特定区域，针对特定对象的安全教育，也是法律法规所规定教育活动的一种。因此，高校安全教育是指高校依照法律法规要求，为保证大学生学习、生活处于一种安全状态而施加的影响，通过开展增强大学生安全意识、丰富大学生安全知识、规范大学生安全行为、提高大学生安全防范技能等教育活动，全面提升大学生安全素质，促进大学生综合发展，使其更好地适应大学生活和未来的社会生活。高校安全教育定义包含以下几个部分。

1. 高校安全教育是法律法规的要求

1992 年 4 月，国家教委颁布《普通高等学校学生安全教育及管理暂行规定》，这是我国第一部专门调整高校安全教育工作的部门法规。要求高等学校学生安全教育要宣传、贯彻国家有关安全管理工作的方针、政策、法律、法规，引导学生健康成长。要以预防为主，本着保护学生、教育先行、明确责任、教管结合、实事求是、妥善处理的原则，做好教育、管理和处理工作。

2. 高校安全教育是高校的一项常规工作

根据《普通高等学校学生安全教育及管理暂行规定》要求，高等学校应将对学生进行安全教育作为一项经常性工作，列入学校工作的重要议事日程，对大学生开展经常性的法律法规教育、国家安全教育、安全知识和技能教育、心理健康教育等，全面提高大学生综合素质。并且伴随着安全形势的变化，还应及时调整安全教育目标和安全教育方法，使安全教育更具灵活性、适应性和能动性。

3. 高校安全教育的对象主要是大学生

既然是高校安全教育，教育的对象一定是在校大学生，即在普通高等学校学习取得学籍的全日制学生。对大学生进行安全教育，关乎党和国家的事业，关乎民族未来，要用社会主义核心价值观武装头脑，进行人身财产安全教育、心理健康教育、网络安全教育等，确保其健康成长。

4.提高大学生素质，促进全面发展

安全教育与其他方面的教育有共性也有不同。它们都是传授知识和技能，提高学业水平和学识能力，而安全教育更侧重安全意识的养成，并且安全教育还是其他教育的基础和前提，只有在安全稳定的校园内，大学生才能安心于学习，最终成长成才。因此，安全教育的目的是提高大学生素质，促进全面发展。根据高校安全教育的定义，本书着重探讨对大学生的安全教育问题。

二、高校安全教育的特点

学校教育不同于社会教育和家庭教育，它是一种有目的、有计划、有组织、有系统的教育。高校安全教育是高等学校的一项教育教学活动，它除具备一般教育活动的目的性、双向性、三维性和多功能性等基本特点外，还具有以下几个特点。

（一）实用性和实践性

现实需求是学习的第一动力。学习安全知识的目的是在工作、学习和生活中实际应用，确保安全。因此，高校安全教育在内容选择上，要围绕大学生的学习、生活、人际交往、社会活动等实际需求，组织相配套的知识和技能；在内容的编排上，要突出专题性和操作性；在具体实施中，应尽量采用学生喜闻乐见的形式，尤其是对一些技能性内容的教授，必须坚持实际操作为主的做法。高校安全教育不是单纯的理论教学，必须与实践教育紧密联系和结合，让学生亲自参与、亲身体验，真正调动其学习的积极性和主动性，提高教学的实践效果。

（二）全面性

高校安全教育的全面性首先体现在安全教育的目的上。教育部制定《普通高等学校学生安全教育及管理暂行规定》的目的，就是为了加强高等学校管理，维护正常的教学和生活秩序，保障学生人身和财物安全，促进其身心健康发展，并增强学生的安全意识和法制观念，提高防范能力。因此，学生的人身安全、财物安全、身心健康、安全意识和法制观念五个方面缺一不可。忽视任何一点都是不全面的安全教育，都不算完成了安全教育的任务。其次，安全教育的全面性体现在安全需求的内容上。从安全的需求角度来看，有国家安全需求、学校安全需求、个人安全需求之分，每一种安全需求都不能偏废。最后，安全教育的全面性体现在育人的过程上，教书育人、管理育人、服务育人都是重要的育人过程，培养一个身心健康的人才，绝不是哪一位老师的功劳，是学校教育者群体的智慧和共同劳动的结晶，是学校各部门、各成员在同一目标下团结协作、一致努力的结果。

（三）反复性

《普通高等学校学生安全教育及管理暂行规定》第五条规定："高等学校应将对学生进行安全教育作为一项经常性工作，列入学校工作的重要议事日程，加强领导。"在这里的"经常性工作"，实际上就是高校安全教育的反复性。安全意识的培养不是一蹴而就的，必须长期坚持，反复开展，才能形成良好的安全习惯。为了让大学生养成良好的安全习惯，高校除了要反复进行宣传教育外，还要多组织实践活动，使大学生的安全记忆形成反复循环，在潜移默化中不断加深印象，逐渐养成良好的行为习惯。所以说，安全教育的警钟必须长鸣。

（四）针对性

《普通高等学校学生安全教育及管理暂行规定》第六条规定，"学生安全教育应根据不同专业及青年学生的特点，从学生入学到毕业，在各种教学活动和日常生活中，特别是节假日前适时进行，并善于利用发生的安全事故教育学生，防患于未然。学校应根据环境、季节及有关规定进行防盗、防火、防特、防病、防事故等方面的教育，并使之经常化、制度化"。这一条明确提出了高校安全教育要有针对性的要求。首先，高校应针对不同层次的大学生，并根据其每个学习阶段不同的心理、年龄特征展开合理、合时的安全教育。比如，针对一年级新生，主要开展财产安全、交通安全、体育运动安全等基本安全常识方面的安全教育；二年级和三年级学生就要注重社交安全、实践安全等安全防范技能的培养，还要更多考虑到对未来发展产生影响的安全事件。其次，高校应针对学校的环境和季节的特点开展安全教育。比如，靠近海边的高校要做好防溺水教育；新生刚入学后，人生地不熟，学校应开展防盗、防诈骗教育；春秋季，人们外出活动多，需要进行旅游安全教育；夏季雨水多，需要进行预防洪水、溺水、雷击、泥石流、山体滑坡等安全教育；冬季雪后道路湿且滑，需要进行交通安全教育，等等。最后，坚持问题导向开展安全教育。针对发生在学校的安全事故、案件，开展现场教育，防患于未然。

（五）创新性

教育教学活动虽然必须坚持普遍适用的规律，但是也没有一成不变、固定的教育教学模式。安全教育作为一个新兴的教育教学活动更是如此，没有现成的模式，必须去探索创新。高校安全教育需要创新性主要基于以下原因：一是高校是为国家和社会培养造就身心健康的人才，在教育教学中既要坚持统一的培养标准，又要针对不同教育对象的特点因材施教。我们因材施教的过程，就是一种创新。另外，我们的教育对象经常处于变化之中，每一级每一届的身心特点、知识水平、个性发展和思想观念都不一样，我们的教育不能像工厂生产产品那样，有统一的操作规程、统一的模具和统一的型号，我们必须从教育对象的实际出发，灵活地运用教育规律，精心设计不同的教育方法，进行创造性的教育活动。二是在人类生存、生活、生产过程中，面临的安全问题层出不穷，既有传统的安全威胁，又有非传统的安全威胁，今后还将出现更新的安全威胁。所以，安全教育的内容还要不断更新，安全教育教学活动的模式也将随之创新。

第二节　高校安全教育的原理和原则

高校安全教育是增强大学生安全意识、丰富大学生安全知识、规范大学生安全行为、提高大学生安全防范技能等的安全教育活动，它应当也必须遵循安全教育的普遍原理和基本原则。

一、高校安全教育的原理

根据安全教育学的理论和实践，高校安全教育的原理主要有：安全教育双主导原理、安全教育反复原理、安全教育层次经验原理、安全教育顺应建构原理、安全教育环境适应原理和安全教育动态超前原理。

（一）安全教育双主导原理

安全教育很重视受众对安全教育信息的选择和观念改造的能力，充分调动受众的主观能动性与内驱力以呈现其系统中的主体性。安全教育双主导原理可以理解为：以教育学的双边性理论为基础，充分发挥教育者在安全教育活动的主导性，将专业的安全知识、安全技能以及安全素养等教育信息以系统化、有序化的方法传播给受众；同时通过刺激机制，激发教育受众的内在潜力与学习动机，使受众自发产生进行安全教育的需求。

（二）安全教育反复原理

安全教育的机理遵循着管理心理学的一般规律：工作过程中的潜变、异常、危险、事故给人以刺激，由神经传输于大脑，大脑根据已有的安全意识对刺激作出判断，形成有目的、有方向的行动。由于人的生理、心理特性决定人对于新鲜事物的学习过程中都会出现遗忘现象，同时事故发生的偶然性会引起正确反应的消退，导致的后果便是对安全教育信息的错认。因此，要定期反复地进行安全教育，以确保受众的安全技能、安全意识处在正确的反应状态下。首先，尽可能地给受教育者反复输入多种"刺激"，如讲课、参观、展览、讨论、示范、演练、实例等，使其"见多""博闻"，增强感性认识，以求达到"广识""强记"；其次，经过一次、两次、多次、反复的"刺激"，促使受教育者形成正确的安全意识；最后，不断强化原有安全意识，培养辨别是非、安危、福祸的能力，坚定安全行为。

（三）安全教育层次经验原理

安全教育应尽可能地给受教育者输入多种"刺激"，促使受教育者形成安全意识，促使受教育者做出有利安全的判断与行动，创造条件促进受教育者熟练掌握操作技能。安全教育层次经验原理即是从"刺激"的层面出发，强调安全教育信息的传递须在遵循传播通道多样性的基础上，实现从抽象经验—观察经验—行为经验—抽象经验三个层次间的循环。强化原有的抽象经验、观察经验并逐步提升、培养受教育者正确处理、判断事故及紧急情况的能力，以规范安全行为、塑造安全意识。首先，多次感官的接触积累才能形成一定内容和层次的意识，保障传播通道的多样性，利用视觉、听觉、触觉多重感官的特点和功能提高教育信息传播的效果。其次，抽象经验是诸如安全制度理论、安全操作规程等由语言符号构成的信息；观察经验是诸如事故记录，教育片观赏等视觉信息；行为经验则是诸如事故应急救援演练、现场实践操作等行为动作。安全教育的最终要回归于实践，因此要将所学安全知识转化为行为经验，以此对事故进行防范或是对已发生的事故进行应急处理。最后，获得行为经验后也并非安全教育的终点，更多更新的具体行为经验还要转化为新的、抽象的概念加入安全教育的内容中去，以此保证安全教育紧跟生产实际，这也充分体现出安全教育作为预防事故发生手段的前瞻性。所以说，安全教育若没有从行为经验层次到抽象经验层次的再提升，就不能搭建起安全教育理论体系的框架。

（四）安全教育顺应建构原理

顺应即顺从适应，当社会安全大环境发生改变时，安全教育信息等也会随之改变。而对于具有经验构成的受教育者来说，以往的背景经验就可能成为接纳新安全知识的阻力，而克服安全教育和实际操作的实际问题之间存在的矛盾，也就成了顺应的过程。安全教育活动受学习者原有知识结构的影响，新的信息只有被原有知识结构所容纳才能被学习者所接受。安全教育顺应建构原理，即基于安全教育受众的文化层次和已有的经验基础，将新知识与自己已有的知识结构相结合，对新旧知识进行重组改造，从自身背景经验角度出发对所学安全知识建构新的理解，同时保证建构的新的知识体系符合当前的安全大环境。

（五）安全教育环境适应原理

适应性用于描述系统内的子系统与整个系统的一致性程度。安全教育最终要回归于社会实践，其目标设定、组织安排也最终取决于社会的客观需要。因此，它不能与社会的发展脱节。安全教育需要迎合社会对于安全人才的需求，教育内容要反映实际的需要，教育内容应与实际安全相结合，教育结构应与社会产业结构、科技结构相协调适应。社会关系决定着教育的性质、内容，安全教育也可称为适应性教育，它是为了大学生将来适应安全工作需要而进行的教育，同样也要适应社会当前政治经济制度以及国家现行法律规范。

（六）安全教育动态超前原理

一个系统若没有与外界物质、能量、信息的交换，其系统就是一个封闭状态，最终系统内各有序的环节也会瓦解，因此要不断与外界交流，才能维持系统的生命力和有序性。安全教育系统是一个开放的系统，教育者与受教育者之间的反馈通路使安全教育持续保持动态性。通过实践经验总结以及教育反馈，系统薄弱之处才会逐渐被修复，而安全教育的原理、规律也可以从教育实践中升华提炼出来。随着安全科学技术的进步，新材料、新技术的不断开发运用以提升经济效益的同时，也要求与之相匹配的安全教育能够贴合安全科学发展。

不同的社会关系、生产力水平、政治经济制度、科学技术水平决定安全教育的规律、内容乃至教育性质。从安全教育的角度来讲，安全教育知识不是一成不变的，它紧随社会生产的发展而改变创新。有效的安全教育活动要适应社会发展的速度、满足时代要求，并一定要有超前性，做到防患于未然。

二、高校安全教育的原则

高校安全教育活动必须遵循一定的基本原则，这既是高校安全教育任务的要求，也是大学生安全教育过程规律的体现。

（一）以人为本的原则

"以人为本"是总体国家安全观"民本"思想的重要体现，也是科学发展观的核心内涵。一方面，高校安全教育要以大学生的基本安全需求和切实利益为出发点和落脚点，始终把大学生放到安全教育的中心位置。坚持以学生为本，尊重学生、理解学生、服务学生，切实为学生排忧解难。高校安全教育还必须强调对人的生命的尊重和维护，要求每个大学生都具有维护个人一切合法正当权益不受侵害的能力，也要求大学生能够关心他人，在他人生命和正当权益受到侵害时，也能正当、合法、有效地予以保护和救助，保障自己和他人能够安全幸福地学习、生活和健康成长。另一方面，高校安全教育的对象是大学生，大学生是安全教育的主体，必须坚持"以学生为本"，让学生能够积极、健康、快乐地学习和生活，而不是使安全知识成为一种压抑或负担。怎样让学生变被动为主动才是安全教育的根本目标。

（二）突出重点的原则

高校安全教育的重点可以从以下三个方面理解。一是以安全防范意识的培养、形成和强化为重点。意识，是人的头脑对于客观物质世界的反映，是感觉、思维等各种心理过程的总和，也是人类知道自我和了解世界的核心。我们每天面临的安全问题层出不穷，既有传统的安全，又有非传统的安全，因此教授大学生安全知识也永无止境。因此，培养大学生的安全意识，逐步建立起安全重于一切的理念，实现从"要我安全"到"我要安全"的转变，把安全意识逐步演变成一种行为习惯，是安全教育的重点。二是以自我保护技能的养成为重点，培养安全意识是让学生认识风险问题，传授安全知识是让学生懂得风险问题，最终目的是运用自我保护技能规避风险和应对风险，这也是安全教育的重点。三是突出重点人群、重点场所、重点时期的安全教育，点面结合，以点带面。重点人群方面，比如新生群体等；重点场所，比如实验室等；重点时期，比如新生入学、节假日、外出实习、毕业生离校等时期。

（三）突出特色的原则

每一所高校都有自己的办学特色和优势学科，这是立校之本、强校之魂。高校安全教育从根本上讲是通识教育，但是作为一门课程建设，那么这门课程一是要符合高校的办学特色，二是要形成自身的特色。只有具备这两个特色，安全教育课才有生命力，才能让学生喜闻乐见和接受，才能强化学生的安全意识，培养出学生的自我保护技能。比如，石油类高校是培养石油安全人才、研究石油安全问题的主阵地，也是服务石油企业"走出去"、维护国家石油安全的重要支柱力量。因此，在我国石油安全形势日趋严峻的大背景下，石油类高校应开展石油安全教育课程，引导学生关注国家总体安全。再比如，理工类高校实验课程比较多，开设实验室安全教育课，建立安全教育网络学习系统，实行实验室考试准入制度，即学生在进入化学实验室之前，必须通过网络学习实验室安全规则，并参与考试合格后方可进行实验。另外，也可以把地震、消防、急救等建设成体验式安全教育课程。

（四）联系实际的原则

理论联系实际原则，是指教学必须坚持理论与实际的结合与统一，用理论分析实际，用实际验证理论，使学生从理论和实际的结合中理解和掌握知识，培养学生运用知识解决实际问题的能力。理论联系实际原则所反映和要解决的矛盾，主要是保证所学知识与其来源——社会实践不致脱节，学生掌握的知识能够运用或回到实践中去。同样，高校安全教育也应遵循这一原则，注重安全教育理论知识与安全实践活动的结合。另外，安全经验的积累以及安全技能的提高，需要进行经常性、反复性的安全实践训练，大学生只有通过亲身体验的方式，才能领悟安全知识的价值。因此，在高校安全教育过程中，一定要坚持将理论知识融入实践教育活动，让大学生在实践过程中，真正认识到安全行为的重要性。

第三节 高校安全教育的目标

目前，世界上普遍使用美国心理学家和教育学家布鲁姆教育目标分类学制定教育目标，我国高校也广泛采用此方法制定教育目标。从20世纪50年代起，以本杰明·布鲁姆为首的一个委员会，用分类学分析学生在课堂中发生的各种学习，将教育目标分为认知、情感和动作技能三个领域，每一领域的目标又由低级到高级分成若干层次。高校安全教育作为一门课程，必须遵循布鲁姆教育目标分类学规律，确定安全教育目标。

一、高校安全教育总体目标

高校安全教育是通识性教育、实践性教育。它面向的是全体大学生，重在"育"而非"教"，培养的不是安全问题的研究人员或理论家，而是培养大学生能够终身受益的安全意识和维护安全的基本能力。因此，高校安全教育的总目标应是提升大学生安全素质，促进大学生全面发展和终身发展，包括大学生能够通过安全学习和体验，增强大学生的安全意识、丰富大学生的安全知识、规范大学生的安全行为，提高大学生的自我防护能力，尊重自己和他人的生命；掌握、宣传和应用所学的安全及相关学科知识，自觉创设和维护安全环境；能够在力所能及的范围内机智勇敢地通过预防、自救、呼救、互救等形式处置同能力相当的各种安全隐患或事故。

二、高校安全教育分类目标

根据布鲁姆教育目标分类学，高校安全教育目标可以分为以下三个层面。

一是安全认知层面。通过开展安全教育，让大学生学习基本安全知识、法律法规和校纪校规，深刻理解总体国家安全观的重要思想，并通过体验、实例和案例讨论，使大学生掌握并能整合这些知识。

二是安全情感层面。通过开展安全教育，培养大学生安全的自觉性和责任感，让他们认识和把握安全的生命价值和意义，关注自身、他人和社会的安全发展。树立大学生思想安全意识，坚定中国特色社会主义道路自信、理论自信、制度自信和文化自信，自觉抵御和防范境外势力的渗透，做政治上合格的社会主义建设者和接班人。

三是安全动作技能层面。通过开展安全教育，使大学生熟练掌握各种安全防范技能，实现从"知道"到"会做"的转变，把所学的安全知识和解决措施应用到生活中去，解决身边的安全问题，最终使他们能够在面临安全危机的时候果断正当地进行自护、自救、互救，正确地处置遇到的各种异常情况或危险。

我国是社会主义国家，我们的一切教育活动必须符合党的教育方针，党的教育方针各个时期有各个时期的特点，党的十八大提出的最新教育方针是："坚持教育为社会主义现代化建设服务、为人民服务，把立德树人作为教育的根本任务，全面实施素质教育，培养德智体美全面发展的社会主义建设者和接班人，努力办好人民满意的教育。"随着时代的发展，我们的教育方针也越来越科学和完善，越来越符合时代的要求，但是我们始终坚持了社会主义的性质，与我们的国体、政体相一致。因此，无论是何种教育，包括安全教育，都必须坚持社会主义方向。特别是习近平总书记提出了总体国家安全观的思想，在总体国家安全观的十一个方面的安全中，政治安全放在首位，它关系到我们党和国家的生死存亡、关系到中国特色社会主义发展的全局、关系到党和国家的长治久安，这是高校安全教育的重点。还有，当前在意识形态领域我国面临着境外势力的渗透，高校作为培养接班人的重要思想阵地，历来是境外势力渗透的重点。他们利用信息网络、课堂讲坛、独立媒体、地下教会等传播西方思想文化和意识形态，诋毁我国的主流意识形态，片面渲染、刻意放大我国的各种问题，始终制造各种谣言，煽动人民的不满情绪。习近平总书记多次强调，能否做好意识形态工作，事关党的前途命运，事关国家长治久安，事关民族凝聚力和向心力，必须确保党对意识形态工作的领导权。因此，在高校安全教育的情感目标中，应当旗帜鲜明地融入社会主义的思想教育和意识形态领域的安全教育的目标。

三、高校安全教育分层目标

根据大学生心理年龄及个性发展规律、不同阶段对事物的接受能力、不同时期对安全需求的状况，应当有针对性地制定大学生安全教育的阶段目标。大一是新生刚入学阶段，这正是大学生从高中到大学的转变时期，从熟悉到陌生环境的过渡时期，处于该阶段的心智尚未成熟，青春期的叛逆心理特征仍未消除。他们对传统的理论说教方式存在普遍的反感，所以该时期应该以开展安全实践活动教学为主，同时配以安全常识教育。此阶段的主要目标是培养大学生的安全意识，调动大学生学习的积极性、主动性，通过安全实践活动，使其亲身感悟，从而加深对安全问题的重视程度。大二、大三阶段可以说是大学生的黄金学习时期，一方面，他们已经能够很好地适应大学生活；另一方面，随着实践经历的增强，他们的心智逐渐走向成熟，考虑问题会更加理智，并且开始对自己的人生有了一定的规划意识，自主学习的意识明显增强。因此针对该阶段的心理特征，应该以安全理论教学为主，同时根据理论教学内容开展相应的安全实践活动，以培养大学生的安全情感为主要目标，让大学生充分明白理论对实践的指导意义。大学毕业阶段是大学生走向社会的过渡期，大学生独立思考能力相对更强，进一步提高大学生的安全防范技能是该阶段的主要目标。

四、高校安全教育目标分类实证

2008 年推出的《上海市大学生安全教育大纲（试行）》，是我国首个安全教育大纲，在我国高校安全教育的历史上具有重要意义。它的总体目标和三个层面的目标，既符合通识性、实践性教育的定位，也符合教育目标分类学，是当前比较完整、全面的安全教育大纲。

（一）上海市大学生安全教育总体目标

对大学生进行安全教育，是贯彻落实科学发展观的具体措施，是培养大学生树立国民意识、提高国民素质和公民道德素养的重要途径和手段。大学生安全教育，既强调安全在人生发展中的重要地位，又关注学生的全面、终身发展。要激发大学生树立安全第一的意识，确立正确的安全观，并努力在学习过程中主动掌握安全防范知识并主动增强安全防范能力。

（二）上海市大学生安全教育分类目标

态度层面：通过安全教育，大学生应当树立起"安全第一"的意识，树立积极正确的安全观，把安全问题与个人发展和国家需要、社会发展相结合，为构筑平安人生主动付出积极的努力。

知识层面：通过安全教育，大学生应当了解安全基本知识，掌握与安全问题相关的法律法规和校纪校规，安全问题所包含的基本内容，安全问题的社会、校园环境；了解安全信息、相关的安全问题分类知识以及安全保障的基本知识。

技能层面：通过安全教育，大学生应当掌握安全防范技能、安全信息搜索与安全管理技能。掌握以安全为前提的自我保护技能、沟通技能、问题解决技能等。

《上海市大学生安全教育大纲（试行）》三个层面的目标，实际上知识层面就是认知领域，态度层面就是情感领域，技能层面就是动作技能领域。

第四节　高校安全教育的内容和方法

安全教育普遍被人们认为是传授安全知识。传授安全知识只能算作安全教育的一部分，这不是安全教育的全部。按照安全教育的目标，安全教育分为安全认知、安全情感和安全动作技能三个领域，相应的高校安全教育一般分为安全态度教育、安全知识教育、安全技能教育三个部分，三部分又各自包含丰富的内容。以上安全教育的三个部分，是高校安全教育的完整体系，不能截然割裂开来，更不能偏废任何一个方面，要相互穿插和渗透，要按照教育教学规律设计教案。有时有些内容需要反复教育，才能完成安全教育的目标。

一、高校安全教育的基本内容

安全教育的内容广泛而丰富，下面列出的安全教育基本内容，包括但不限于这些。在实际教育教学中还要根据人才培养的需要，根据国内外安全形势的变化和时代特点，增添新的内容。安全教育还应当与学校的思想政治教育、道德教育、民主法治教育、校纪校规教育、心理健康教育等结合在一起，相互促进。

(一)安全态度教育

安全态度教育主要是针对大学生的具体情况，从思想认识、安全意识、安全理念、法制观念等方面，引导大学生树立正确的安全价值观。同时，积极开展生命价值、生命情感和生命责任教育，让大学生明白生命安全的意义所在。通过安全教育，让大学生树立"生命至上、安全第一"的思想认识，提高安全文明素质，养成自觉遵守法律规范的行为习惯，增强思想安全意识，最终形成安全的自觉性。安全态度教育主要包括安全价值观教育、意识形态安全领域教育、生命安全教育、安全文化教育、安全法制教育、校纪校规教育、典型经验及事故案例剖析教育等。

(二)安全知识教育

大学生学习安全理论知识，是开展一切安全教育活动的基础工作。掌握和具备一定的安全知识有助于避免遭受不法分子的侵害，在面临突发事件时就能冷静应对，避免或降低损失。安全是一个动态化的社会问题，当今传统安全和非传统安全都面临着极大的挑战。随着国内外安全局势的变幻，安全知识的具体内容也需要随之不断更新，除了传统的国家政治、经济安全知识外，还有心理、网络、环境、资源安全等方面的知识。本书的安全知识是与大学生生活、学习密切相关的，主要包括以下几大类：第一类是国家安全知识，主要包括政治安全、思想安全和文化安全，目的在于防止大学生犯政治上的错误，走到危害国家安全的道路上去。第二类是法律法规知识，主要有维护国家和社会安全，以及维护个人安全和权益有关的法律法规、校纪校规，目的在于使大学生知法守法，用法律来维护自身的权益，避免因违法导致法律的制裁和违法带来的人身伤亡、财产损失。第三类是日常安全常识，主要包括人身安全、消防安全、交通安全、财产安全、社交安全、公共安全等，目的是使大学生熟悉安全常识，增强安全意识，避免人身受伤害、财物受损失。第四类是信息网络安全知识，信息网络安全是随着互联网的发展出现的非传统安全，使安全内涵和外延丰富，主要包括网络通信原理及应用、计算机病毒、安全保护措施、法律法规等。第五类是心理健康的基本常识，即心理健康知识，目的在于增强大学生调节心理、情绪的能力，让其形成正确的人生观和健康的心态，避免自杀、变态等结果的发生。

（三）安全技能教育

安全技能教育是指对大学生进行的安全实际操作技能教育。它包括两个方面：一是与所学专业相关的实验、实习、实训中的安全操作技能，在实际操作中避免因违章操作而造成安全事故。包括岗位操作规程，设备的安全、工艺操作的安全、个人防护用品的正确使用等。二是应对自然灾害、公共卫生和社会突发安全事件等的安全防范能力。包括在自然灾害、交通安全、人身安全、公共安全中的避险能力，在消防安全中的灭火与逃生自救能力，面对刺激的心理承受和应变能力，目的在于提高自我保护能力，增强保护自己和他人不被伤害的意识。

二、高校安全教育的教学方法

高校安全教育方法是指为了达到高校安全教育目的而采用的各种途径和手段的总和，也是高校安全教育的教学方法和学习方法。高校安全教育的教学方法与其他专业的教学方法具有通用性，只是安全教育在特定情况下对所运用的教学方法有一些特殊要求和侧重点而已。

教学方法是在教学过程中，教师和学生为实现教学目的、完成教学任务而采取的教与学相互作用的活动方式的总和。在高校安全教育中，安全教育的对象是大学生，大学生是拥有一定理论知识，具有行为能力的年轻群体。特别是当前高校大学生基本都是"90后"，在网络时代和新媒体环境下，安全教育的教学方法要符合当代大学生的思维和行为方式等特点，让大学生从被动接受知识到主动吸收知识。

（一）课堂教学法

随着社会各方面的发展变化，人、财、物的大量流动，新兴行业的兴起和传统行业的快速发展，我们既面临着传统安全带来的威胁，也面临着非传统安全带来的威胁，给大学生带来危害的种类和概率也大大增加，面对周围诸多的危害因素，大学生必须具备一定的安全防范知识和能力。过去简单地宣传一些安全常识已经不能适应大学生应对当前社会发展产生的安全问题的需要，通过课堂教育方式对大学生进行全面、系统的安全知识教育，显得越来越迫切和必要。学校通过编写大学生安全教育教材，在课堂上讲授，使安全知识进教材、进课堂、进头脑，充分利用课堂这个平台，进行安全知识教育，顺应了培养综合性人才的需要。

在安全教育过程中，课堂教学法主要有讲授法、谈话法、讨论法、互动教学法、读书指导法和练习法。

1. 讲授法

讲授法一直是教学史上最主要的教学方法。讲授教学既经济又可靠，在实际教学过程中，讲授法可以表现为讲述、讲解、讲读、讲演等不同形式，在安全教育课程中被大量采用。

讲述，是以叙述或描述的方式向学生传授知识的方法。讲解，是教师向学生说明、解释和论证科学概念、原理、公式、定理的方法。讲读的主要特点是讲与读交叉进行，有时还加入练习活动，既有教师的讲与读，也有学生的讲、读和练，是讲、读、练结合的活动。讲演，是教师对一个完整的课题进行系统的分析、论证并做出科学结论的一种方法。它要求有分析、有概括、有理论、有实际，有据有理，这几种形式都是教学中经常使用的。教师采用这些方式，要充分考虑到学生听讲的方式，使教师的主导作用与学生的自觉性、积极性紧密结合起来。

2. 谈话法

谈话法又称问答法，是教师和学生以口头语言问答的方式进行教学的一种方法，这种方法历史悠久，行之有效。在现代学校中，谈话法也在各科教学中被广泛采用，其优点是便于激发学生的思维活动，培养学生的独立思考能力和语言表达能力，唤起和保持学生的注意力和兴趣，教师通过谈话课直接了解学生对知识、技能的掌握情况，获得教学的反馈信息，从而改进教学。

谈话法的形式，从实现教学任务来说，有引导性的谈话、传授新知识的谈话、复习巩固知识的谈话和总结性谈话。无论哪种形式的谈话，都要设计不同类型的问题，开展不同形式的谈话活动，调动学生的积极性，这是发挥谈话法作用的关键所在。

3. 讨论法

讨论法是在教师指导下，学生以全班或小组为单位围绕教材的中心问题或教师提出的问题各抒己见，通过讨论或辩论活动，获得知识或巩固知识的一种教学方法。这种方法在安全教育的案例分析、安全规章制度建设等知识讲授时被广泛使用。

讨论法的优点在于，由于全体学生都参加活动，可以培养学生之间的合作精神，可以集思广益、互相启发、互相学习、取长补短，加深对学习内容的理解，还可以激发学生的学习兴趣，提高学习情绪，培养学生钻研的能力，提高学生学习的独立性。

讨论法既是学习新知识、复习巩固旧知识的方法，也是提高学生思想认识的方法，可以单独运用，亦可和其他方法结合运用。

4. 互动教学法

互动教学法是在教与学中实现双方交流、沟通、协商、探讨，在彼此平等、彼此倾听、彼此接纳、彼此坦诚的基础上，通过理性说服甚至辩论达到不同观点碰撞交融，激发教、学双方的主动性，拓展创造性思维，以达到增强培训效果的一种教学方式。

5. 读书指导法

读书指导法是教师指导学生通过阅读教科书和课外读物（包括参考书）获得知识、养成良好读书习惯的教学方法。

读书指导法的特点是既强调学生的"读"，又强调教师的指导。在实际教学中，教师指导学生阅读，必须从指导阅读教科书开始，因为教科书是学生在学校中获得知识的主要来源。虽然各门学科的性质不同，对学生阅读指导的具体方式也不同，但都应该注意加强对学生的预习和复习活动的指导，也应注意在各科内容的讲授过程中加强对学生阅读的指导。与此同时，教师还要指导学生阅读课外读物。

6. 练习法

练习法是学生运用知识去反复完成一定的操作、作业与习题，以加深理解和形成技能技巧的方法。练习的目的是学以致用，加深理解，形成技能、技巧，培养解决实际问题的初步能力。练习是教学的一种基本方法。

练习的种类很多。按培养学生不同的能力分，有口头练习、书面练习、实际操作练习；按照学生掌握技能的进程分，有模仿性练习、独立性练习、创造性练习。

（二）实践教育

高校安全教育教学重在引导学生掌握安全知识，提高安全意识。学生只有将学到的理论知识不断融入学习、生活的实践中，不断培养良好的安全习惯，才能达到学习这门课程的目的。因此，在我们的教学环节中，应该更加注重实践教学。实践教学的设计要和教材的内容保持一致，要和学生关心的实际问题保持一致，实践教育包含三个方面的内容：一是模拟危险场景演练；二是事故现场或其他工作现场参观感受；三是参与学校安全管理，课堂教学如果不经过实践，终归体会不深，记忆不牢，重视不够。安全知识一问都知，但疏忽防范的现象比较普遍，主要原因是没有经历过实践。一次模拟演练、一个触目惊心的灾难场面给人留下的深刻印象远远胜于多次的说教，一次演练或现场感受经历往往成为今后一生的经验教训，铭刻在心，并化作自觉的防范行动。实践教育的常用方法有模拟演练法、参观法和实习实训法等。

1. 模拟演练法

模拟演练法就是设计好危险场景，让大学生置身其中，自救逃生。通过设置危险场景让学生获得身临其境的感受。

2. 参观法

参观法是教师根据教学任务的要求，组织学生到事故现场或厂矿企业、实践基地、展览馆和其他社会场所进行参观，通过对实际事物和现象的观察而获得知识的方法。参观能打破课堂和教科书的束缚，使教学与生产实际密切联系起来，扩大学生的视野。参观要事先做好准备工作，引导学生有目的、有重点地去观察，并让学生做好总结。

3. 实习实训法

实习实训法是以实际工作和训练为主的方法。通过实际工作、练习、实验等实践活动，使大学生巩固和完善知识、技能、技巧。对学生实际训练的活动要进行精心设计和指导，调动学生实践的积极性，培养学生动脑、动口、动手的实际操作能力，重视实际训练结果的总结和反馈，培养学生养成自我监督、自我检查和自我评定的良好习惯。

(三)案例研究法

案例研究法是指在教师的精心策划和指导下,根据教育的目的和内容,运用典型事故案例,让学生分析和评价案例,引导学生学习,从而提出解决问题的建议和方案的教学方法。案例研究法为美国哈佛管理学院所推出,目前广泛应用于企业管理人员的培训,目的是训练他们具有良好的决策能力,帮助他们学习如何在紧急状况下处理各类事件。

在使用案例研究法时,教师通常向学生提供一则描述完整的事故案例,案例要和教学内容相一致,学生可以当堂发言或组成小组来完成对案例的分析,做出判断,提出解决问题的方法。随后,在集体讨论中发表自己小组的看法,同时听取别人的意见。讨论结束后,公布讨论结果,并由教师再对学生进行引导分析,直至达成共识。灵活运用案例教学法将会产生事半功倍的效果。案例教学法把案例分析引入教学过程中,形成了一种与单纯讲授理论完全不同的教学方法。这一教学方法的基本原则就是把原来的注入式教学转变为具有开放性、启发性、参与性的教学,强调师生之间双向交流的互动式教学。

(四)自我教育法

在学生学习、生活过程中,安全事故、危险等并非时时刻刻都有,也并非每人都会亲身经历。因此,学生们在思想上常常出现松懈、疏忽大意,在行为上常常没有采取任何防范措施。单纯靠课堂教育和实践教育是不够的,还必须靠学生自我教育,通过学生自我管理、自我学习、自我教育,把安全教育贯穿于在校的全时段、全方位。在教师的引导下既要突出不同时期某项专门防范的重点,又要宣传一般知识,通过教育使学生的安全意识得到增强。

(五)新媒体教育法

新媒体是在新的技术支撑体系下出现的媒体形态,如数字杂志、数字报纸、数字广播、手机短信、移动电视、网络、桌面视窗、数字电视、数字电影、触摸媒体、手机网络等。新媒体是一个相对的概念,是报刊、广播、电视等传统媒体以后发展起来的新的媒体形态,被形象地称为"第五媒体"。它是一种利用数字技术通过计算机网络、无线通信网、卫星等渠道,以及电脑、手机、数字电视机等终端,向用户提供信息和服务的传播形态,其中最重要的外延是手机媒体。新媒体以其交互性、超时空、个性化信息服务、虚拟多样性和融合性等特点,越来越受到当代大学生喜爱。新媒体教学就是利用新媒体的技术优势和特点开展的教学活动,它可以利用自身特点,弥补传统教育方式在覆盖面和有效性等方面存在的不足。在安全教育方面,新媒体可以确保将安全教育知识传达给每一个学生,打破传统安全教育方式受时间、空间、人数的限制,保证信息传播的覆盖面;同时,新媒体将传统说教的安全教育知识转化为大学生更愿意接收的图片、动画、视频等形式,可增强学生学习兴趣,提高高校安全教育教学的有效性。另外,新媒体的即时性,可以帮助学生及时了解最新安全知识,如网络诈骗、人身防卫手段等,让他们紧跟社会热点,保证安全教育教学的持续性。

(六)慕课教育法

慕课(MOOC),英文直译为"大规模开放的在线课程"(Massive Open Online Course),是新近涌现出来的一种在线课程开发模式。慕课教育相对于传统的教育有教育资源丰富、教学规模庞大、教学效果提高、教育人性化、评价方式灵活等特点。慕课应用于安全教育也具有非常大的优势。

1. 体现了安全教育双主导向原理

慕课的时空随意性和以学生为中心的特点，体现了安全教育双主导向原理。慕课的这一特性恰好符合高校安全教育的实际，由于安全教育在当前很多高校没有"进课堂"，学校不可能安排很多课时，而安全教育的反复性、经常性特点，又要求必须有更多的时间进行学习。慕课具有网络在线教育的优势，既不受时间和空间的约束限制，学生也可以充分利用其他课程的学习之余进行自主学习。

2. 体现安全教育层次经验原理

慕课精悍短小的"微课"，信息量巨大，弥补了安全教育枯燥乏味的缺陷，体现了安全教育层次经验原理。与传统的课堂教学相比，慕课的教学效果有所提高。在高校里，一般每一小节课固定时间是45分钟，而人的注意力一般只有十几分钟。慕课废除了满堂灌的传统教学模式，很多慕课被制作成微课的形式，只有10分钟左右，知识点也被细化，更能激发学习者的学习兴趣。慕课这一特性符合人的认知规律，提高了安全教育效率。另外，慕课中采用大量的图片、视频、多媒体动画等，把枯燥的安全教育内容与多媒体相结合，扩大了信息量，将抽象的内容以较强的感官刺激呈现出来，使教育形象立体，益于学生接受和理解，从而提高了教学效果。

3. 符合安全教育反复性特点

慕课实现了资源共享，可以重复利用，符合安全教育反复性特点。安全教育是一项需要不断反复的教育活动，才能防止遗忘，固化形成安全意识。慕课的资源是网络资源，不但可以资源共享，而且具重复利用性，不但可以大幅度降低教育成本，而且可以反复观看、学习安全教育内容。

4. 教学规模庞大

慕课教学规模庞大，可以同时大批量开展安全教育。慕课的教学规模远远超过传统教学，学生不是被老师集中在某一个教室里上课，而是通过网络注册、在线学习的方式进行学习、这样就大大增加了学习的人数。

5. 教育更加人性化

慕课教育更加人性化，符合大学生学习的特点，受大学生喜爱。慕课的教学不受时间的限制，学习者可以根据个人自身情况，自行安排学习的时间，而不是像传统教学那样，课堂教学的学习时间是固定的。另外学习者如果某一节课、某一个知识点没有理解，可以及时在网络上进行回看，重新学习。

6. 评价方式灵活

慕课评价方式灵活，可以进行有效的安全教育评价。在高校里，老师不可能像高中时那样经常测验，及时地了解每一名学生的学习状态，学生自己对已学过的知识掌握程度也没有一个清晰的了解。而慕课中拥有在线评价系统，学生可以及时收到评价信息，及时了解自己对知识的掌握程度。慕课还提供了交流平台，学生可以与老师、同学之间进行交流和沟通。另外，学习者在网上如果通过了慕课的考试，还可以获得相应课程的学分和高校颁发的课程合格证书，这是普通的网络课程所无法做到的。

三、高校安全教育方法的运用

高校安全教育的方法有很多种，上面只是列出了一些经常运用的方法。无论是安全教育，还是其他教育，教学过程都是一个动态的过程。有时候，虽然根据教学目的、任务、内容和学生的实际情况设计了教学程序和具体的教案，但是在教学的实际过程中还是会出现各种情况和变化，教师必须灵活运用，随时调整。不论采用何种方式，关键在于激发受教育者的内在需求，引起思想的共鸣，这样外因才能通过内因的响应起作用，安全教育效果才能持久。因此，在安全教育中，应根据各要素的特点对教学方法进行选择，对教学方法的运用也应坚持基本原则。

（一）安全教育教学方法的选择依据

1. 依据安全教育教学具体目的和任务

教学目的与任务不同，需要不同教学方法去实现和完成。

2. 依据安全教育的具体内容

教学内容也决定了教学方法的选择，比如理论学习和现场学习的教学方法就完全不同。

3. 依据学生的实际情况

选择教学方法时要充分考虑学生对使用某种方法在能力、学习方法、学习态度等诸方面的接受水平，不能千篇一律。

4. 依据教学时间和效率的要求

教学的最优化，就是要求以最少的时间取得最佳的效果。所以，在实际教学中，选择某种教学方法，还应考虑教学过程效率的高低。

选择安全教育教学方法，除了以上的一些依据外，还应考虑教学环境、教学设备等因素。

（二）安全教育教学方法运用的基本原则

选择了适当的安全教育教学方法后，要在安全教育教学实践中运用还必须遵循以下原则。

1. 树立完整的观点

运用安全教育教学方法要树立完整的观点。每类教学方法，都有各自的功能、特点及适用范围和具体条件，而且又有各自的局限性。因此，为了更好地完成教学任务，教师必须坚持完整的观点，注意各种教学方法之间的有机配合，充分发挥教学方法体系的整体性功能。

2. 以启发式为主的指导思想

运用安全教育教学方法必须坚持以启发式为主的指导思想。教学中的具体方法是很多的，但无论采用什么方法，都必须坚持以启发式为主的指导思想。教学中必须从学生实际出发，采取各种有效的形式去调动学生学习的积极性、主动性和独立性，引导学生通过自己积极的智力活动去掌握知识、发展认知能力。

3. 综合、灵活的原则

要善于综合、灵活地运用安全教育教学方法，才能取得最好的教学效果。实践证明，在安全教育教学过程中，学生安全知识的获得和安全技能的培养，单靠一种方法很难有良好的效果，必须把多种方法合理地结合起来。

案例选编

典型案例 1

为提高大学生安全意识，增强他们的自我保护能力，掌握应对突发火灾的应变、处置以及逃生技巧，在火灾来临时，如何识别危险、学会冷静处理，快速果断应对，从而保证生命财产安全，2016 年 11 月 16 日下午，江苏淮海工学院在苍梧校区开展了大学生消防安全演练活动。演练活动由连云港市消防支队、学校保卫处、学生处、后勤管理处、校团委共同组织。本次消防安全演练活动内容丰富，包括理论讲解、消防器材装备展示和体验、消防官兵高楼层下滑逃生演示、水炮出水表演、灭火演练等科目。整个活动精彩有序，实用性强，得到广大师生一致好评。

【案例分析】

消防演练不仅是一次生动的消防安全教育，更是一次生动的实战教学，不但提高了同学们的安全意识及自防、自救和互救的能力，还为学校稳定发展提供了保障。

典型案例 2

西北大学多措并举，筑牢师生食品安全防线。一是统筹全局，早打基础。西北大学历来重视食品安全工作，从校长、分管后勤工作的校领导到后勤集团总经理、饮食服务中心主任，层层抓、层层管。学校购置了油脂酸价检测仪、ATP 荧光检测仪、食品快速检测分析仪、肉类水分测定仪等检测设备，对运输、加工过程中各类食品细菌进行全过程有效检测、防控。二是严查严管，严保安全。落实"四个最严"要求：最严谨的标准，最严格的监管，最严厉的处罚，最严肃的问责。加大食品安全检查力度，坚持餐厅食品安全日常检查、校区检查、突击检查、联合大检查相结合，发现问题立即发文通报批评并罚款，最高罚款达到 5 万元。各餐厅严格落实原材料索证索票、进货查验、食品贮存、加工制作、食品添加管理、餐饮具清洗消毒、食品留样、从业人员健康管理等方面制度，最大限度地减少食品安全事故发生的风险。三是巧借"东风"，综合监管。学校认真学习陕西省教育厅、陕西省卫生和计划生育委员会、陕西省食品药品监督管理局等主管部门的文件精神，虚心接受各级食药监局的各项检查，借助主管部门的监督检查，促进学校食品安全工作查漏补缺，不断夯实工作基础。（摘录自陕西省教育厅 2018 - 09 - 20 网站新闻）

【案例分析】

高校学生安全工作是一个系统工程，教育主管部门要时时关注，经常检查，甚至将其列入学校考核内容。只有高校管理者对学生安全工作认识充分，重视程度足够，严抓工作落实，不应付，不敷衍，学生自身重视生命财产安全，意识到位，知识足够，多方齐抓共管，才能全方位做好高校学生安全工作。

【思考与练习】

1. 高校安全教育中的安全态度、安全知识和安全技能教育，你认为哪一个更重要？
2. 本章列举的六种安全教育方法，你更容易接受哪种方法？
3. 你接触过网络在线教育吗？你熟悉慕课这一新的教学方法吗？

第三章 平安校园建设

【案例】

8月31日，正是新生报到的时候，某高校大一新生张某遇到三个打扮成学生模样的男子，三人自称是来看同学的，分别来自其他三所高校。三人告诉她，几人住在喜来登饭店，因钱花光了，所以面临被赶出来的境地，其中一男生李某说，想和"叔叔"联系打钱过来，希望能借用张某的银行卡。张某想，遇到有困难的人理应帮助对方。于是张某告诉对方："我卡里有五千多元，你们打在我卡里吧！"李某当即便与"叔叔"联系，在电话里，李某把对张某说的话说了一遍，然后说打三万块钱到卡里，并将张某的卡号告知了其"叔叔"。随后，这三个人让张某陪同一起去提款机上看钱到了没有，但是查询了数次都发现钱没到账。李某几人提出拿卡在学校外面提款机上查询。张某又和这三人到校外提款机上查询，钱还是没到。李某顺手拿过卡说："奇怪，怎么还没到账呢？"随后又将卡还给了张某，之后三人借故离开了。三人离开后，张某觉得这几个人有点奇怪，于是拿出银行卡检查，却发现这张卡并非自己那张，急忙到银行查询，发现这是张废卡，而自己卡上的钱早已不翼而飞。她这才明白自己被骗了，立即向派出所报了案。

在校大学生大都超过18岁，从生理上说是成年人了，但他们的社会阅历不够丰富，在外求学，离开了家人的庇护，在很多事情上都要自己来操心，与人交流要留意，仔细甄别其是否有不轨之心，不然到头来被骗钱骗物。所以，只有自己多留意才能尽可能避免这些事件的发生。

【思考】

如果你遇到陌生人的求助，怎样做才能既保护了自己的安全，又能帮助真正需要帮助的人呢？

第一节　平安校园的基本内涵

一、平安校园的含义

潘彬在"平安校园建设视角下的高校安全教育研究"中，对"平安"和"平安校园"的含义做了详细的阐述。

平安，现代汉语词典解释为"没有事故，没有危险，平稳安全"，这是狭义的"平安"。广义的平安指的是政治稳定、社会太平、百姓生活安康。

平安校园，这里的"平安"，不是狭义的、纯粹意义上的"平安"，而应该是涵盖校风、校训、校园秩序、校园文化和校园建设等各方面的宽领域、大范围、多层次的广义的"平安"。参照和谐社会的内容，平安校园应该是一个公平正义、诚信友爱、充满活力、安定有序、师生之间和学生之间和谐相处的校园。平安校园建设创造的是一种校园环境状态，追求学校的平稳运行和良性发展，即广大教师专心于授课和科研，学生安心于学习的平稳化、有序化、团结化和和谐化的校园环境和运行状态。

根据以上对平安及平安校园的描述，平安校园应该具备以下特征。

（一）平安校园是一个安全校园

安全是指没有受到威胁，没有危险、危害、损失，它是人最基本的需求之一。美国著名的社会心理学家马斯洛创造性地提出了人的需求层次理论。他将人的需要分为五个层次，依次序上升。其中生理、安全需求是人的基本需求，是生存的需要，是对生命延续的渴求。当温饱解决后，我们最渴望的无疑就是自身及财产的安全。而校园是教书育人的场所，是大学生学知识、受教育和轻松生活、快乐成长的地方。教师教学科研需要安全，学生学习生活需要安全，安全是最基本的需求和保障，是办学的底线。所以说，平安校园的最基本特征是安全。具体表现为校园秩序良好，教学科研、师生学习生活正常进行，无重大刑事案件、无重大治安灾害事故、无"黄赌毒"等社会丑恶现象、无可防性案件、无师生员工严重刑事犯罪。

（二）平安校园是一个稳定校园

在这里谈的"稳定"是指"校园政治稳定"，即坚持社会主义办学方向的稳定、坚持党对高校意识形态领导的稳定。2016年12月7日至8日，习近平总书记在全国高校思想政治工作会议上强调："我们的高校是党领导下的高校，是中国特色社会主义高校。办好我们的高校，必须坚持以马克思主义为指导，全面贯彻党的教育方针。要坚持不懈传播马克思主义科学理论，抓好马克思主义理论教育，为学生一生成长奠定科学的思想基础。要坚持不懈培育和弘扬社会主义核心价值观，引导广大师生做社会主义核心价值观的坚定信仰者、积极传播者、模范践行者。要坚持不懈促进高校和谐稳定，培育理性平和的健康心态，加强人文关怀和心理疏导，把高校建设成为安定团结的模范之地。要坚持不懈培育优良校风和学风，使高校发展做到治理有方、管理到位、风清气正。"高校的政治稳定事关办学方向和培养什么人、为谁培养人的问题，事关高校师生思想稳定，所以说，稳定也是平安校园的重要特征之一。

（三）平安校园是一个和谐校园

《现代汉语词典》对"和谐"的解释是：配合得适当和匀称。那么，和谐校园应当是全校的相互配合，重点是人与人之间的相互配合、互助合作、互利互惠、互促互补、共同发展，这是和谐校园最为关键的因素。校园中的人主要由领导干部、教师、学生和员工构成，其中群体与群体之间的和谐、个体与群体之间的和谐和个体与个体之间的和谐，决定了校园和谐的成败。每一个方面的不和谐都会造成矛盾和纠纷，甚至冲突，会发生治安或刑事案件，给师生员工生命和财产造成危害和损失，影响校园平安。所以说，平安校园一定是和谐校园，和谐也是平安校园的重要特征之一。

（四）平安校园是一个秩序校园

秩序是指有条理、不混乱的状态。为了使高校校园秩序有条理、不混乱，1990 年原国家教育委员会制定了《高等学校校园秩序管理若干规定》。它对国内外人员进入校园、学生留宿校外人员、公开张贴和散发宣传品、设置广播电视设施、举行集会和讲演、开展讲座和报告、正常的教学科研和生活等活动、社团管理、校园经商、违反规定的处罚等，都做了明确规定。除以上外，校园秩序还有治安秩序、交通秩序、大型活动秩序等。校园是一个有序运行的整体，任何秩序的混乱都会导致校园的不稳定、不和谐和不安全。所以说，秩序也是平安校园的特征之一。

（五）平安校园是一个法治校园

高校的根本任务是立德树人，其中法治教育是重要内容之一。党的十八届四中全会通过的《中共中央关于全面推进依法治国若干重大问题的决定》也明确要求，要把法治教育纳入国民教育体系。因此，弘扬社会主义法治精神，树立社会主义法治理念，增强全社会学法、尊法、守法、用法意识，学校起着重要作用。这也进一步要求学校作为教育主体，自身应当建立健全各项规章制度，依法实施学校治理和规范办学。把学校的教学、科研、管理、服务纳入法制化轨道，确保师生的合法权益，促进学校良性健康发展，推动校园文明和谐。所以说，法治也是平安校园的特征之一。

二、平安校园的建设原则

平安校园的最终目的是建设一个安全、稳定、秩序、和谐和法治的校园，所以，应围绕目的遵循以下建设原则。

（一）建设平安校园要把维护稳定放在首位

邓小平同志曾指出："中国的问题，压倒一切的是需要稳定。没有稳定的环境，什么都搞不成，已经取得的成果也会失掉。"稳定压倒一切，这是我们国家从自身发展中得出的一条极其重要的基本经验。改革开放以来，我国的经济建设始终保持着快速健康的发展势头，综合国力显著增强，人民生活逐步改善，各项事业生机勃勃，国际威望不断提高，这一切都与我们保持了长期的稳定局面密切相关。高校也不例外，要想持续发展必须保持稳定的局面和环境。建设平安校园就是为了创造使学校各项事业全面、协调、可持续发展的稳定环境。

（二）建设平安校园应立足于创造良好的校园安全环境

美国人本主义心理学家马斯洛把人的需要层次分为：生理需要、安全需要、归属感和爱的需要、受人尊重的需要、自我价值实现的需要五个层次。他认为，上述五种需要，以层次形式依次从低级到高级排列，可表示成金字塔形。在需要的各层次中，安全需要处于仅次于生理需要的较为基础的位置，由此可以看出安全对人的重要性。所以说，在解决了温饱问题向小康社会迈进的过程中，国泰民安、安居乐业是人民群众追求的生活目标。对于学校来说，良好的、安全的教学、科研、学习和生活环境是广大师生员工最根本的利益和最迫切的需要，是落实以人为本科学发展观的具体体现，是建设平安校园的出发点和落脚点。

（三）建设平安校园必须进一步加强学校党委和行政对安全稳定工作的领导

中国革命和建设的历史证明，什么时候坚持党的领导，党和人民的事业就顺利发展，什么时候削弱了党的领导，党和人民的事业就会遭受挫折。平安校园建设也必须加强学校党委的领导，统一全校思想，提高全校师生员工的认识，把平安校园建设作为学校长治久安的基础工程列入学校工作重点，摆上党委、行政的重要议事日程。

（四）建设平安校园必须充分发挥广大师生员工的作用

人民群众是历史的创造者。在一切工作中，相信群众和依靠群众，坚持群众路线是我们的政治原则。建设平安校园是一项群众性的平安工程，要充分调动师生员工的积极性，发挥他们的聪明才智和创造力，使他们能够充满热情地投入建设平安校园的活动中。

（五）建设平安校园应构建维护学校安全稳定的长效机制

学校应建立平安校园长效机制，走出校园治安"头痛医头，脚痛医脚"的老套路；要着眼于学校特点，构建以学校领导、单位为主，部门监管、师生参与、内外协调和制度保障为辅的立体长效防控机制。

三、平安校园的建设意义

（一）平安校园是"平安中国"的重要基础

习近平总书记在 2013 年 1 月 7 日的全国政法工作电视电话会上提出了"平安中国、法治中国"的理念。2015 年 11 月 3 日，《中共中央关于制定国民经济和社会发展第十三个五年规划的建议》发布，提出了"建设平安中国，完善党委领导、政府主导、社会协同、公众参与、法治保障的社会治理体制，推进社会治理精细化，构建全民共建共享的社会治理格局"的新要求。高校是社会的重要组成部分，平安校园是"平安中国"的重要组成部分，维护高校的安全稳定，对于确保社会安全稳定有着非常重要的意义。根据习近平总书记和国家关于建设"平安中国"的要求，在高校深入开展建设"平安校园"活动，对进一步夯实维护高校稳定工作的基础，进一步教育广大师生员工更加牢固地树立维护稳定的意识，建立维护稳定的长效工作机制，保障和促进高等教育事业健康快速发展，把高校建成优秀人才的培养基地、先进文化的孕育和传播基地、先进生产力的研究开发基地，有着十分重要的现实意义和深远的历史意义。

(二)平安校园是和谐社会的重要组成

2004 年 9 月,党的十六届四中全会提出构建社会主义和谐社会的目标,并明确了构建社会主义和谐社会的主要内容就是"民主法治,公平正义,诚信友爱,充满活力,安定有序,人与自然和谐相处"。同年,各地陆续开展了平安校园建设,这是构建和谐校园的重要基础和载体,是构建社会主义和谐社会的重要组成部分。安全是办学的底线,是高校又好又快发展的保障,是师生工作、学习和生活的基本需要。没有安全就没有平安,没有平安也就不会有和谐。建设平安校园就是为了建立健全安全工作体制和机制,改善校园及其周边治安状况和秩序,提高学校维护安全稳定的工作能力,有效防范各类案件和事故,化解各种矛盾和纠纷,努力践行和实现社会主义和谐社会的主要内容和目标,营造安全、稳定、有序的育人环境和心齐、气顺、风正、劲足的和谐局面,以平安保和谐,以和谐促平安。显而易见,平安校园与和谐校园是一脉相通、相辅相成的,建设平安校园是构建和谐社会的重要载体和重大实践。

(三)平安校园是促进高等教育发展的保障

2015 年 8 月 18 日,中央全面深化改革领导小组第 15 次会议审议通过《统筹推进世界一流大学和一流学科建设总体方案》,决定统筹推进建设世界一流大学和一流学科。2015 年 10 月 24 日,国务院印发《统筹推进世界一流大学和一流学科建设总体方案》。2017 年 1 月 24 日,经国务院同意,教育部、财政部、国家发展和改革委员会联合印发《统筹推进世界一流大学和一流学科建设实施办法(暂行)》。特别是习近平总书记在党的十九大报告明确提出了"加快一流大学和一流学科建设,实现高等教育内涵式发展"的要求,高等教育迎来了加快发展的春天。高等教育的发展离不开人力、财力、物力、政策、制度、体制机制的保障,也离不开安全稳定的保障。而且,安全稳定是最基础的保障,是办学的底线,不可逾越和突破。因此,建设平安校园必须紧紧围绕安全发展的理念,采取切实有效的措施,保障高等教育的快速发展,让高等教育发展的成果惠及全社会,惠及人民群众。

第二节 高校安全教育与平安校园建设

一、平安校园建设是高校安全教育的理论平台和实践平台

全体师生作为校园群防群治、齐抓共管的重要力量,是平安校园的建设者。在平安校园建设过程中使师生受到潜移默化的感染和启示,形成一种浓厚的校园安全文化氛围,为安全教育的开展提供了良好的理论平台和实践平台。

第一,通过亲身参与平安校园建设,学习平安校园建设的理论知识和要求,可以明白平安校园建设的意义和标准。全体师生按照建设标准要求自己,主动掌握学习更多的安全知识,掌握更扎实的安全技能,切实把平安校园建设打造为提高安全教育水平的理论平台。

第二,通过亲身参与平安校园建设,在安全工作中学会怎么发现和处置安全隐患,提升应对各类风险的能力,减少和杜绝安全事故发生,切实维护校园安全。同时,在参与矛盾纠纷排查调处过程中,提升对社会主义核心价值观重要性的认识水平,积极投身和谐校园建

设，提高思想道德水平，切实把平安校园建设打造为提高安全教育水平的实践平台。

二、高校安全教育是平安校园建设的重要手段和助推器

第一，高校安全教育是平安校园建设的重要内容之一，是高校预防违法犯罪和事故的重要方式和手段。如果学生缺乏必要的安防知识和技能，难免会发生事故。通过对大学生开展法制教育、消防安全教育、交通安全教育、防诈骗和防传销教育、食品卫生安全教育、心理健康教育等，树立大学生"生命至上，安全第一"的思想，提高他们的安全防范意识和自我保护能力，避免发生事故和案件。只有这样，才能建设平安校园。

第二，高校安全教育是平安校园建设的前提和条件。通过长期开展安全教育，在大学生懂得和掌握安全知识和技能的情况下，提高他们的安全意识和责任，营造"我要安全"的校园安全文化氛围。只有形成了这样的局面，才能真正形成"安全自觉"，确保不发生安全事故和案件，才能做到校园平安。

三、平安校园建设对高校安全教育的要求

平安校园建设，既要开展安全教育，也要进行安全管理。安全教育是平安校园创建的基础，必须在思想上重视、行动中落实、制度上保障。

（一）思想上要重视

平安校园建设要列入学校工作的重要议事日程，要有切实可行的总体规划和实施方案，建立相应的组织领导机构，通过分析自身建设平安校园存在的不足，尤其是在安全教育方面存在的短板，坚持以问题为导向，采取切实可行的措施，建立高校安全教育的长效机制。因此，高校党政领导、相关部门和单位应从思想上高度重视，把高校的安全教育作为一项日常性工作常抓不懈。

（二）行动中要落实

在平安校园建设中，要充分利用学校广播电视、校报、网络、展板、宣传栏等载体，开展多种形式的安全教育活动。同时，做好关键人群、重要环节和重点内容的安全教育。一是安全教育关口前移，在新生接到录取通知书时，开展安全教育工作。二是做好新生入学安全教育、毕业生安全教育、心理健康教育等主题安全教育。三是把安全教育纳入学生思想政治理论课等课堂教育。四是注重发挥学校教师队伍、保卫队伍、辅导员队伍的作用。

（三）制度上要保障

高校开展安全教育，形成浓厚的校园安全文化氛围，这是平安校园建设的基础和前提，必须要有制度保障，而制度保障的最好措施就是安全教育"进教材、进课堂、落实学分"。制订安全教育教学计划，落实教材，落实师资，进行教学和考核，将安全教育课纳入正常教学。这样一来，对学生来说，必修课有教材、学时、考核，又算学分，就必须要学好，不能敷衍了事，从而保证大学生安全教育的质量和效果。

四、高校安全教育对平安校园创建的意义

高校安全教育与平安校园建设的目的是一致的，都是为了教育、培养大学生成长成才。高校安全教育的根本目的在于提高学生的安全意识和安全技能，促进大学生全面发展。高校开展安全教育，可以大力地促进平安校园建设。

第一，高校安全教育是平安校园建设的重要环节，对平安校园建设具有保障作用。平安校园建设的根本目的就是维护高校安全稳定，而高校安全教育是高校安全稳定的前提和基石，学校通过开展安全教育，让学生学习基本的安全知识，掌握必备的安全技能，并在参与平安校园的实践中获得安全经验，这样便可形成"生命至上，安全第一"的良好氛围，可以极大地推动平安校园的建设。

第二，高校安全教育作为高校思想政治教育的一部分，对平安校园建设有激励和促进功能。因为高校安全教育，不仅仅是安全知识的灌输和安全技能的传授，也是一种心灵的沟通和灵魂的交流，体现着深厚的人文关怀。它能够激发大学生的内在需要和情感，激励大学生积极地投入平安校园建设之中，起到润物细无声的效果。

综上所述，高校的安全教育对平安校园建设的重要意义是不言而喻的。高校必须高度重视安全教育问题，通过课堂教学、课外实践演练课、安全知识竞赛等多种方式和途径，对大学生进行系统的、全面的安全教育，提高他们的安全知识和水平，训练其安全技能，促进大学生综合素质的进一步提高。这是提高大学生成长成才的需要，是构建和谐社会的需要，更是平安校园建设的需要。

第三节　校园安全与周边环境治理

随着我国社会主义市场经济的不断深化和教育改革进程的快速推进，高等学校办学体制不断更新，办学规模不断扩大，在校大学生数量不断增多。同时，潜伏在校园内部和周边地区的许多不安全因素也不断涌现，各类安全事故时有发生。一幕幕触目惊心的场景，暴露出各地区学校在安全管理方面存在的严重疏漏和薄弱环节。

2017年4月12日，李克强总理在国务院常务会议上强调，"校园应该是最阳光、最安全的地方"。校园安全问题已经引起了教育部等有关部门和学校的高度重视。加强校园安全教育，提高学生的安全防范意识和自防自救能力，消除校园周边环境安全隐患，确保学校的安全稳定，是高校安全教育的重要组成部分。

一、大学校园安全问题及保障策略

校园安全事故是指学生在校期间，由于某种偶然突发的因素而导致的人为伤害事件。大学校园是大学生学习与生活的基本空间，校园环境建设日趋完善，但校园安全形势不容乐观，随着大学生活动交流的领域越来越广，大学校园的安全隐患也一再突显。

如何让大学生树立正确的安全防范意识，如何保护学生人身、财产安全是我们当前必须要认真思考与亟待解决的问题。因此，加强大学校园安全教育与管理，增强大学生安全意识，既是维护大学校园和谐稳定的需要，也是建设"平安校园"的重要组成部分。

（一）大学校园安全问题现状

1.校园建设趋向开放型，管理方式社会化

由于办学形式多样，学生结构复杂，校园与社会相互交叉渗透，校园治安问题主要表现在：一是有的不法之徒窜入大学进行盗窃、抢劫、诈骗、行凶等；二是校区多而分散，交通安全存在较大隐患。

2.社会犯罪势力侵入大学校园，带来安全危机

一些犯罪分子、犯罪团伙等利用大学人口密集、大学生防范能力较弱、知识层次高、信息传递快等特点在校园内进行盗窃、诈骗、传销等非法行为，或者煽动、引诱大学生从事违法犯罪活动、颠覆国家政权。这些安全危机的存在不但给大学生的生命健康、财产安全带来了极为严重的威胁，而且还扰乱了学校正常的教学、生活秩序。

3.学生防范意识及自我保护能力不足

近年来，在校园内外发生了一些学生意外伤害事故，共同原因是大多数学生对事故的发生没有心理准备和自我保护意识。

（二）保障校园安全的有效途径和策略

1.加大宣传，培养个人的自我安全防范意识

哲学家特莱斯说："人生最难的是了解自己。"学校应当从大学生的实际需要制订相应的大学生安全教育计划，通过课堂、课外活动等时间、空间，让学生学习、掌握其所必需的安全基本理论与知识，使学生逐步具有比较固定的安全知识理念并养成重视安全的行为习惯。

2.建立健全学生安全信息网络

校园安全信息网络对学校校园安全的维护至关重要。各高等院校在建设学校安全管理工作队伍的过程中，应该积极调动学校各职能部门的力量，建立学生安全信息员队伍，将学生安全信息员建立在每个班级、每个寝室，从而确保能够将各类校园安全事故或安全隐患在第一时间传达至相关部门，并得到及时的疏导与解决。

3.定期对大学生进行心理隐患排查

随着经济社会的快速发展，大学生心理疾患也呈现为多元化与复杂化趋势。因此，学校应在每年新生入学后对其开展学生心理健康普查，对普查结果出现异常情况的学生要给予援助、加强跟踪并在对其进行心理辅导的同时，还应建立学生心理健康档案资料库，对那些特殊的学生进行定期心理疏导，确保其健康、快乐地生活与学习。

4.建立相应的责任管理体系

高校应该建立专门的安全管理组织领导机构，负责组织、管理、协调学校安全教育工作。明确各职能部门的相关职责，按照"属地管理原则"，依据"谁主管，谁负责"的基本精神，从严管理，落实责任。

5.加大与社会各界合作力度，共同应对各种安全事故

大学校园是一个较为开放的场所，大学时期也是一个由校园向社会过渡的时期。由于各

种安全事故的发生缘由并不仅仅来源于校园，故而在处理上，学校应加强与家庭、政府机构、社会团体等的合作力度，携手合作，共同面对各种危机。

总之，大学时期是人生历程中一个至关重要的成长时期，了解各种安全隐患，处理各种安全事故，不论是对于大学学校、大学师生还是社会都极为重要。希望通过家庭、学校以及社会各界的共同努力，尽量消弭各种安全隐患，将大学真正打造成为一个读书的圣殿。

二、校园周边治安环境

近年来，随着新兴大学城建设和城乡一体化的发展，大学城已经成为城市重要的区域之一。而因其地处郊区、人员构成复杂等因素的影响，校园周边的治安环境问题日益突出，对大学生人身财产安全产生了重要影响。

(一)大学校园周边环境现状

相较于城市的一般区域，大学城的治安环境明显比较复杂，暴露出以下问题。

1. 治安问题多样

(1)食品安全问题。由于校园餐厅食物种类有限，就餐人数较多等原因，一些学生往往喜欢去校园周边的小店或小摊贩处就餐或通过网上订外卖。由于网上订餐平台并无健全的监管审查制度，网上餐馆无照经营的情况也比比皆是，所以学生在饮食上存在一定的安全隐患。

(2)道路交通安全问题。那些云集在高校门口违规经营的"黑出租""摩的"争相拉客，随意停放，和来来往往的公交车、穿梭不停的机动车、自行车，使校门口成为拥挤不堪的事故多发区，常常引发交通事故，严重危害学生安全。不少"黑出租"无证无照经营，多数车辆安全性能较差，驾驶人员身份复杂，缺乏必要的交通法规意识和安全常识，一旦发生事故，师生利益很难得到保障。线下网络点餐逐渐盛行，驾驶速度飞快的外卖车越来越频繁地来往于校内校外，产生大量交通安全隐患。

(3)校外租房管理问题。高校学生在外租房的现象较为普遍。但一些出租房屋的业主手续不全，校外出租房成为事故多发地。高校周边一些违规建筑，无证经营且缺乏卫生、安全设施的大小旅馆以及廉价出租房，为大学生摆脱校纪校规提供了方便，威胁着大学生的人身财产安全，也为他们沉迷游戏、聚众赌博、滋扰生事等恶习的养成提供了环境，是大学生伤害事故的多发地。

(4)文化娱乐场所混乱问题。在高校周围总会有许多网吧、酒吧、游戏厅等娱乐场所，这些娱乐场所往往经营管理秩序较差，学生在消费过程中可能会遇到消费欺诈、胁迫消费等问题。

(5)财产安全问题。最为常见的是盗窃问题。

(6)暴力犯罪问题。由于校园周边人员混杂，环境复杂，社会治安管理薄弱，一些暴力犯罪往往发生在学生身上，如社会闲散人员会对弱势学生实施抢劫、勒索和伤害等恶性行为，会对学生的身体和心理造成极大的损伤。

2. 人员成分复杂

从以上校园周边治安问题来看，高校周边的人各种各样，人员混杂，素质层次不一，流动性强，其中既涉及正常营业的经营人员，也有校园周边居民和校内外学生，还有一些无业闲散人员等。相较于社会经验较少、不太成熟的学生们，两者之间的强弱差别明显，这是使学生们人身、财产安全造成损失的主要原因，同时也是影响校园周边治安环境的重要因素。

3.求助途径不足

高校保卫部门安全防范的管理权限仅限于校园内部，在整治周边环境时，由于没有执法权限而显得有心无力。此外，在整个校园周边环境中，学生们的社会经验较少，加上法律意识不强，作为相对弱势的一方，在权益受到侵害后往往只有较少的救济途径。比如，在消费过程中遇到权益被侵犯后很多人会束手无措，忍气吞声的占多数。

（二）大学生校外租房注意事项

目前，有部分大学生放弃了学校提供的宿舍，选择在校外租房。有的是为了准备研究生考试，有的是为了拥有更加舒适的居住环境和自由空间。外出租房可以为大学生提供某些便利，但也有很大的安全隐患。

一是租房网站信息真伪难辨，要仔细辨别。二是看房时应选在白天，不要单独行动，最好约三五朋友同行。三是查看房东相关证件。明确房东的主体资格，若房东为产权人的，应当查看房东出具的房屋产权证及身份证件；若为转租的，应当查看"二房东"出示的上手租赁合同，并要求对方提供房屋产权证，上手租赁合同中应明确转租人在租赁期间有转租权。四是仔细看房，排除隐患。要仔细检查家电的正常运行情况、家具的完好程度等。最好是清点所租房屋中的家具，然后填写家具清单，清单中简要列举出租人为承租人准备的家具、家用电器、厨房设备和卫生间设备，并于交房时一一进行清点。入住前，最好再检查一遍屋内有无安全隐患。五是签订正规的房屋租赁合同，明确双方的权利和义务。押金和房租等交给房东时要索要收据并好好保管。切莫贪图小利，订立口头协议或不规范协议。

总之，大学生一要增强自律意识，自觉抵制不良文化的侵蚀，牢固树立正确的价值观和人生观；二要加强与人的交往沟通，提高人际交往和与人相处的能力；三要学会在各种社会事件活动中更好地认识社会、了解国情，增强建设祖国、振兴中华的责任感和使命感，树立远大的理想和抱负。

案例选编

典型案例1

某日，大学生高某在连接南北校区的马路上遇到三名开着小车的年龄约30岁的青年男子。他们谎称自己是外地人，在附近遇到了麻烦，手机和银行卡在此地不能用。他们承诺给高某好处，要求高某提供帮助，并将一台模拟手机抵押在高某手中。然后，他们借高某的手机（价值1300元）与家里联系，再借高某的银行卡从家里汇钱过来。三名男子在多次查询中记下了高某的银行卡密码，之后将高某的银行卡和手机调包后逃之夭夭。很快他们在异地将高某卡上的7800元现金取走。

【案例分析】

大学生容易上当受骗，一是他们社会经验不足，同情心泛滥；二是因为安全教育缺失，没有给予学生充分的警示。

典型案例2

有人冒充清华大学博士生、教授专门在校内骗学生钱财。据当事人小蹦豆描述，有个大约45岁的妇女拿着一个袋子和一张报纸在学校里蹲点，这个妇女瞄准了校内的一名同学。这个妇女自称她是清华大学的博士生，某著名教授的学生，将在网上抄袭的一份经济改革文章拿给这名同学看，并说自己要准备去南城做调研急需用钱。因为这名同学心地善良，和室友借了100元钱给这个妇女，这个妇女拿着100块钱就迅速地离开。很多同学表示见过类似的骗子在校内、学校附近向路过的同学借钱。

【案例分析】

当学生步入大学校门时，就已经远离了家门，踏进了社会。纵使你身处高等学府，身为天之骄子，但因你的单纯与幼稚，有时也难免被这种社会人员所蒙蔽。学校加强日常安全教育，个人不断提高安全意识，练就一双辨明真伪的金睛火眼，才能在纷繁复杂的社会自由徜徉。

典型案例3

2014年7月31日，济南市天桥警方成功抓获"7.30"抢劫伤人案犯罪嫌疑人管某。本案被害人徐某，是济南某高校一名22岁的女大学生。暑假期间，徐某因勤工俭学独自在校外租房。犯罪嫌疑人管某因手头拮据，发现徐某独自居住，遂起了歹念。管某先是以咨询购买车票为由，将徐某骗进了自己租住的301室内，再实施抢劫。抢劫过程中管某掐住徐某脖子，致使她窒息死亡。

【案例分析】

女生如果由于各种不可抗因素选择独居的话，要时时刻刻谨记安全第一，不要存有侥幸心理，杜绝一切潜在的安全隐患。独居的女生最好选择比较热闹的地方，尽量避免那种附近有很多阴暗小巷子的地方。如果租房发现周围住的有比较奇怪的人，那么要立刻放弃。要对陌生人保持警惕，即使是看上去柔弱无助的老人、小孩、妇女，也千万不要把自己的安全寄托在陌生人身上。可以把男性的衣物挂在阳台晾晒，门口也可以放上男性的鞋子，这样一来，小偷或恶徒就会认为家中有男性，便不敢轻易将之选定为目标。

典型案例4

2018年6月15日，云南某学院2011级女毕业生张某晴与家属失联，其男友赵某向警方报案。时隔24小时后，警方找到了张某晴的遗体。经公安分局调查发现，云南某学院内一理发店老板黄某昆有重大嫌疑。

6月15日下午4时许，张某晴来到涉事理发店，在位于二层阁楼的沙发上躺下等待洗头时，黄某昆借口查看张某晴的办卡记录，来到一楼，然后迅速从里面将店门反锁，戴上手套，拿着毛巾、胶布等作案工具回到二楼。黄某昆趁张某晴不注意，将其杀害。

据黄某昆交代，他早有抢劫的图谋，当天看到张某晴使用的是一部苹果手机，此外，张某晴长相漂亮，穿着比较时尚，这让黄某昆选定了她作为行凶目标。

【案例分析】

　　校园周边已经成为学校教育教学活动场所的延伸，周边环境的好坏会影响学校教育教学。学校管理者应当知道当校园周边存在安全隐患时找相关部门协调，帮助学校处理好这些问题。大学生应关注周边安全隐患，提高警惕，尤其女生尽可能不要独行，独自去陌生地方应该给同学或家人预留信息。

【思考与练习】

1. 为什么要在高校进行平安校园建设？
2. 你关注过学校周边环境吗？你能发现哪些安全隐患？
3. 面对陌生人搭讪，你会如何恰当地处理？

中篇

高校安全教育知识

大学生学习安全理论知识，是开展一切安全教育活动的基础工作。掌握和具备一定的安全知识有助于避免遭受不法分子的侵害，在面临突发事件时就能冷静应对，避免或降低损失。安全是一个动态化的社会问题，当今社会传统安全和非传统安全都面临着极大的挑战。随着国内外安全局势的变幻，安全知识的具体内容也需要随之不断更新，除了传统的国家政治、经济安全知识外，还有心理、网络、环境、资源安全等方面的知识。

本篇的安全知识是与大学生生活、学习密切相关的，主要包括以下几大类：第一类是法律法规知识，主要有维护国家和社会安全，以及维护个人安全和权益有关的法律法规、校纪校规，目的在于使大学生知法守法，用法律来维护自身的权益，避免因违法导致法律的制裁和违法带来的人身伤亡、财产损失。第二类是国家安全知识，主要包括政治安全、思想安全和文化安全，目的在于防止大学生抛弃社会主义意识形态而接受西方资本主义意识形态，犯政治上的错误，走到危害国家安全的道路上去。第三类是日常安全常识，主要包括人身安全、消防安全、交通安全、财产安全、社交安全、公共安全等，目的是使大学生熟悉安全常识，增强安全意识，避免人身伤害、财物损失。第四类是信息网络安全知识。信息网络安全是随着互联网的发展出现的非传统安全，是安全内涵和外延的丰富，主要包括网络通信原理及应用、计算机病毒、安全保护措施、法律法规等。第五类是心理健康的基本常识，即心理健康知识，目的在于增强自己调节心理、情绪的能力，具有正确的人生观和健康的心态。

本篇甄选了高校安全问题的典型案例，针对大学生安全教育的重要性与必要性，系统建立学生安全教育知识规范体系。希望广大学生通过本篇内容的学习，珍爱生命，保护自我，健康发展，建设未来。

第四章　法律法规与遵纪守法

【案例】

2018 年 5 月，广州某高校 53 名学生因"兼职刷单"身陷泥潭，网络贷款总额高达 220 多万元。自称在某网络贷款平台工作的陈某某与当地某高校学生吴某合谋，拉拢其同学刷单。陈某某宣称无须任何成本，简单一刷就有 500 元兼职费。刷单同学要提供详细个人信息，如身份证号和银行账户等。陈某某与吴某利用同学们的信息，以刷单为名，在多个平台贷取巨额款项，以这些个人信息开户贷款。

吴某与陈某某为牟取非法利益，以他人名义恶意在网络贷款平台贷款，触犯《中华人民共和国刑法》第二百六十六条的规定。广州市××区检察院以诈骗罪对吴某与陈某某两人提起公诉。

中国社会主义法治建设成功与否，取决于新一代接班人的法律意识水平。当代大学生的法律素养，关系我们国家和民族的长远发展。调查显示，缘于考试制度、成长环境等影响，我国当代大学生的法制意识相对淡薄，法律知识明显不足，造成一些大学生不知法、有法不遵等问题。通过对本章内容的学习，大学生可形成对法治的认知、归属和信赖感。

【思考】

1. 作为当代大学生，你知道哪些与自己生活息息相关的法律法规？
2. 当你的权益受到侵犯时，你知道应该寻求哪些"法律武器"的帮助吗？

第一节　高校安全教育法律法规

为贯彻科学发展观和以人为本的理念，增强高校学生的安全意识和安全知识，高校学生应认真学习安全教育相关法律法规，真正做到学法、知法、用法，学会用法律规范自己的行动，保护自己的合法权益。

一、大学生应了解的几种法律法规

（一）国家基本法

国家的基本法指的是规定国家的性质、根本制度、基本路线等具有根本性、重大性问题的法律规范。

1.《中华人民共和国宪法》

坚持依法治国，首先要坚持依宪治国。现行《中华人民共和国宪法》（以下简称《宪法》）于 1982 年 12 月 4 日由第五届全国人民代表大会第五次会议通过并公告公布施行，并经历 1988 年、1993 年、1999 年、2004 年、2018 年五次修订。《宪法》是我国的根本大法，是所有法律制定和执行的基础。当其他法律与宪法相冲突时，要以《宪法》为准。

2.《中华人民共和国民法典》

《中华人民共和国民法典》被称为"社会生活的百科全书"，是中华人民共和国成立以来第一部以法典命名的法律，在法律体系中居于基础性地位，也是市场经济的基本法。2020 年 5 月 28 日，第十三届全国人大第三次会议表决通过了《中华人民共和国民法典》，自 2021 年 1 月 1 日起施行。《中华人民共和国民法典》共 7 编、1260 条，各编依次为总则、物权、合同、人格权、婚姻家庭、继承、侵权责任，以及附则。

3.《中华人民共和国刑法》

《中华人民共和国刑法》（以下简称《刑法》）共四百五十二条，2017 年 11 月 4 日最新修订。该法规定了刑法的任务、基本原则和适用范围，犯罪行为的特征、刑罚的种类、刑罚的具体运用等；规定了各类犯罪行为的构成、罪名和刑罚的具体适用标准等。根据《刑法》第三十二、三十三、三十四条规定，我国刑罚分为主刑和附加刑两种。主刑的种类有管制、拘役、有期徒刑、无期徒刑、死刑；附加刑的种类有罚金、剥夺政治权利和没收财产。

（二）国家安全法律法规

1.《中华人民共和国国家安全法》

1993 年 2 月 22 日，第七届全国人民代表大会常务委员会第三十次会议通过，中华人民共和国主席令第 68 号公布施行过一部国家安全法，主要是规定国家安全机关履行的职责特别是反间谍工作方面的职责。但随着国家安全形势的发展变化，这部法律已难以适应全面维护各领域国家安全的需要。2014 年 11 月 1 日，第十二届全国人民代表大会常务委员会第十一次会议审议通过了《中华人民共和国反间谍法》，相应废止了 1993 年 2 月 22 日通过的国家安全法。2015 年 7 月 1 日，第十二届全国人民代表大会常务委员会第十五次会议通过，中华人民共和国主席令第 29 号公布《中华人民共和国国家安全法》，自公布之日起施行。本法从政治安全、国土安全、军事安全、经济安全、文化安全、社会安全、科技安全、信息安全、生态安全、资源安全、核安全 11 个领域对国家安全任务进行了明确的法律规范。

2.《中华人民共和国保守国家秘密法》

《中华人民共和国保守国家秘密法》（以下简称《保守国家秘密法》）于 2010 年 10 月 1 日

起施行。本法对国家秘密的范围和密级、保密制度等进行明确的法律规范。《保守国家秘密法》第二条规定：国家秘密是关系国家安全和利益，依照法定程序确定，在一定时间内只限一定范围的人员知悉的事项。

3.《全国人民代表大会常务委员会关于维护互联网安全的决定》

如何保障互联网的运行安全和信息安全问题已经引起全社会的普遍关注。为了兴利除弊，促进互联网的健康发展，维护国家安全和社会公共利益，保护个人、法人和其他组织的合法权益，制定了《全国人民代表大会常务委员会关于维护互联网安全的决定》（以下简称《决定》），以打击互联网犯罪，维护国家的信息安全。该《决定》于2000年12月28日第九届全国人民代表大会常务委员会第十九次会议通过。

（三）常用法律法规

1.《中华人民共和国道路交通安全法》

《中华人民共和国道路交通安全法》（以下简称《道路交通安全法》）于2003年10月28日公布，并于2007年、2011年两次修订。该法包括总则、车辆和驾驶人、道路通行条件、道路通行规定、交通事故处理、执法监督、法律责任、附则，共8章124条。本法全方位规范了车辆和驾驶人管理，明确了道路通行条件和各种道路交通主体的通行规则，确立了新的道路交通事故处理原则和机制，加强了对公安机关交通管理部门及其交通警察的执法监督，完善了违反交通安全管理行为的法律责任。

2.《中华人民共和国治安管理处罚法》

《中华人民共和国治安管理处罚法》（以下简称《治安管理处罚法》）新法案于2013年1月1日起施行。《治安管理处罚法》是一部系统规范治安管理处罚的实体、程序、执法监督等内容的基本法律，是公安机关办理治安案件的准据法、程序法。违反治安管理处罚的行为涉及社会生活的各个领域。

3.创业就业相关法律法规

当今大学生面临越来越复杂的就业、创业形势。如何保护自身权益、如何合法创业，就应当了解与就业、创业相关的政策及法律法规。

国务院为了推动大学生创业出台了一系列政策意见，主要有《国务院关于进一步做好新形势下就业创业工作的意见》（国发［2015］23号）、《国务院办公厅关于深化高等学校创新创业教育改革的实施意见》（国办发［2015］36号）等文件规定等。

有关设立企业的法律，如《中华人民共和国企业法人登记管理条例》《中华人民共和国公司登记管理条例》等。

有关商业限制的法律，如《中华人民共和国反垄断法》《中华人民共和国反不正当竞争法》和《中华人民共和国技术进出口管理条例》等。

有关创业的法律，如《中华人民共和国民法通则》《中华人民共和国公司法》《中华人民共和国合伙企业法》《中华人民共和国个人独资企业法》《中华人民共和国合同法》《中华人民共和国担保法》《中华人民共和国票据法》等。

有关知识产权相关的法律，如《中华人民共和国著作权法》、《中华人民共和国商标法》及其实施条例、《中华人民共和国专利法》及其实施细则、《信息网络传播权保护条例》、《计算机软件保护条例》等。

二、大学生学习安全法律的重要意义

"依法治国"是中国共产党领导人民治理国家的基本方略,建设社会主义法治国家是社会主义民主政治的基本要求。全面依法治国是一项长期而重大的历史任务,也是一场深刻的社会变革。大学生法律意识的现状关系到我国法律意识的现状,关系到法治国家创建的进程。只有提高大学生法律素质,才能更好地为社会主义法治国家的实现和社会主义现代化建设培养高素质、复合型人才。

第二节　依法依规行使权利和履行义务

作为公民,需要了解自身应有的各种权利,培养自觉运用法律维护自身和他人的合法权益不受侵犯的意识。作为一个特殊群体,大学生需要了解自身应有的特殊权益,即大学生在接受高等教育的过程中应享有的权利,履行公民应尽的法律义务。

一、大学生享有的权利

大学生享有的权利可分为以下两个方面。

(一)作为公民所享有的宪法规定的基本权利及其他法律规定的权利

(1)平等权,是指大学生作为公民平等地享有不受任何差别对待,要求国家同等保护的权利。

(2)政治权利和自由,包括选举权与被选举权,言论、出版、集会、结社、游行、示威自由。

(3)监督权,包括批评建议权,控告、检举权等。

(4)宗教信仰自由,是指大学生都有按照自己的意愿信仰与不信仰宗教的自由。

(5)人身自由,包括人身自由不受侵犯,人格尊严不受侵犯,住宅不受侵犯,通信自由。

(6)大学生的财产权和隐私权。

(二)作为受教育主体在教育教学过程中所享有的权利

教育部《普通高等学校学生管理规定》明确了学生在校期间依法享有下列权利:参加学校教育教学计划安排的各项活动,使用学校提供的教育教学资源;参加社会服务、勤工助学,在校内组织、参加学生团体及文娱体育等活动;申请奖学金、助学金及助学贷款;在思想品德、学业成绩等方面获得公正评价,完成学校规定的学业后获得相应的学历证书、学位证书;对学校给予的处分或者处理有异议,向学校、教育行政部门提出申诉;对学校、教职员工侵犯其人身权、财产权等合法权益,提出申诉或者依法提起诉讼;法律、法规规定的其他权利。概括起来可分为以下几类。

1. 参加教育教学活动权

这是大学生作为受教育者的一项最基本的权利。它是指大学生享有参加教育教学计划安排的各种教育教学设施、设备、图书资料的权利。

2. 享有按照国家有关规定获得奖学金、贷学金、助学金的权利

它是宪法规定的公民享有获得物质帮助权在大学生身上的具体体现。

3. 获得公正评价权

获得公正评价权是指大学生在教育教学过程中，享有要求教师、学校对自己的学业成绩和品行进行公正评价并客观真实地记录在成绩档案中，在完成相应的学业后获得相应的学业证书、学位证书的权利。

4. 申诉起诉权

《中华人民共和国教育法》（以下简称《教育法》）第四十三条规定，大学生享有对学校给予的处分不服向有关部门提出申诉，对学校、教师侵犯其人身权、财产权等合法权益，提出申诉或者依法提起诉讼的权利。这是赋予学生维护自身合法权益的一项民主权利。

5. 知情权

《教育法》第三十条规定，学校及其他教育机构应当"以适当方式为受教育者及其监护人了解受教育者的学业成绩及其他有关情况提供便利"。即大学生对学校的各种规章制度、学校的发展状况、自己所学专业的发展前景、对本专业的师资队伍水平、课程设置以及经费投入等基本情况有全面了解的权利。

6. 监督权

《中华人民共和国高等教育法》（以下简称《高等教育法》）第六十五条规定："高等学校应当依法建立、健全财务管理制度，合理使用、严格管理教育经费，提高教育投资效益。"高等学校的财务活动应当依法接受监督。这是指大学生有对教师的教学水平、教学态度以及课堂教学质量、对学校教学经费投入情况等进行监督的权利。

7. 职业发展权

《高等教育法》第五十九条明确规定："高等学校应当为毕业生、结业生提供就业指导和服务。"思想品德合格，在规定的修业年限内学完规定的课程，成绩合格或者修满相应的学分，准予毕业的大学生应当享有就业的权利。高校必须广开渠道，为毕业生及时提供就业信息，积极开展职业生涯规划和创业支持，切切实实为毕业生的就业做好指导和服务工作。

二、大学生应履行的义务

《宪法》第三十三条规定："任何公民享有宪法和法律规定的权利，同时必须履行宪法和法律规定的义务。"每名同学既是权利的主体，也是义务的主体。《宪法》规定的公民义务主要有：遵守宪法和法律的义务，劳动的义务，受教育的义务，实行计划生育的义务，赡养教育未成年子女的义务，赡养扶助父母的义务，维护国家统一和全国各民族团结的义务，保守国家秘密、爱护公共财产、遵守劳动纪律、遵守公共秩序、尊重社会公德的义务，维护祖国的安全、荣誉和利益的义务，依照法律服兵役和参加民兵组织的义务等。

《教育法》第四十四条规定，受教育者应当履行下列义务：遵守法律、法规；遵守学生行为规范，尊敬师长，养成良好的思想品德和行为习惯；努力学习，完成规定的学习任务；遵守所在学校或者其他教育机构的管理制度。高校为规范学生日常行为而制定的校规校纪，对大

学生而言具有普遍的约束力。大学生一方面有作为普通公民应履行的义务，另一方面有作为受教育主体在受教育过程中应尽的义务。

具体来讲，大学生应履行的义务包括：（1）接受军事国防教育和训练；完成教学计划内的学习作业任务，遵守作息时间，按时上下课；遵守各级各类法律法规和学校的各项管理规章制度。（2）维护国家、民族及学校的尊严；维护学校的稳定、团结和利益。（3）缴纳规定的学费、住宿费及其他费用。（4）承担因自己的过错、失误而造成的直接或间接责任、损失；承担本人经手的工作、文件签署、财务收支及言论所带来的责任和后果。（5）爱护学校公共财产安全；尊重他人的人身自由、尊严、安全、隐私及财产。

同学们应正确把握权利和义务的关系，为自己树立法治观念、明确法律责任、处理社会关系、做守法用法的公民打下良好的基础。

权利和义务是辩证统一的关系。权利与义务相互对应、相互依存、相互转化、密不可分。随着社会的高速发展，当代大学生的法律意识日益增强，在面对自身的基本权益，如受教育权、婚姻自由权等方面，其权利意识都是很强的。但有的同学过分强调自己的权利，而忽视他人的权利，以至于为了实现自己的权利，而损害集体和他人的权利。有的同学甚至只讲学校应为自己做什么，不讲自己应为学校、他人、社会做什么，缺乏基本的义务观念。

权利和义务是对立统一的，两者相互联系不可分。以国家公民的身份履行法律规定的义务，是大学生应该具备的基本品德。因此，当代大学生既要树立起正确的权利意识，同时也不能忘记所应承担的义务，树立正确的权利义务观念，努力争做一个文明的、体现时代精神的大学生。

三、大学生如何正确维权

作为大学生，当自身的权益受到侵犯时，该如何正确维权呢？由于法律意识淡薄，法制观念不强，有些大学生在解决纠纷时，往往不借助国家司法制度而通过私下协商、谈判达成和解。有些大学生认为即使是刑事犯罪行为，只要双方当事人愿意，也可进行"私了"。其实这不仅是对法律的误解，也是对犯罪行为的一种放纵，使犯罪分子得不到应有的法律制裁而心存侥幸，必然继续为患一方，这对整个社会的危害是可想而知的。

根据法律规定，只有与他人存在民事或轻微刑事争议才允许当事人之间和解，比如合同纠纷、轻微伤害等。但是，如果涉及刑事犯罪时，比如当事人有诈骗、故意伤害、强奸行为时，就不允许犯罪嫌疑人与当事人和被害人之间进行"私了"。即使已经"私了"，犯罪行为人还是要受到法律追究，承担相应的刑事责任。所以，大学生要知道"私了"也要符合法律规定，对刑事犯罪不可盲目"私了"。

🎖 知识链接

法律武器

（一）《中华人民共和国刑事诉讼法》

《中华人民共和国刑事诉讼法》（以下简称《刑事诉讼法》）是有关刑事诉讼的立法规定和司法实践的法律。它规定了刑事诉讼的基本原则、刑事诉讼中的专门机关和诉讼参与人、辩护与代理、刑事证据制度、强制措施和附带民事诉讼以及刑事诉讼的五大阶段(即立案、侦查、起诉、审判和执行)。

(二)《中华人民共和国民事诉讼法》

根据 2017 年 6 月 27 日第十二届全国人民代表大会常务委员会第二十八次会议《关于修改〈中华人民共和国民事诉讼法〉和〈中华人民共和国行政诉讼法〉的决定》,第三次修正。《中华人民共和国民事诉讼法》的任务,是保护当事人行使诉讼权利,保证人民法院查明事实,分清是非,正确适用法律,及时审理民事案件,确认民事权利义务关系,制裁民事违法行为,保护当事人的合法权益,教育公民自觉遵守法律,维护社会秩序、经济秩序,保障社会主义建设事业顺利进行。

第三节　遵纪守法,树立法制意识

一、大学生应具备的法律意识

法律意识,是社会意识的一种形式,是人们的法律观点和法律情感的总和,其内容包括对法的本质、作用的看法,对法律的评价和解释,对自己权利和义务的认识,对某种行为是否合法的评价,关于法律现象的知识以及法制观念等。

大学生的法律意识,是大学生群体对法律、法规或其现象的反应形式,即心理、知识、观点和思想,包括对法律的情感、认知、评价和信仰等的内心体验,实现从制度到理念的跨越,树立正确的法制观念,增强自身的法制意识,始终做到学法、知法、懂法。大学生应具备的法律意识主要有以下几点。

(一)自由平等的法律意识

依法享有和行使自由,是公民意识中最核心、最基本的内容。每一个社会成员都有自己独立的人格和不可侵犯的权利,个人权利存在的前提就是对他人权利的尊重。不珍视自己的权利,或者不尊重别人的权利,都是公民意识欠缺的表现。

1.树立权利意识

如选举和被选举权;维护自己的基本权利、人身自由、个人财产及隐私不受他人侵犯;男女学生享有公平平等待遇的权利,利用课余时间进行社会实践和勤工助学活动;自由选择工作单位,依法享受双休、节假日及寒暑假;知情权等。世界上没有绝对的权利和自由,任何权利都要受到一定的限制,大学生要在法律允许的范围内正确行使自由权利。随着网络的兴起,有些同学不经过调查核实,利用网络随意发表自己对某人、某事的看法,在不经意间会泄密他人的隐私,影响他人的正常生活,甚至侵犯他人的合法权利。一旦超越法律许可的范围,滥用权利和自由,必然会违背公众的意志,损害人民的利益,必将受到法律的制裁,进而丧失自由和权利。

2.树立平等意识

平等权是我国公民的一项基本权利,它意指公民同等地依法享有权利和履行义务。《宪法》规定:"公民在法律面前一律平等。"平等权有三层意思:一是权利平等,即所有的公民平等地享有法律规定的权利；二是义务平等，即所有的公民平等地履行法律规定的义务；三是法律适用平等，即国家机关在适用法律时平等地对待所有的公民，在保护或惩罚上一律平等，不因人而异，任何组织或个人都没有超出宪法和法律的特权。每位同学都享有同等的权利，平等地享受高等教育，不因社会背景、经济条件、职务身份的不同而给予区别对待。权利义务是对等的。在平等享受权利的同时，每名同学应严格遵守国家的法律法规、学校的规章制度，对同样的违规违纪、不履行义务的行为，依据学校管理规定，应当受到同等的处分。

（二）公平正义的法律意识

公平是竞争的基础，而竞争是公平的体现；竞争要求公平，公平保护竞争；在公平的环境中，人们才会更好地去竞争；如果离开了公平，竞争便失去了赖以存在的根本。作为在校大学生，应从自己做起，树立基本的公平正义意识。纵观大学校园，部分同学缺乏公平竞争意识，害怕竞争和不公平竞争现象时有发生，特别是高校学生考试作弊、学术论文作弊等现象屡禁不止。

作为国家未来建设栋梁之材的同学们具备公平竞争心理，感受到良好的公平竞争氛围，养成公平竞争的心理和习惯，是适应市场经济需要的迫切要求。在新的历史条件下，公平竞争具有丰富而深刻的时代内涵。树立竞争意识，是培养公平竞争心理的基础。竞争意识就是要把自己融入社会的发展中去，通过自己的努力拼搏，来实现自我和社会目标。只有具备竞争意识，才会知难而进，努力去提高和完善自己，壮大自己的实力，通过脚踏实地的学习和锻炼，培养真才实学，提高自身的素质和能力。

二、大学生法律意识培养的重要意义

（一）促进大学生法律意识的培养是建设社会主义法治国家的要求

加快建设中国特色社会主义法治体系和社会主义法治国家，以促进社会主义法治迈向良法善治的新境界。提高大学生的法律意识、促进大学生的全面发展对于建设社会主义法治国家具有重大意义。

（二）促进大学生法律意识的培养是大学生健康成才的要求

在社会主义法治理念深入人心的今天，在安定、和谐的今天，法律意识的高低直接关系到大学生能否适应这个社会，能否在竞争中立于不败之地。大学生走向社会后，更需要守法意识、维权意识、自我保护意识、诚信意识、合同契约意识，等等。

（三）促进大学生法律意识的培养是构建社会主义和谐社会的要求

就业问题、社会治安等问题是当前人民群众关注的热点问题。因此，我们要按照民主法治、公平正义、诚信友爱、充满活力、安定有序、人与自然和谐相处的总要求来构建社会主义和谐社会。大学生是党和国家非常重视的特殊群体，大学生法律意识的水平高低直接或间接地影响科学发展观的进一步深入贯彻落实和和谐社会的构建。

（四）促进大学生法律意识的培养是建设平安和谐校园的要求

在当今的复杂形势下，大学校园的不稳定因素不容忽略。校园安全事故频发，校园暴力伤害事件时有发生，校园贷、诈骗和传销已成为悬在部分学生头上的噩梦，邪教和反华势力的渗透不容小觑，部分大学生在学术、荣誉的谋取中仍有违法行为。为了大学生的身心健康，高校的平安校园建设刻不容缓。所以，大学生法律意识的培养能提高大学生的自我保护和维权意识，从而使得高校更加平安有序，成为学生发展自我的真正家园。

小贴士

关于"正当防卫"的法律认定

《刑法》第二十条规定："为了使国家、公共利益、本人或者他人的人身、财产和其他权利免受正在进行的不法侵害，而采取的制止不法侵害的行为，对不法侵害人造成损害的，属于正当防卫，不负刑事责任。"

实施正当防卫必须同时符合四个条件：(1)只有在国家公共利益、本人或他人的合法权利受到不法侵害时；(2)必须是在不法侵害正在进行的时候；(3)必须是对不法侵害者本人实施防卫，而不能对无关的第三者实施；(4)正当防卫不能超过必要的限度，造成不应有的损害。

大学生实施正当防卫行为后的注意事项：正当防卫是法律赋予公民的神圣权利，大学生应牢记这个权利，善于运用这个权利，当遇到抢劫、杀人、强奸、行凶以及其他严重危及人身安全的暴力犯罪时，就要善于运用正当防卫行为来维护合法权利。实施正当防卫行为后要及时向公安机关报告，主动配合公安执法人员打击犯罪行为。

法律咨询链接

1. 中国政府网(http://www.gov.cn)
2. 中国法律网(http://www.5law.cn)
3. 中华人民共和国公安部(http://www.mps.gov.cn)
4. 中华人民共和国教育部(http://www.moe.gov.cn)

案例选编

典型案例1

2014年7月14日，河南某职业技术学院大一学生闫某和朋友王某，在河南省辉县市高庄乡土楼村先后掏了两窝小鸟共16只，分别卖给郑州、洛阳、辉县市的买鸟人，获利1080元，而后被辉县市森林公安局刑事拘留。同年，两人被批准逮捕。原来两人掏的鸟是燕隼，属国家二级保护动物。两人分别获刑十年半和十年。

【案例分析】

对于非法猎捕、杀害国家重点保护的珍贵、濒危野生动物的或者非法收购、运输、出售国家重点保护的珍贵、濒危野生动物及其制品的行为，法律都有明确的处罚规定。大学生因为猎奇之心以及法律知识的不足,为此付出了沉重代价。本案充分说明了学法、知法、懂法、守法的重要性。

典型案例2

2018年2月24日,陕西某高校大一学生郑某因抓贼在与小偷扭打过程中将之误杀。案发时,探亲返家的郑某在自己家附近的公路上,发现一名陌生中年男子提着自己的挎包,并有其他三名形迹可疑的男子。被识破后,偷包者姚某持刀与郑某扭打,此过程中姚某被刺中倒地,郑某随即打电话报警。经查,郑某家门锁被撬,室内被翻,衣服、香烟等价值1200多元的物品及现金2000元被盗。民警在姚某衣服内还发现大量被盗香烟,袜子内有一包毒品,口袋内侧藏有刀鞘,左腰后侧有一处刀伤。××公安局与检察院就这起案件的定性问题达成共识,认定郑某的行为属于正当防卫。

【案例分析】

《刑法》规定,对正在进行行凶、杀人、抢劫、强奸、绑架以及其他严重危及人身安全的暴力犯罪,采取防卫行为,造成不法侵害人伤亡的,不属于防卫过当,不负刑事责任。姚某的行为已经构成盗窃罪、故意伤害罪。郑某对正在进行的严重危及其人身安全的暴力犯罪采取防卫行为,虽造成不法分子死亡,但不构成犯罪,不负刑事责任。

典型案例3

2018年4月19—20日,福建某大学学生田某某(网名)在新浪微博上发表错误言论,引起广大网友声讨,产生了十分恶劣的社会影响。

2018年4月23日23时,福建某大学在官网发布《关于对田某某同学处理情况的通报》,给予田某某留党察看、留校察看的处分。2018年9月1日,该大学通报近期网络事件处理情况,当事人田某某被开除党籍、退学。

【案例分析】

公民的自由权利应建立在合法的基础之上,网络不是法律之外的所谓"自由之地"。该案例中的网络言论迅速引发的网络事件,再一次说明了互联网平台管理的重要性,也给部分思想扭曲、行为不检的大学生敲响了警钟。

【思考与练习】

1.在日常的学习生活中,大学生应如何学法、守法、用法?请以宿舍为团队,制作常用法律知识PPT,举行主题班会,展开交流与推广。

2.作为一名大学生,你关注过哪些违法犯罪的典型事件?你了解哪些保护自身权益不受侵犯的法律法规?

第五章　总体国家安全观与国家安全

2014 年 11 月，毕业生廖某某在网上求职，某境外间谍情报机关嫌疑人"JANNY"通过 QQ 群与其搭讪，为其介绍所谓"摄影工作"，主要是拍摄某军港停泊的军舰舷号。廖某某按对方指令拍摄并通过网络传送相关照片，获利 1000 元。

2014 年 11 月 7 日，廖某某观看电视专题片《警惕间谍》及媒体的相关报道后，认识到自己的行为已触犯法律，主动拨打广东省国家安全机关报警电话自首。有关部门依法对其进行了批评教育，并根据《中华人民共和国反间谍法》第二十八条的规定：在境外受胁迫或者受诱骗参加敌对组织、间谍组织，从事危害中华人民共和国国家安全的活动，及时向中华人民共和国驻外机构如实说明情况，或者入境后直接或者通过所在单位及时向国家安全机关、公安机关如实说明情况，并有悔改表现的，可以不予追究。此后，廖某某积极配合，有立功表现，受到国家安全机关的嘉奖。

当前，国际形势复杂多变，国家安全事关国家的基本利益，各国都有自己的国家安全战略。国家安全是民族和国家生存发展的基本条件，是国家全部活动的基础。任何一个主权国家，无论其大小，实行什么样的社会制度，都把维护国家安全置于生死存亡的重要地位。作为担负历史重任的每一名在校大学生，必须清醒意识到，国家安全与个人安全息息相关，国家安全是个人安全的根本保障。

随着我国国内外安全形势的日益变化，信息时代引发安全概念的复杂变化，某些分裂组织和境外反华势力不断利用新的方式窃取情报，妄图破坏和分裂我国。近年来反华势力不断扶持"台独""港独"分子，将渗透的重点对准高校，企图通过思想文化渗透、培植反华势力以颠覆我国社会主义制度。通过本章内容的学习，大学生们可增强国家安全意识，有助于他们在保护自己的同时维护祖国的利益。

1. 你了解"国家安全"的真正内涵吗？
2. 当发现间谍行为时，你知道如何守护国家安全吗？

第一节 总体国家安全观概述

总体国家安全观是以习近平同志为总书记的党中央对国家安全理论和实践的重大创新，是新形势下指导国家安全工作的强大思想武器，体现了我们党奋力开创国家安全工作新局面的战略智慧和使命担当。深入领会总体国家安全观所蕴含的高远立意、丰富内涵，需要认识和理解这一战略思想的形成背景和重大意义。

一、总体国家安全观的提出

2014年4月15日，习近平主持召开中央国家安全委员会第一次会议，指出："增强忧患意识，做到居安思危，是我们治党治国必须始终坚持的一个重大原则。我们党要巩固执政地位，要团结带领人民坚持和发展中国特色社会主义，保证国家安全是头等大事。""成立国家安全委员会，是推进国家治理体系和治理能力现代化、实现国家长治久安的迫切要求，是全面建成小康社会、实现中华民族伟大复兴中国梦的重要保障，目的就是更好适应我国国家安全面临的新形势新任务，建立集中统一、高效权威的国家安全体制，加强对国家安全工作的领导。""当前我国国家安全内涵和外延比历史上任何时候都要丰富，时空领域比历史上任何时候都要宽广，内外因素比历史上任何时候都要复杂，必须坚持总体国家安全观。"

这次会议是党中央为做好新形势下国家安全工作召开的一次重要会议，标志着总体国家安全观首次正式提出。习近平站在统筹两个大局的战略高度阐述了总体国家安全观的基本内涵、指导思想和原则，为开创国家安全工作新局面指明了方向。

二、总体国家安全观提出的背景

总体国家安全观的形成，既有客观的现实需求，也有深厚的思想土壤，反映了我们党对国家安全工作面临的新形势、新任务的准确把握。理解总体国家安全观，需要分析其形成的历史背景，把握国家安全形势变化新特点，厘清国家安全思想的发展脉络，从更为宽广的视野认识其重要的战略意义。

（一）国家安全形势变化呈现新特点

目前，我国国家安全处于全面拓展期：安全的内涵和外延越来越丰富，时空领域越来越宽广，内外因素越来越复杂。这些新变化，对我们党创新与发展国家安全理论和实践提出了客观要求。

1. 我国正在经历深刻复杂变化

面对错综复杂的国际环境和艰巨繁重的国内改革发展稳定任务，我们党团结带领全国各族人民顽强拼搏、开拓创新，奋力开创了党和国家事业发展新局面。尤为重要的是，党的十八大以来，我国经济实力、科技实力、国防实力、国际影响力又上了一个大台阶。我国不断适应经济发展新常态，推动形成经济结构优化、发展动力转换、发展方式转变加快的良好态势：一批重大科技成果已达到世界先进水平；中国特色军事变革成就显著，强军兴军迈出新步伐；全方位外交取得重大进展，对外开放不断深入。与此同时，城镇化水平稳步提高，居民收入增长较快；依法治国不断加强，党风廉政建设成效显著；深入开展社会主义核心价值体系建设，国家文化实力不断增强。"这样的发展、这样的巨变，在人类发展史上都是罕见的。"事实表明，中华民族伟大复兴已展现出了前所未有的光明前景。

同时，目前我国所面临的挑战也多。作为世界上最大的发展中国家，我国人均国内生产总值的世界排名水平还不高，发展中不平衡、不协调、不可持续问题依然突出，城乡发展差距和居民收入差距依然较大；科技创新能力不强，产业结构不合理、农业基础薄弱，部分行业产能过剩严重，重大安全事故时有发生；基本公共服务供给不足，人口老龄化加快，消除贫困任务艰巨；法治建设有待加强，领导干部思想作风和能力水平有待进一步提高，党风廉政建设和反腐败斗争形势依然严峻；在一些地区，群体性事件时有发生，加之民族分裂势力、境外势力的渗透，维护社会和谐稳定和国土安全的任务艰巨，此外，环境污染和资源消耗问题，使得我国的生态安全和资源安全面临日益严峻的挑战。

综上所述，我国已经进入实现中华民族伟大复兴的关键阶段，发展仍处于可以大有作为的重要战略机遇期，也面临诸多矛盾叠加、风险隐患增多的严峻挑战。为更加有力地适应战略机遇期内涵的深刻变化，更加有效地应对各种风险和挑战，必须不断开拓国家安全工作新境界。

2. 世界发生广泛而深刻变化

当今世界是一个变革的世界，是一个新机遇、新挑战层出不穷的世界。国际形势正处在新的转折点上，各种战略力量加快分化组合，国际体系进入了加速演变和深刻调整的时期。世界经济在深度调整中曲折复苏，新一轮科技革命和产业变革蓄势待发，全球治理体系深刻变革，对国家面临的安全挑战和维护安全的方式产生了深远影响。

世界总体和平态势可望保持。发展中国家群体力量继续增强，国际力量对比深刻变化并朝着有利于和平与发展的方向变化。国际金融危机深层次影响在相当长时期依然存在。2008年金融危机以来，全球主要力量均受到不同程度影响，发展势头日益分化。全球治理体系结构、亚太地缘战略格局和国际经济、军事竞争格局正在发生历史性变化。

世界依然面临现实和潜在的局部战争威胁。霸权主义、强权政治和新干涉主义有新的发展，各种国际力量围绕权力和权益再分配的斗争趋于激烈，民族宗教矛盾、边界领土争端等热点复杂多变，小战不断、冲突不止、危机频发仍是一些地区的常态。

非传统安全威胁上升，引起国际社会的高度重视。一方面，世界各国把注意力转向气候变化、恐怖主义、经济发展、金融危机、网络安全、能源与粮食安全、重大传染性疾病等全球性挑战，以联合国为主要平台开展各种国际合作；另一方面，应对因地区冲突、环境恶化、自然灾害等因素而导致的人道主义问题，世界各国和国际组织的解决力度不断加强。

在前所未有的世界大变局中，世界新军事革命也在深入发展。这场世界新军事革命，以信息化为核心，以军事战略、军事技术、作战思想、作战力量、组织体制和军事管理创新为基本内容，以重塑军事体系为主要目标，几乎覆盖战争和军队建设全部领域。这场新军事革命，其速度之快、范围之广、程度之深、影响之大，为第二次世界大战结束以来所罕见，直接影响各国的军事实力和综合国力对比，关乎战略主动权。

分析世界发展态势和国际格局变化，要树立世界眼光、把握时代脉搏，要善于从当今世界的风云变幻中发现本质、认清长远趋势。在充分估计国际格局发展演变的复杂性、世界经济调整的曲折性的同时，更要看到政治多极化、经济全球化深入发展的趋势不可逆转。在充分估计国际矛盾和斗争的尖锐性，国际秩序之争的长期性的同时，更要看到和平与发展的时代主题、国际体系变革方向不会改变。

3. 我国与世界的关系发生历史性变化

随着对外开放的不断深化，我国与世界的关系日益密切，互动日益频繁，相互影响日益广泛和深入。世界繁荣稳定是我国的机遇，我国和平发展也是世界的机遇。

加入世界贸易组织以来，我国外贸依存度不断上升。2013年，我国贸易总值超过美国，成为全球第一大贸易国，是日本、俄罗斯、韩国等多国的最大贸易伙伴。我国对外投资规模跻身世界前列，与吸引外资规模趋于平衡。在能源等大宗商品的进口上，我国对外部的依赖性与日俱增。随着我国国家利益迅速拓展，海外中国公民的人身及财产安全，国家在境外的政治、经济及军事利益，驻外机构及驻外公司企业的安全，对外交通运输线及运输工具安全等，成为维护国家安全的重要目标。

作为一个负责任的大国，我国参与国际事务的程度在不断加深。突出表现是，我国加入日益增多的国际组织、国际条约和多边机制，积极参与地区和全球安全的治理。我国是联合国安理会常任理事国中派遣维和人员最多的国家。我国海军在亚丁湾执行护航任务，为维护国际航道的安全做出了重要贡献。在解决气候变化、核扩散等地区与全球性问题过程中，我国与其他国家积极协调，发挥着不可替代的作用。

我国提出共同建设"一带一路"倡议，这是为提升整个区域的经济合作水平采取的重大战略举措。我国还积极倡导建立金砖国家开发银行，筹建亚洲基础设施投资银行，设立丝绸之路基金，用务实态度解决发展中国家的金融需求，推动国际货币体系稳步改革。

我国高举和平、发展、合作、共赢的旗帜，统筹国内国际两个大局，统筹考虑和综合运用国际国内两个市场、国际国内两种资源、国际国内两类规则，推动建立以合作共赢为核心的新型国际关系，在与世界互联互动空前紧密的前进潮流中赢得了统筹发展与安全的战略主动。

4. 国家安全面临的压力和风险因素增多

作为一个发展中大国，我国仍然面临多元复杂的安全威胁，外部阻力和挑战逐步增多，生存安全问题和发展安全问题、传统安全威胁和非传统安全威胁相互交织，维护国家统一、维护领土完整、维护发展利益的任务艰巨、繁重。

民族分离主义、敌对势力颠覆活动等因素对我国国家安全造成威胁。台湾问题事关国家统一大业，国家统一是中华民族伟大复兴的历史必然。近年来，两岸关系保持和平发展良好势头，但"台独"分裂势力及其分裂活动仍严重威胁台海局势稳定。其他分裂势力也危害严重，各种反华势力对国家统一的威胁依然存在。

非传统安全威胁带来的压力明显上升，政局动荡、恐怖主义、海盗活动、重大自然灾害和疾病疫情等都可能对国家安全构成威胁，海外能源资源、战略通道安全以及海外机构、人员和资产安全等海外利益安全问题凸显。

在国家安全形势发生新变化的条件下，为实现全面保障国家安全的目标，必须重视各种安全风险和挑战，充分估计我国外部环境中的不确定性，增强危机意识和忧患意识。同时更要看到，我国依然保持社会大局稳定、外部总体稳定的态势不会改变。面对国家安全新形势新任务，必须进一步增强忧患意识、责任意识和使命意识。

（二）总体国家安全观的思想基础

总体国家安全观的提出，是对我国传统安全战略文化的传承，也是对中华人民共和国成立以来国家安全战略思想的发展和升华。

1. 我国传统国家安全战略思想

这要从古代中国的战略文化说起。数千年来，和平、和睦、和谐的追求深深扎根于中华民族的精神世界之中，直到今天依然深刻地影响着我国与他国交往的方式。

按照我国古人的治理观念，"中国"与周边"国家"的关系以"礼"为纽带，被称为朝贡体系。作为一种等级秩序，朝贡体系具有这样四个特点：第一，这种体制的形成，主要是为了建立一种和睦的周边关系。在多数情况下，中央王朝重视以朝贡为体现的"礼"，而不在于对领土的占有和对周边邦国的直接统治。第二，这种制度的形成主要依靠高度发达的"软力量"，包括经济利益的吸引、政治制度的示范和伦理文化的影响。第三，古代中央王朝对于周边的朝贡国，除了有较少的出兵情况之外，基本上持不干涉立场。第四，这种关系实质上是一种"厚往薄来"的贸易关系。

总之，追求周边和睦，强调和谐理念，在多数情况下不干涉周边国家内政，是我国古代安全战略思想的精华，仍然具有较高的当代价值。

2. 中华人民共和国成立以来的国家安全战略思想

中华人民共和国成立以来，党中央始终重视国家安全问题，形成不同时期的国家安全战略思想。这些安全战略思想既具有优先重视政权稳定、维护国家主权安全、坚持独立自主和睦邻友好原则等方面的共性，也有在不同条件下对安全不同解读和应对的特殊性。了解这些战略思想的演进，有助于认识提出总体国家安全观所具有的创新性。

改革开放之前，受美苏冷战的时代背景影响，我国长期面临较为严峻的外部军事威胁。在这种情况下，毛泽东将保卫新生的社会主义政权、确保国家独立、维护国家主权和领土完整作为国家安全工作的首要任务，充分利用当时国际格局的特点和主要矛盾，最大限度地维护和改善国家安全环境，毛泽东重视国防建设的经济基础，认为"只有经济建设发展得更快了，国防建设才能够有更大的进步"。在注重主权安全的同时，毛泽东还强调国际主义的理念，积极支援非洲等第三世界国家建设。这一时期，我国的安全战略思想除具有革命斗争属性之外，在对外关系中也有强调独立自主与和平共处的一面。我国在国际关系中明确提出了和平共处五项原则——互相尊重主权和领土完整、互不侵犯、互不干涉内政、平等互利、和平共处。这些原则一直延续至今。

20世纪80年代中后期，随着国际形势发生深刻变化，党中央对世界战争危险迫近的看法也在改变。邓小平提出，大规模的世界战争在相当一段时间里有可能打不起来，和平与发展成为世界的两大问题。基于国际形势及对其判断的变化，党中央相应地调整了国家安全方针。邓小平认为，国家安全不仅是军事和政治安全问题，也包括经济、科技等安全问题。此外，邓小平还强调，"中国的问题，压倒一切的是需要稳定。没有稳定的环境，什么都搞不成，已经取得的成果也会失掉"，从而将对内部安全的重视提升到新的高度。

进入20世纪90年代，针对复杂多变的地区安全环境，党中央提出新安全观，并逐步将其确立为我国解决国际安全问题的核心理念。江泽民指出："世界上的事情应由各国政府和人民平等协商，反对一切形式的霸权主义和强权政治。国际社会应树立以互信、互利、平等、协作为核心的新安全观，努力营造长期稳定、安全可靠的国际和平环境。"这种新安全观意味着，各领域安全、国内安全与国际安全相互联系、不可分割。

党的十六大以来，党中央提出构建和谐世界的主张，提倡尊重各国自主选择社会制度和发展道路的权利，维护文明的多样性，促进国际关系民主化。胡锦涛指出："用更广阔的视野审视安全，维护世界和平稳定。"《中国的和平发展》白皮书倡导坚持互信、互利、平等、协作的新安全观。

总体而言，我国的新安全战略体现了安全视野在横向和纵向上的扩展。在横向上，国家安全从以往集中于政治、军事安全向更广泛的安全领域扩展。在纵向上，国家安全从关注自身安全向其他层面的安全扩展。从安全模式看，新安全观尤其强调以合作代替对抗，以共同安全代替单边安全。这一新安全战略的提出，既反映了我国对国际关系的新认识，也体现了我国对自身安全利益与目标的新追求。

三、总体国家安全观的基本内涵和外延

总体国家安全观对国家安全的内涵和外延的概括非常丰富，可以归结为五大要素和五对关系。

五大要素，就是以人民安全为宗旨，以政治安全为根本，以经济安全为基础，以军事、文化、社会安全为保障，以促进国际安全为依托。以人民安全为宗旨，就是要坚持以民为本、以人为本，坚持国家安全一切为了人民，一切依靠人民，真正夯实国家安全的群众基础；以政治安全为根本，就是要坚持党的领导和中国特色社会主义制度不动摇，把制度安全、政权安全放在首要位置，为国家安全提供根本政治保证；以经济安全为基础，就是要确保国家经济发展不受侵害，促进经济持续稳定健康发展，提高国家经济实力、为国家安全提供坚实的物质基础；以军事、文化、社会安全为保障，就是要注意这些领域面临的大量新情况、新问题，遵循不同领域的规律，建立完善强基固本、化险为夷的各项对策措施，为维护国家安全提供硬实力和软实力保障；以促进国际安全为依托，就是要始终不渝走和平发展道路，在注重维护本国安全利益的同时，注重维护共同安全，推动建设持久和平、共同繁荣的和谐世界。上述五大要素清晰地反映了国家安全的内在逻辑关系。

五对关系，就是既重视外部安全，又重视内部安全，强调外部安全与内部安全彼此联系，相互影响；既重视国土安全，又重视国民安全，强调国土安全与国民安全存在有机的统一；既重视传统安全，又重视非传统安全，强调传统安全威胁与非传统安全威胁相互影响，并在一定条件下可能相互转化；既重视发展问题，又重视安全问题，强调发展和安全是一体之两面，只以其中一项为目标，两个目标均不可能实现；既重视自身安全，又重视共同安全，强调全球化和相互依赖使得中国和世界的安全已密不可分。也就是说，国家安全是一个不可分割的安全体系，每一要素虽各有侧重，但是都必然、必须与其他要素相互联系、相互影响。上述五对关系，准确反映了辩证、全面、系统的国家安全理念，是对传统安全理念的超越。

五大要素和五对关系是理解总体国家安全观的关键所在。这就要求我们必须全面地、准确地理解总体国家安全观的丰富内涵，辩证地看待国家安全外延的创新发展，从全局和战略的高度审视国家安全问题，统筹好不同领域、不同性质的安全工作，形成维护国家安全的强大合力。

简单来讲，坚持总体国家安全观就是：以人民安全为宗旨，以政治安全为根本，以经济安全为基础，以军事、文化、社会安全为保障，以促进国际安全为依托，走出一条中国特色国家安全道路。坚持十个重视：既重视外部安全，又重视内部安全；既重视国土安全，又重视国民安全；既重视传统安全，又重视非传统安全；既重视发展问题，又重视安全问题；既重视自身安全，又重视共同安全。构建十一个国家安全体系：政治安全、国体安全、军事安全、经济安全、文化安全、社会安全、科技安全、网络安全、生态安全、资源安全、核安全。

四、总体国家安全观的重要意义

（一）总体国家安全观是中国国家安全理论的最新成果

总体国家安全观是新形势下党中央对我国面临的各种安全问题和安全挑战的系统回应，是马克思主义时代化、中国化在安全领域的最新体现，标志着党和国家对国家安全问题的理论认识提升到了新的高度，具有系统性、全面性、持续性三个重要特征。

1. 系统性

总体国家安全观揭示了国家安全的整体性，即与国家安全相关的方方面面，是相互联系的一个整体。例如，国家的政治安全同国土安全密切相关，领土不完整，国家就无政治安全可言。再如，要实现经济安全，不但需要以政治安全、军事安全和社会安全为前提，而且需要以科技安全、网络安全和资源安全为支撑。事实表明，不同领域的安全是相互联系、相互影响和相互作用的。维护国家安全，不但要维护各个领域的安全，也要维护整体和系统的安全。

国家安全的不同领域相互联系、不可分割，维护安全就要统筹兼顾。总体国家安全观要求"既重视外部安全，又重视内部安全"，蕴含的就是一种系统性战略安排。例如，恐怖主义所导致的安全问题就既是内部安全问题，也是外部安全问题。这类安全问题所体现的境内与境外安全威胁的交织，是当代主权国家所面临的典型的全球性问题。由于恐怖主义活动可能发生在任何时间、任何地点，不受边界限制，因此解决这类安全问题需要系统应对。从系统的角度看，传统安全与非传统安全相互联系、相互影响，并在一定条件下能相互转化。例如，国家间的政治军事对抗是传统安全问题，而这种对抗所引发的货币战、贸易战、能源冲突则是非传统安全问题。再如，生态安全属于非传统安全问题，但水体、空气的跨境污染，则可能导致国家间关系紧张而变成政治安全问题。

从系统的角度看，发展与安全也存在相互联系与相互影响。对国家来说，发展是根本，但发展又离不开安全。例如，社会不安定、金融体系发生危机、科技不安全，发展就会出问题。发展出问题，社会就可能不稳定，国防力量的建设就会受影响，安全就会出问题。国家必须统筹兼顾，处理好它们的关系，以发展为本，以安全保发展，以发展促安全。

总体国家安全观要求"既重视自身安全，又重视共同安全"，与我国面临的外部安全环境密切相关。我国所面对的安全问题，很多是全球性问题，或者是与别国利益相关的问题，如生态恶化、资源枯竭。这些问题都不是我国可以独自解决的，必须开展国际合作，参与全球治理，谋求共同安全。当今时代，国际安全问题越来越多地需要通过多边机制和合作对话解决。事实上，即使要最终解决边界领土问题，也需要基于共同安全的思维，照顾到相关国家的安全关切。

2. 全面性

科学的国家安全观必须是总体的、全面的。总体国家安全观体现了党中央对安全问题领域、影响安全因素和维护安全手段的全面认知和部署。

相比以前的安全观，总体国家安全观更具完整性。它所涵盖的领域，既包括政治安全、国土安全、军事安全等传统安全领域，也包括经济安全、文化安全、社会安全、科技安全、网络安全、生态安全、资源安全、核安全等非传统安全领域。随着时代的进步，总体国家安全观的内涵将不断丰富，外延将不断拓展。新形势下，讨论国家安全问题应具有开放性眼光。要避免像过去那样只关注政治、军事问题而忽视经济、文化、社会、网络、生态等领域的问题，同样也要避免局限于当下的安全领域而忽视太空、深海、极地等新型安全领域。只有全面认知安全的问题领域，才能够真正理解国家安全的属性与特点。

对于影响安全的因素，按照总体国家安全观的要求，既要关注战争冲突，政治颠覆、情报窃密、分裂破坏、恐怖袭击、文化渗透等人为因素，也要关注地缘环境、气候变化等自然因素。既要关注国际局势、时代主题，经济转型等宏观因素，也要关注实现国家安全的各种具体因素。

对于实现国家安全的途径，总体国家安全观强调工作机制和法制的建设，这就涉及军事、政治、外交、情报等领域工作机构和相关法律制度的建设，同时也要求经济、文化、教育、社会等领域建立相应的工作机制；既重视军事攻防、情报保障、外交活动等硬手段，也重视经济发展、社会和谐、文化交流、科技进步等软手段。

强调国内安全问题，也体现了总体国家安全观的全面性。当前国内各种社会矛盾和安全问题越来越突出，如果思考安全问题不重视国内安全问题，那么对国家安全的理解就是不全面的。综合考量内部和外部安全，是总体国家安全观作为一种"大安全观"的重要体现。

3. 持续性

总体国家安全观的持续性，首先体现在实现国家安全的总体设想上，即国家谋求安全，不是权宜之计，而是为了长治久安。国家所面临的安全问题短期内不会消失，甚至可能会发生复杂变化，因此维护安全必定是一个持续的过程。这个过程不但要治标，也要治本；不但要有现实的应对措施，也要有后续手段；不但要着眼于眼前，也要立足于长远。

追求国家安全状态的可持续性是总体国家安全观的重要目标。统筹现在和未来的国家安全工作，实现国家安全状态的可持续，就不能只是被动应付，而必须有前瞻性地针对各种安全问题，开展机制化和常态化的治理。总体国家安全观的持续性，也体现在对可持续发展的重视上。习近平指出："可持续，就是要发展和安全并重，以实现持久安全。"正如贫瘠的土地长不出参天大树，贫穷和落后也无法实现安全和稳定。发展是安全的基础，要实现可持续安全，就必须实现可持续发展。总体国家安全观重视生态安全和资源安全，强调正确处理经济发展与生态环境保护的关系，主旨都是要以可持续发展促进可持续安全。

为了实现安全的可持续，总体国家安全观强调对人民安全带来的持续回应和长久关注。这意味着，人民安全是一切国家安全工作的根本目的。实现经济发展可持续、社会稳定可持续、环境资源可持续，都是反映人民安全需求的体现。

（二）总体国家安全观是指导国家安全工作的强大思想武器

在新的历史条件下，要有效维护国家安全，必须以总体国家安全观为指导，走中国特色国家安全道路。

1. 总体国家安全观强调国家安全工作必须有忧患意识和底线思维

在新形势下，我国国家安全和社会安定面临的威胁和挑战增多，特别是各种威胁和挑战联动效应明显。因此，人们必须保持清醒头脑，强化底线思维，有效防范、管理、处理国家安全风险，有力应对、处置、化解社会安定挑战。

2. 总体国家安全观明确了国家安全工作的战略和工作思路

开展国家安全工作应统筹国内国际两个大局。国内大局是实现"两个一百年"奋斗目标，实现中华民族伟大复兴的中国梦；国际大局就是为我国改革发展稳定争取良好的外部条件，维护主权、安全、发展利益。对内应增强全国人民对中国特色社会主义道路自信、理论自信、制度自信和文化自信，维护国家长治久安；对外要维护发展机遇和发展空间，坚决维护领土主权和海洋权益，维护国家统一，同时积极争取世界各国对中国梦的理解和支持，在坚持不结盟原则的前提下广交朋友，形成遍布全球的伙伴关系网络。

3. 总体国家安全观明确了国家安全工作"统筹兼顾"的基本原则

对内安全工作要聚焦重点，抓纲带目，紧紧围绕国家安全的统一部署，狠抓落实；对外安全工作，既要着力解决当前冲突地区安全问题，又要统筹谋划应对各种潜在的外部安全威胁，避免"头痛医头、脚痛医脚"。

按照总体国家安全观的要求，各地区、各部门要明确国家安全形势变化的新特点新趋势，密切配合、通力合作，力争形成维护国家安全和社会安定的强大合力，加强对人民群众的安全教育，提高全民国家安全意识。

（三）总体国家安全观是保障实现中华民族伟大复兴的新理念

我国已进入实现民族复兴的关键阶段，既面临重要发展机遇，也面临前所未有的困难和挑战。践行总体国家安全观，是实现中华民族伟大复兴的中国梦的坚强保障。

1. 保障国家安全是中华民族伟大复兴的基本前提

历史经验表明，国家安全失去保障，中华民族就无法掌握自己的命运。辛亥革命推翻帝制建立中华民国，提出了"振兴中华"的口号。然而，由于内部军阀混战，民不聊生，外部遭遇侵略，民族灾难深重，我国始终没有走出积贫积弱的境地，直到中华人民共和国成立，我国才真正取得了民族独立的国际地位。但在改革开放之前，我国始终处于受到战争威胁的国际和周边环境之中，国家建设并不顺利。直至 20 世纪 80 年代，随着国际形势发展变化，我国对世界战争的威胁做出新判断，确定"和平与发展"的时代主题，奉行独立自主和不结盟的外交路线，改变与外部世界的安全关系，才有了实现经济起飞的大好前景。党的十一届三中全会以来的发展成就表明，只有保障好国家安全，中华民族才能更加顺利地走上复兴之路。目前，我国比历史上任何时期都更接近中华民族伟大复兴这个目标。越是在这样的历史关键时刻，越应提高维护国家安全的意识，确保国家安全稳定。

2. 总体国家安全观以实现中国梦为重要目标

我国正处于由大向强发展的新起点，只有拥有全面的安全保障，才能有更大把握从"将强未强"跃入全面强盛时期。如果安全保障跟不上，中华民族伟大复兴的道路就会加倍曲折和坎坷。就内部环境而言，在改革攻坚期突破利益固化藩篱、清除体制性障碍等，仍有不少"地雷""险滩"，稍不注意就可能触雷、触礁。就外部环境而言，个别国家始终不愿看到中国强大，总是试图阻断社会主义中国的发展进程。我国越是发展壮大，遇到的外部战略压力就可能越大。为此，必须构筑维护国家安全的铜墙铁壁。

为实现民族复兴，建设中国特色社会主义的总体布局已由最初只包括经济建设、政治建设、文化建设的"三位一体"，经由包括社会建设的"四位一体"，到包括生态文明建设的"五位一体"。民族复兴涵盖的领域越全面，对国家安全的需求就越广泛。践行总体国家安全观，符合中华民族伟大复兴新阶段对安全的新需求。

从世界视野来看，国家的发展与世界的联系越密切，对国家安全的要求就越高。在全球化、信息化时代，对安全主体的认知从人民、国家扩展到全球，对安全治理领域的认知从经济、政治、文化、社会等拓展到环境、网络、海洋、太空等全球公域，对安全关系的认知从传统的零和逻辑、相互猜疑转向安全共享、安全共担、安全共建、安全共赢。这样的时代条件，要求我们更好地践行总体国家安全观，为实现中华民族伟大复兴的中国梦提供安全保障。

第二节　维护国家安全的重点领域

国家安全是国家生存和发展最基本的前提，是安邦定国的重要基石，维护国家安全是国家、民族和人民的根本利益所在。习近平总书记指出，"要构建集政治安全、国土安全、军事安全、经济安全、文化安全、社会安全、科技安全、信息安全、生态安全、资源安全、核安全于一体的国家安全体系"。

一、维护政治安全

政治安全是国家安全的根本，核心是政权安全和制度安全，最重要的就是维护党的领导，维护中国特色社会主义制度，维护党中央权威和集中统一领导。我们治国理政的根本，就是中国共产党领导和社会主义制度。全党要牢固树立"四个意识"，增强"四个自信"，旗帜鲜明讲政治，强化政治担当，提高政治能力特别是把握方向、把握大势、把握全局的能力和保持政治定力、驾驭政治局面、防范政治风险的能力，使我们的党、我们的国家、我们的人民永远立于不败之地。

二、维护国土安全

国家利益至上是国家安全的准则。维护国家安全，主要是维护国家利益尤其是核心利益，确保国家领土和主权完整。我们爱好和平，坚持走和平发展道路，但决不能放弃正当权益，更不能牺牲国家核心利益。我们坚决反对"台独"分裂势力，有坚定的意志、充分的信心、足够的能力挫败任何形式的"台独"分裂图谋。任何危害国家主权安全、挑战中央权力和特别行政区基本法权威的行为，都是绝不能允许的。要提高海洋维权能力，坚决维护我国海洋权益，建设海洋强国。

三、维护军事安全

国防和军队建设是国家安全的坚强后盾。习近平同志强调：我们捍卫和平、维护安全、慑止战争的手段和选择有多种多样，但军事手段始终是保底手段，打赢能力是维护国家安全的战略能力。建设同我国国际地位相称、同国家安全和发展利益相适应的巩固国防和强大军队，是我国社会主义现代化建设的战略任务。要坚持党对军队的绝对领导，牢牢把握党在新形势下的强军目标，努力建设一支听党指挥、能打胜仗、作风优良的人民军队。要坚持富国和强军相统一，加快形成全要素、多领域、高效益的军民融合深度发展格局，逐步构建军民一体化的国家战略体系和能力，为实现中国梦、强军梦提供强大动力和战略支撑。

四、维护经济安全

经济安全是国家安全的基础。我国正处于跨越"中等收入陷阱"并向高收入国家迈进的历史阶段，矛盾和风险更多更复杂。我们要坚持以经济建设为中心，坚持以新发展理念引领经济发展新常态，加快转变经济发展方式、调整经济发展结构、提高发展质量和效益，着力推进供给侧结构性改革，推动经济更有效率、更有质量、更加公平、更可持续地发展。国际经济合作和竞争局面正在发生深刻变化，我们应对外部经济风险、维护国家经济安全的压力是过去所不能比拟的。维护金融安全是关系我国经济社会发展全局的具有战略性、根本性的大事。

五、维护文化安全

文化安全是国家安全的重要保障，核心价值观是一个国家的重要稳定器。要大力培育和弘扬社会主义核心价值体系和核心价值观，加快构建充分反映中国特色、民族特性、时代特征的价值体系。要认真落实意识形态工作责任制，增强阵地意识，敢抓敢管、敢于亮剑，防止给那些恶意攻击党的领导、攻击社会主义制度、歪曲党史国史、造谣生事的错误言论提供传播渠道，掌控网络意识形态主导权就是守护国家的主权和政权，必须坚决打赢网络意识形态斗争。

六、维护社会安全

人民安全是国家安全的宗旨，国家安全归根到底就是要为群众安居乐业提供坚强保障。人心安定，社会才能稳定。维护国家安全，必须做好维护社会和谐稳定工作，做好预防化解社会矛盾工作。要深入推进社会治安综合治理，完善立体化社会治安防控体系，遏制严重刑事犯罪高发态势，坚决打击暴力恐怖活动，保障人民生命财产安全。

七、维护科技安全

高端科技是现代的国之利器。在国际上，没有核心技术的优势就没有政治上的强势。只有把核心技术掌握在自己手中，才能真正掌握竞争和发展的主动权，才能从根本上保障国家经济安全、国防安全和其他安全。

八、维护信息安全

没有网络安全就没有国家安全，就没有经济社会稳定运行，广大人民群众利益也难以得到保障。网络和信息安全是我们面临的新的综合性挑战。习近平同志指出：要树立正确的网络安全观，加强信息基础设施网络安全防护，加强网络安全信息统筹机制、手段、平台建设，加强网络安全事件应急指挥能力建设，积极发展网络安全产业，做到关口前移，防患于未然。要坚持依法治网、依法办网、依法上网，让互联网在法治轨道上健康运行，营造风清气正的网络空间。要理直气壮维护我国网络主权和政治安全，建立多边、民主、透明的全球互联网治理体系，构建网络空间命运共同体。

九、维护生态安全

良好生态环境是人和社会持续发展的根本基础。习近平同志强调：坚持人与自然和谐共生，必须树立和践行"绿水青山就是金山银山"的理念。要以解决人民群众反映强烈的大气、水、土壤污染等突出问题为重点，加强环境污染综合治理。要坚持节约资源和保护环境的基本国策，坚定走生产发展、生活富裕、生态良好的文明发展道路，建设美丽中国，为全球生态安全作出新贡献。

十、维护资源安全

生态环境问题，归根到底是资源过度开发、粗放利用、奢侈消费造成的。习近平同志指出：资源开发利用既要支撑当代人过上幸福生活，也要为子孙后代留下生存根基。推进工业化、城镇化、农业现代化，都必须树立人口经济与资源环境相均衡的原则。要树立节约集约循环利用的资源观，实行最严格的耕地保护、水资源管理制度。强化能源和水资源、建设用地总量和强度双控管理，更加重视资源利用的系统效率。要加快建立绿色生产和消费的法律制度和政策导向，建立健全绿色低碳循环发展的经济体系。

十一、维护核安全

核安全是全球性问题，核恐怖主义是全人类的公敌。人类要更好利用核能，实现更大发展，就必须应对好各种核安全挑战，维护好核材料和核设施安全。要坚持理性、协调、并进的核安全观，坚持发展和安全并重，权利和义务并重，自主和协作并重，治标和治本并重，把核安全进程纳入健康持续发展的轨道。

第三节　维护国家安全是全社会的责任

我国涉及国家安全的法律法规有《宪法》《刑法》《国家安全法》《保守国家秘密法》等，其中最直接、最集中阐述国家安全的法律是《国家安全法》《中华人民共和国国家安全法实施细则》和《保守国家秘密法》。2015 年 7 月 1 日，第十二届全国人民代表大会常务委员会第十五次会议通过的《国家安全法》规定，国家加强国家安全新闻宣传和舆论引导，通过多种形式开展国家安全宣传教育活动，将国家安全教育纳入国民教育体系和公务员教育培训体系，增强全民国家安全意识。国家规定，每年 4 月 15 日为全民国家安全教育日。

一、公民在维护国家安全中的权利和义务

我国《宪法》规定，中华人民共和国公民有维护祖国安全、荣誉和利益的义务，不得有危害祖国的安全、荣誉和利益的行为；中华人民共和国公民必须保守国家秘密。

（一）权利

1. 检举、控告权

《国家安全法》第八十二条规定："公民和组织对国家安全工作有向国家机关提出批评建议的权利，对国家机关及其工作人员在国家安全工作中的违法失职行为有提出申诉、控告和检举的权利。"

2. 受法律保护权

《国家安全法》第八十条规定："公民和组织支持、协助国家安全工作的行为受法律保护。因支持、协助国家安全工作，本人或者其近亲属的人身安全面临危险的，可以向公安机关、国家安全机关请求予以保护。公安机关、国家安全机关应当会同有关部门依法采取保护措施。"

3. 受偿权

《国家安全法》第八十一条规定："公民和组织因支持、协助国家安全工作导致财产损失的，按照国家有关规定给予补偿；造成人身伤害或者死亡的，按照国家有关规定给予抚恤优待。"

4. 受奖励权

《国家安全法》第十二条规定："国家对在维护国家安全工作中作出突出贡献的个人和组织给予表彰和奖励。"2017 年，某市国家安全局工作人员来到普通市民王某家中，向他出示《侦查证》，说明因国家安全工作需要，要借用王某家的一个房间。王某同意并积极配合，最终破获一起间谍大案，国家安全机关对王某进行了奖励。

（二）义务

1. 为国家安全工作提供便利条件或其他协助

《国家安全法》第七十七条规定，公民和组织应当为国家安全工作提供便利条件或者其他协助。对于拒不履行义务，阻碍国家安全机关执行公务或者拒不提供便利条件或者其他协助的，应负相应的法律责任。某地区国家安全局在执行国家安全工作任务时，将侦察车停在路边，个体户李某认为侦察车妨碍他做生意，要求将车开走，国家安全机关工作人员出示证件，说明了情况，希望李某配合，李某不但不配合，还调来辆货车停在侦察车前，又将一块木板放在侦察车后，使侦查工作受到严重干扰。最后李某被处以行政拘留。

2. 及时报告线索

《国家安全法》规定，公民和组织应当及时报告危害国家安全活动的线索。我们大学生如果发现有危害国家安全的行为，应当及时报告学校保卫部门，或直接向国家安全机关报告。

3. 配合采取安全措施

"企业事业组织根据国家安全工作的要求，应当配合有关部门采取相关安全措施"，这是《国家安全法》第七十九条的规定，目的是保障国家安全机关的调查、取证工作得以顺利进行。

4. 保守所知悉的国家秘密

《国家安全法》第七十七条明确规定，公民和组织有保守所知悉的国家秘密的义务。如某市国家安全局因侦查工作需要，请该市一名工程师配合开展工作，并要求其严格保密。这名工程师表示愿意配合，随后却将这件事泄露出去。事后，国家安全局依法传唤了该工程师，并对他处以行政拘留 7 天的处罚。

二、大学生日常生活和涉外交往中应当注意的问题

改革开放以来，我国高等学校对外文化、教育、学术交流活动不断增加，既有教师学生到国外进修留学、参观、交流，也有外籍教师来华任教，外国学生来华就读，这些对外交流活动有力促进了中外文化科技交流的发展，但同时也为境外间谍情报机关开展窃密、渗透、策反、颠覆、分裂和破坏活动提供了可乘之机。从维护国家安全的角度出发，大学生在日常学习生活和涉外交往过程中应注意以下几个问题。

(一) 保持警惕，提高鉴别力，保守国家秘密

高校是国家科研工作的重要基地，有不少科研项目都属于国家秘密。因此，高校自然也就成为境外机构窃取我国秘密的一个重要目标。

(1) 坚持"内外有别"的原则，在涉外活动中既要做到热情友好，以礼相待，又要提高警惕，防范各种可能的情报窃密活动。

(2) 境外投寄论文、稿件和其他资料时，不能涉及国家秘密。

(3) 接到境外机构和人员来电、来信、来访了解情况，索取资料时，应及时向学校有关领导和部门报告，不能擅自回复，更不能在回复中涉及国家秘密。

(4) 不能擅自带境外人员去控制开放和非开放地区（包括军事设防地区）。例如，2012 年某大学新生，由于缺乏法律知识，国家安全意识淡薄，擅自带领外籍人员到某军事禁区拍照，这种行为就已构成违法行为。

(5) 出入外国公司、企业和境外人员住处，或陪同境外人员参观、考察、游览，参加宴会等，不能携带属于国家秘密的资料及其他物品。

(6) 出境时不能擅自带属于国家秘密的文件、资料和其他物品。

(7) 在境外期间应保持警惕，增强保密意识，不要在需要保密的场合谈论国家秘密。

(8) 利用境外通信设备进行通信联系和在国际互联网上，不能涉及国家秘密。

(9) 在出境旅游时，对于一些邪教、反华组织赠送的宣传品，要做到不接受、不传阅、不扩散。

(二) 使用电脑、网络设备时应当注意保密

近年来，我国各高等院校的校园网络发展迅速，校内大学生上网人数剧增，境外各种敌

对势力抓住这一时机，积极利用互联网进行各种渗透、颠覆活动。如境外反华势力利用互联网、电视等现代媒体传播反动信息，如在互联网的"BBS"讨论区粘贴反动言论，利用INS、推特、微博、朋友圈等传送国家秘密。一些反华势力支持下的反动传媒将政治性反动出版物有组织地偷运入境，种类和数量逐年增多，部分高校师生受到不同程度的影响。

同时，在校大学生还应当尽量避免为境外网站搜集并提供信息，例如一些地理信息。地理信息是指地理要素或者地表人工设施的形状、大小、空间位置及其属性等信息，是整个国家信息的重要组成部分。避免在国外的一些网站上标注自己对地理信息的新发现，如军队驻地、涉密单位所在地等。因此，大学生在浏览网页过程中，还要注意避免成为国外网站的"义务信息员"，给国家安全带来隐患。

（三）在组织校园社团活动时应当注意国家安全问题

大学的生活丰富多彩，但组织、参加社团活动应当遵守国家有关法律和学校的各项规章管理制度，要在学校有关主管部门的正确引导下开展活动。一些情报搜集活动也往往打着商业调查的旗号，具有很大的隐蔽性和危害性。

总之，国家安全是民族和国家生存发展的基本条件，是国家全部活动的基础，维护国家利益、保障国家安全是每个公民应尽的责任和义务。作为刚进入高校校园的大学生，更应当早早树立起"以天下为己任"的崇高使命感，自觉增强国家安全意识，刻苦学习专业技能，为建设社会主义现代化强国和构建和谐社会而努力。

知识链接

"国家秘密"知多少

《保守国家秘密法》第九条规定，国家秘密包括下列秘密事项：①国家事务重大决策中的秘密事项；②国防建设和武装力量活动中的秘密事项；③外交和外事活动中的秘密事项以及对外承担保密义务的秘密事项；④国民经济和社会发展中的秘密事项；⑤科学技术中的秘密事项；⑥维护国家安全活动和追查刑事犯罪中的秘密事项；⑦经国家保密行政管理部门确定的其他秘密事项；⑧政党的秘密事项中符合前款规定的，属于国家秘密。

泄露国家秘密的犯罪行为：①非法获取、持有国家秘密载体；②买卖、转送或者私自销毁国家秘密载体；③通过普通邮政、快递等无保密措施的渠道传递国家秘密载体；④邮寄、托运国家秘密载体出境，或者未经有关主管部门批准，携带、传递国家秘密载体出境；⑤非法复制、记录、存储国家秘密；⑥在私人交往和通信中涉及国家秘密；⑦在互联网及其他公共信息网络或者未采取保密措施的有线和无线通信中传递国家秘密；⑧将涉密计算机、涉密存储设备接入互联网及其他公共信息网络；⑨在未采取防护措施的情况下，在涉密信息系统与互联网及其他公共信息网络之间进行信息交换；⑩使用非涉密计算机、非涉密存储设备存储、处理国家秘密信息；⑪擅自卸载、修改涉密信息系统的安全技术程序、管理程序；⑫将未经安全技术处理的退出使用的涉密计算机、涉密存储设备赠送、出售、丢弃或者改作其他用途。

案例选编

典型案例1

2012年，广东某重点大学新生徐某因家境贫困在QQ群里发了求助帖。一名为"MissQ"的网友自称"境外投资咨询公司的研究员"承诺给予徐某2000元助学汇款，请徐某帮助"搜集解放军部队装备采购方面的期刊资料"。

2012年5月，"MissQ"又向徐某提供了一份"田野调研员"的兼职，月薪2000元。所谓"调研"工作就是到徐某所在城市的军港码头拍摄军事设施和军舰，到船厂观察、记录在造、在修船舰的情况，并将有船舰方位标识的电子地图记录整理为加密文档，按约定时间上传，"MissQ"即时从境外登录下载。

2013年5月，徐某的资料传输行为暴露，被国家安全机关依法拘留审查。

【案例分析】

本案例暴露出当今部分大学生安全意识不强、社会经验不够丰富的严重问题。近几年，多次发生大学生寻找经济帮助时落入圈套的事件。境外间谍利用做兼职、发调查问卷之类的工作名目去诱骗学生。刚开始提的要求一般都比较简单，比如让学生去图书馆查查资料，或者搞调研，并支付丰厚的酬金，然后再安排搜集、窃取情报的任务，或以高额的酬金诱惑，或以手段威胁。在事关国家安全信息时，大学生必须提高警惕，擦亮双眼。

典型案例2

北京某在校大学生小陈喜爱上网聊天，尤其关注军事、政治话题圈。2016年3月，有网友主动联系小徐，自称是为了学术研究，向小陈求教，小陈就把自己了解到的有可能成为热点的话题进行了归纳分析并发给对方。这名网友表现出极大的兴趣，并主动支付了150元报酬给小陈。

不久，这名网友再次出现，索要所有关于军事基地方面的资料和飞机情况的"任务"资料，相应报酬大幅提高至1.5万元。小陈意识到自己可能遇上了间谍人员。对方常来询问事情进度，并用金钱加以诱惑，还以小陈已提供的资料相威胁。小陈果断地拨打了12339。由于他所提供的信息没有涉及国家机密，因此并不涉嫌违法犯罪。

【案例分析】

网络时代，信息优势已经成为国家安全中"新的威慑力量"，网络大幅降低了间谍策反的时间、金钱等成本，日益成为境外情报机关获取我国机密的重要渠道。面对越来越严重的信息挑战，国家安全面临的威胁将不断增多和复杂化。在这种情况下，需要大学生充分认识到网络资源的地位与作用，主动维护国家安全，要及时转变国家安全只是应由国家安全机关负责的观念。在隐蔽战线斗争中，敌对势力为达到其目的，总是不择手段。因此，大学生在对外交往中，必须自尊自爱，自觉抵制各种诱惑，维护国家安全。

【思考与练习】

1. 总体安全观包含哪些具体内涵?

2. 互联网时代,你知道哪些可能存在的泄密渠道?

3. 当代大学生应该怎样自觉维护国家安全?

第六章　珍爱生命与人身安全

【案例】

2017 年 3 月 22 日晚 9 点，南方某高校发生一起学生持刀杀人恶性案件。嫌疑人刘某是在校大四学生，当时与宿舍内另两名学生发生冲突。刘某手持砍刀，但被闻声而来的同学夺下。但刘某突然又从腰间抽出一把匕首，向同学小陈身上连捅多刀。隔壁宿舍的小梁在上前劝架和夺取匕首的过程中，也被刘某刺伤颈部动脉。随后，众人将刘某制住并报警。救护车赶到后小陈因抢救无效死亡，而小梁则被送往医院抢救。

据同学透露，嫌疑人刘某平时性格孤僻，有玩刀的癖好。3 月 20 日即案发前两天，刘某在微信中扬言要杀人，之后被教导员叫去谈过话，但惨剧仍然发生了。刘某被依法逮捕并判处死刑，为自己的行为付出了代价。

著名心理学家马斯洛说："安全需要是人类的重要需要之一。"大学曾被喻为"象牙塔"，大学中丰富多彩的生活、优美舒适的校园、浓郁的学习气氛、良好的治安环境，是无数学子梦中的天堂。

在新时期教育发展背景下，少数大学生的思想、伦理和道德底线受到各种复杂因素冲击，产生挫折或不端正心态，成为国家、社会或学校、自身及他人的安全隐患。因此，加强大学生人身安全和心理健康教育，提高其自我保护和安全防范能力，已成为维护大学生自身安全的基本需要。

本章将讲述人身安全和心理健康方面的内容，希望通过本章内容的学习，能帮助大家远离人身伤害，守护身心健康！

【思考】

"身体发肤，受之父母，不敢毁伤，孝之始也。"我们的生命不仅属于自己。你是否深刻理解这句话呢？

第一节 人身伤害事件及预防

人身安全，是指个人的生命、健康、行动等没有危险，不受到威胁。它是人们赖以生存与活动的首要条件。人身安全是人类最重要、最基本的安全。人的生命只有一次，生命是顽强的也是脆弱的。如果大学生缺乏自我保护意识，遇到事情缺乏警惕性或法律意识不强，可能就会遭遇不法侵害或意外伤害。

一、常见大学生人身伤害事故

从全国高校看，各种类型的伤害大学生案件、事故每年时有发生，其基本情况有以下四类。

（一）因不法之徒的违法犯罪侵害引发或转化的大学生人身伤害

（1）流氓滋扰、寻衅滋事、拐卖女生、殴打、性侵害以及抢劫、盗窃等。

（2）校园暴力。由个体或群体实施的一种侵犯性行为，是一种基于恶意或是故意的行为，目的是让受害者产生心理上的恐惧、痛苦或身体受到伤害。

（二）因违反管理规定引发各种事故，直接造成大学生人身伤害

（1）溺水事故。主要是指学生私自到海水浴场、水库、江河湖泊游泳或玩耍遭遇意外，或是在救人过程中溺水造成人身伤亡事故。

（2）其他事故。爆炸、火灾、交通事故、塌、砸、挤、踩、煤气中毒、食物中毒等。

（三）因违反治安管理规定或因具体矛盾处理不当转化的大学生人身伤害

（1）学生之间由于感情纠葛、利益纠纷、意见不合、醉酒斗殴等原因容易引发冲突或发生群体斗殴事件，造成意外伤害。

（2）参加邪教组织，误入非法传销，遭受人身限制和伤害。

（3）校外社交活动中发生的纠纷等。

（四）因其他意外情况偶发的大学生人身伤害

（1）高处坠落、出现意外。如意外坠楼、睡觉时从上铺坠落、外出爬山跌落深谷等原因造成的人身伤亡事故。

（2）患有心理疾病，甚至自杀。

（3）传染病。如2003"非典"、甲型H1N1流感等致死率较高的传染病。

（4）体育运动伤害。激烈对抗的球类比赛、剧烈运动、器械运动、非正常体位运动、角力运动、野外运动、极限探险运动等都存在一定风险。

（5）实习操作安全事故。学生在实习、实践期间发生的人身伤害事故，不仅涉及受伤学生、学校，还涉及提供实习场所的企业和单位。

（6）突发的自然灾害。如地震、雷击、洪水、泥石流、山体塌方、台风、海啸、冰雹等不

可抗的自然因素造成的意外伤害。

二、大学生人身伤害事故频发的原因

每一次偶发事件的背后，总是有一些必然的因素在起作用。导致大学生人身伤害事故发生的原因主要有以下几点。

（一）日常生活安全知识匮乏

有些学生视安全用火、用电，注意饮食卫生等宣传教育为"老生常谈"，发生事故时往往不知如何处理。例如，不会使用灭火器材；当坏人入室时不敢与其周旋或设法报警；外出遭遇抢夺、抢劫时，因恐惧而记不清对方的体貌特征；遇到不法者敲诈勒索时，不知如何应对等。

（二）安全意识薄弱

缺乏交通安全意识；缺乏保管贵重物品、现金的经验，财物容易被盗；缺乏人际交往经验，容易上当受骗；遭受不法侵害时不知道如何保护自己，容易被不法之徒欺骗或利诱；抱有侥幸心理，不采取预防措施，在遇到紧急情况或不法伤害时不知所措。

（三）隐瞒病情，缺乏急救知识

部分学生和家长为保护隐私，向学校隐瞒家族疾病史、个人疾病史，影响学生个人甚至同学健康。当季节变化或剧烈运动后，一些特殊体质的学生会突发疾病。此外，大学生普遍缺乏急救知识，遇到危险时往往错过了最佳的抢救时间。

（四）部分大学生心理不健全，缺少自我认同感、耐挫折能力差

部分大学生遭受学习、人际交往、求职上的压力时，会手足无措，焦虑不安，出现负面心理情绪，甚至造成严重后果。

（五）缺乏对社会消极思想的抵御能力

极端个人主义、利己主义、享乐主文等思想对部分涉世不深的青年大学生来说具有一定诱惑力，甚至让他们成为"黄赌毒"的俘虏。

三、大学生如何有效预防人身伤害事故

只要在平时加以注意，养成良好的生活、学习习惯，绝大多数人身伤害事故是可以避免的。

（一）加强日常生活安全意识培养

1. 用电安全

在使用电器时，要购买质量可靠、符合国家标准的电器产品，并在辅导员或者学校电工的指导下使用，以避免发生安全事故。

2. 用水安全

千万不要私自到禁游水域游泳。游泳时最好结伴而行。

3. 规范和约束课内外活动的行为

杜绝学生在危险的地方(如街道、楼梯口、窗台和课桌椅上)或使用有危险性的器具(如棍棒、刀具)追逐打闹,不在宿舍上铺、楼梯上、栏杆房、阳台上拥挤、打闹,以防发生意外。

4. 运动安全

上体育课时,要按照教师的要求,先做预备运动,以防身体被拉伤、扭伤;了解体育活动中可能存在的危险性,以及在活动中避免受伤的方法。

5. 遵守交通规则

出行要遵守交通规则,要乘坐有资质的交通工具。尤其集体包车返乡,只有车站、学校和企业才具有组织包车的资格,提供车辆的公司必须是专业的运输公司,而且双方必须签署包车协议,为乘客办理包车车票和营运保险。

(二)加强心理建设

1. 参加心理类社团,开展心理互助活动

调查结果表明,相当一部分大学生心理上存在一定程度的不良反应和适应障碍,大学生遇到心理问题时,应及时向老师和心理专家求助,平时也应多与亲人、朋友加强沟通,避免心理死结的产生。

2. 加强自我修养

要处理好人际关系,避免发生矛盾,严于律己,宽以待人,营造良好的人际关系环境;要正确对待爱情,正确处理友谊与爱情的关系;任何有悖社会规范和社会道德的行为都是对自己和他人的不负责任。

第二节 大学生远离"黄赌毒"

大学生是祖国的未来,沾染"黄赌毒"将带来巨大的伤害与影响。部分大学生社会阅历相对匮乏,对自身难以有全面正确的认识,也极易受外界影响。此外,由于互联网的迅速发展和普及,一些人也开始利用网络从事涉黄、涉毒犯罪活动,造成严重危害。

一、大学校园"黄赌毒"的危害

一旦和"黄赌毒"沾上边,轻则违反校纪校规,重则触犯法律,对自己、他人、家庭、社会都将造成严重危害。

(一)涉黄危害

色情文化对青少年犯罪起着直接的诱发作用。个别大学生抵挡不住诱惑,阅读淫秽书籍、观看淫秽录像、浏览色情网站等,从而导致严重后果。如不想学习,成绩下降,旷课,逃学，在外过夜，甚至退学；纪律涣散，不能自拔，以身试法，坠入违法犯罪深渊；精神萎靡，行为放荡，道德败坏，丧失廉耻之心。

(二)赌博危害

1. 荒废学业、浪费青春

伴随着高校招生规模的不断扩大，学生在整体素质上参差不齐，个别不思进取的大学生时常纠合在一起进行赌博。一些大学生赌博成瘾，经常赌到半夜，甚至通宵达旦，导致时间不够用、精力跟不上，经常迟到、缺课，即使上课也是精神恍惚，下课后又沉迷于赌博，不做作业、不做研究。不少人考试不及格，被迫留级，几年大学不知所学为何物，浪费了人生中最宝贵的黄金岁月。

2. 影响他人、侵蚀校园

经常赌博的大学生，生活起居不能遵照学校作息制度。其他同学上课了他姗姗来迟，其他同学休息他还在挑灯"战斗"，影响了其他同学的学习和生活。久而久之，同学之间便生出许多不快，同学之间的互助、友爱之情变成对立的情绪。赌博现象的存在还会慢慢地将一些意志薄弱的同学拉下水，如瘟疫一般在校园蔓延，造成负面影响，败坏校风。

3. 累及父母、祸害家庭

赌博的人往往赢了还想赢，输了想捞回来，越赌越烈、愈陷愈深，最终大多因赌致贫，只好编造各种理由向家人索要钱财。家长往往抱着再苦不能苦孩子的心理，想办法满足他们的要求。而有些大学生害怕连续向家长要钱会引起怀疑，便想办法向社会上的人借钱，甚至借高利贷，欠下巨额外债。一旦债主追讨致事发，父母亲虽然恨铁不成钢，但为了面子、为了儿女的前途，也只能无奈地买单，祸害家庭。

4. 诱发犯罪，危害社会

一些大学生长期参与赌博，输光了钱，只好变卖手机、电脑等变现换钱。有些大学生连生活费都无法解决，为解决现实的窘迫或筹集赌资而选择铤而走险。有些人偷盗身边同学的财物，有些人和社会上的不法分子纠结在一起进行盗窃、抢夺活动，以身试法，走上了一条犯罪的不归路。

(三)吸毒的危害

毒品不仅指传统类型的海洛因、大麻，还包括新的化学物及其衍生物，如冰毒、"摇头丸"等新型毒品。

1. 对身心的危害

(1)吸毒对身体的毒性作用：毒性作用是指用药剂量过大或用药时间过长引起的对身体的一种有害作用，通常伴有机体的功能失调和组织病理变化。主要特征有嗜睡、感觉迟钝、运动失调、幻觉、妄想、定向障碍等。

(2)戒断反应：是长期吸毒造成的一种严重和具有潜在致命危险的身心损害，通常在突然终止用药或减少用药剂量后发生。许多吸毒者在没有经济来源购毒、吸毒的情况下，或死于严重的身体戒断反应引起的各种并发症，或由于痛苦难忍而自杀身亡。戒断反应也是吸毒者戒断难的重要原因。

（3）精神障碍与变态：吸毒所致最突出的精神障碍是产生幻觉和思维障碍。他们的行为特点围绕毒品转，甚至为吸毒而丧失人性。

（4）感染性疾病：静脉注射毒品给滥用者带来感染性并发症，最常见的有化脓性感染、乙肝及令人担忧的艾滋病问题等。此外，还会损害神经系统、免疫系统，易感染各种疾病。

2.对家庭的危害

吸毒者在自我毁灭的同时，也使家庭陷入经济破产、亲属离散，甚至家破人亡的困难境地。

3.对社会的危害

毒品活动加剧诱发了各种违法犯罪活动，扰乱了社会治安，给社会安定带来巨大威胁。无论用什么方式吸毒，对人的身体都会造成极大的损害。

二、远离"黄赌毒"，走好求学路

（1）牢固树立"抵制黄赌毒"的思想。要用正确的人生观、世界观和价值观来指导自己，构筑起抵御"黄赌毒"侵害的牢固思想防线。

（2）认真学习禁黄、禁赌、禁毒知识，深入了解"黄赌毒"的危害，不断增强法制观念，进一步增强明辨是非、抵制诱惑的能力。

（3）培养积极向上的生活情趣，谨慎交友，健康生活，要做到"十不要"。

①不要吸毒。

②不要因好奇而吸毒。

③不要因赶时髦、贪图享受而去吸毒。

④不要结交有吸、贩毒行为的人。

⑤不要为寻刺激、冒险去吸毒。

⑥不要相信毒品能治病的谎言。

⑦不要为了摆脱烦恼而吸毒。

⑧不要听信吸毒者的话。

⑨不随便接受他人递送的香烟、水果、药物、饮料等物品。

⑩ 不要在吸毒场所内停留。

第三节　心理问题与应对

随着教育改革的深化和社会竞争的加剧，大学生心理问题变得越来越多，并引发了一系列的安全问题，严重影响了学生的正常学习和生活。大学生应从安全的角度了解心理健康知识，接受正面心理健康教育，接受专业心理咨询和危机干预，提高心理健康水平，达到预防目的。

一、大学生心理健康的标准

不同的专家学者对大学生心理健康的标准有不同的观点，但是，心理健康标准具有较大的一致性，都主要从大学生的认知、情感、意志、适应能力等方面加以考察。根据大学生这一特殊社会群体的生理、心理和社会角色特征，大学生心理健康标准主要应包括以下内容。

（一）人格完整

人格完整是指人格作为人的整体的精神面貌能够完整、协调、和谐地表现出来；思考问题的方式是适中和合理的，待人接物常常采取恰当灵活的态度，对外界刺激不会有偏颇的情绪和行为反应；能够与社会的步调合拍，也能和集体融为一体。

（二）正常的认知能力

正常的认知能力要求具有敏锐的感知能力、较强的记忆力、良好的思维能力、丰富的想象力，并且语言表达清楚，理解力强。

（三）情绪健康

情绪健康的主要标志是情绪稳定和心情愉快。主要表现为：乐观开朗，充满热情，富有朝气，满怀自信，对生活充满希望，善于控制和调节自己的情绪，既能克制约束，又能适度宣泄，不过分压抑，情感反应正常。

（四）意志健全

意志健全者为实现预定目标，在行动中能表现出较多的自觉性、果断性、顽强性、自制力，能够机智、灵活地克服困难，坚忍不拔，持之以恒，不受外界诱惑。

（五）自我评价恰当

一个心理健康的人会作出恰当的自我评价，能体验到自己存在的价值，能对自己抱有正确的态度，既不骄傲也不自卑。

（六）人际关系良好

人际关系良好既是心理健康的标准之一，也是维护心理健康发展的重要条件。心理健康的人乐于与人交往，在人际交往中富有同情心，对人友善，能够理解他人，能够采取恰当的形式与他人沟通，不卑不亢，人际关系比较和谐。

（七）社会适应能力良好

社会适应，指对社会环境中的一切刺激能做出恰当的正常反应。心理健康的大学生能适应生活环境的变化，与现实保持良好的接触，不回避现实，主动面对各种挑战，妥善处理环境与自身的关系。

另外，心理健康状态并非是固定不变的，而是不断变化的。心理健康与否只能反映某一段时间内的特定状态，而不是永恒不变的。因此，判断一个人的心理健康状况，不能简单地根据一时一事下结论，而要全面地看待一个人。

二、引起大学生心理障碍的主要原因

人际关系不良、经济困难、失恋、学业受挫等因素的影响会造成部分大学生一定的心理障碍。

(一)难以适应生活环境的转变

大学新生来自全国各地，家庭环境、教育环境、成长经历、学习生活基础等相差很大。进入大学后，在自我认知、同学交往、自然环境等方面都面临着全面的调整适应。入学后他们急需适应生活环境，包括语言、饮食、生活习惯等，培养自己独立生活、独立工作的能力。

(二)学习紧张与竞争压力造成心理负担过重

学习成绩差是引起大学生焦虑的主要原因之一。由于大学学习与中学学习存在很大不同，所以，很多学生存在学习方法、学习态度、学习兴趣、考试焦虑等问题。还有的学生对所学专业不感兴趣，硬着头皮学，成绩不理想。

(三)人际关系不和谐造成社交障碍

有的大学生对自己的神态和举止特别敏感，害怕在别人面前出丑、失态，在与人交往时感到异常紧张。有的大学生交际能力不是很强，面对新环境、新对象，问题不断出现，最后严重影响正常的学习和生活。

(四)理想、目标落空造成内心困惑

进入大学后，很多大学生失去了学习动力，在现实面前感觉很困惑。

(五)情感受挫造成心灵苦闷

部分大学生由于对爱情缺乏正确的理解，往往饱受失恋之苦，但又难以自我调适，轻者陷入情感的漩涡难以自拔，重者则会痛不欲生，甚至导致精神失常、自杀等严重后果。

(六)经济压力导致自卑心态

经济上的压力使部分贫困生自尊受创，使他们性格孤僻、心情忧郁、烦躁不安，最终会导致其学习成绩下降，人际关系冷漠，记忆力下降。

(七)择业压力导致焦虑情绪

社会竞争激烈，用人单位的要求也越来越高，导致部分大学生在找工作时觉得与自己想象中的差距太大，从而产生失落、不安、绝望和焦虑情绪。

三、大学生常见的心理问题

心理问题是指所有各种心理异常情形，通常根据其严重程度，将心理问题分为心理困扰、心理障碍和精神疾病。心理困扰主要是指各种适应问题、应激问题、人际关系问题等；精神疾病是大脑机能活动发生紊乱，导致认识、情感、行为和意志等精神活动不同程度障碍

的疾病的总称。

（一）心理障碍

心理障碍主要是指神经症、人格障碍等轻度失调。

1. 神经症

神经症主要有以下几种：焦虑症、抑郁症、强迫症、神经衰弱等。

2. 人格障碍

大学生中较为常见的有以下三种人格障碍。

（1）偏执型人格障碍。偏执型人格障碍较常见，发病率占人群的1%~2%。偏执型人格主要有两种：一种是狂妄型。表现为自负、傲慢、爱争辩、好斗，对权力、地位有执着的追求而又多疑过敏。另一种是退萎型。表现为胆小怕事、遇事退缩，常背地里窃窃私语。偏执型人格综合了多种心理障碍的缺点于一身，主要有以下特点。

①偏执的最显著特点是多疑。对人不信任，倾向于把别人的好意或者中性态度体会成恶意，总认为别人对自己"笑里藏刀，指桑骂槐，杀鸡给猴看"，总认为世上好人少而坏人多。

②偏执的表现之二是过敏。对别人的批评、轻视、拒绝等行为，反应强烈持久。对侮辱和伤害更不能宽恕，长期耿耿于怀，甚至总想报复，也常常采取报复行为。经常担心被别人说成道德品质不好而紧张不安。

③偏执的表现之三是非情爱性嫉妒。别人获得重视，获得荣誉时，他感到内心隐痛不安；一旦自己的地位被别人取代，会表现出强烈的怨恨或委屈，公开抱怨指责别人；不愿意与竞争者交往，对竞争者幸灾乐祸或者视为仇敌；对知识技术严格保密，生怕别人学去；好谈论别人的短处，很少夸奖别人。

④偏执的表现之四是自我援引。倾向于把本来无关的事看作是针对自己的，如将人家的谈话、咳嗽、吐痰等看成是对自己的不满的表示。

⑤偏执的表现之五是偏见。偏见是建立在根据不足的概括之上的，一旦形成，就很难改变。

（2）情感型人格障碍可以具体表现为抑郁型人格障碍、情绪高涨型人格障碍和环型情绪人格障碍。

抑郁型人格障碍也称情绪低落型人格障碍。其临床表现为：精神不振，寡言少语，过分担忧，容易发怒，自感负担沉重，精力不济，对任何事情都感到困难重重、无能为力和难以预料结局，对生活很悲观，成天抱怨命运。

情绪高涨型人格障碍的临床表现为：精神振奋，乐观欢愉，笑口常开，对生活感到莫大的乐趣，但做事想当然，或凭空设想，匆忙结论，或草率从事，有始无终，常给人一种盲目乐观、不自量力的感觉。

环型情绪人格障碍的临床表现为：情绪变化极不稳定，常在情绪高涨和低落之间变动，交替出现。情绪高涨时，显得异常愉快、活跃、积极，易于做出种种承诺，对活动充满信心；情绪低落时，则显得寡欢、愁闷、失去信心，视承诺为负担，有时会做出一些不明智的决定和举动，甚至眼睁睁坐失良机。两种情绪变化间隙，有可能会有一个比较正常的时期，但较短暂。一般来讲，环型情绪人格障碍比上述任何单种不良情绪在一生中占优势的人格障碍更为严重。

(3)分裂型人格障碍。分裂型人格障碍是一种以观念、外貌和行为奇特以及人际关系有明显缺陷，且情感冷淡为主要特点的人格障碍。这类人一般较孤独、沉默、隐匿，不爱人际交往，不合群；既无什么朋友，也很少参加社会活动，显得与世隔绝；他们虽然因此而痛苦，但并不能意识到自身的问题。

(二)精神病

精神病指严重的心理障碍，患者的认识、情感、意志、动作行为等心理活动均可出现持久的、明显的异常；不能正常地学习、工作、生活；动作行为难以被一般人理解；在病态心理的支配下，有自杀或攻击、伤害他人的动作行为。

常见的精神病有：精神分裂症、躁狂抑郁性精神病、更年期精神病、偏执型精神病及各种器质性病变伴发的精神病等。患者及家属应和精神科医生积极配合，及早到医院治疗。

精神病致病因素有多方面：先天遗传、个性特征及体质因素、气质因素、社会环境因素等。其症状有妄想、幻觉、错觉、情感障碍、哭笑无常、自言自语、行为怪异、意志减退等，绝大多数病人缺乏自知力，不承认自己有病，不主动寻求医生的帮助。大学生出现上述症状时应和精神科医生积极配合，及早到医院治疗。

四、关注大学生自杀问题

自杀最终的发生是在瞬间，但它的基础是长期的积累而形成的。

(一)大学生自杀的原因分析

1. 社会方面

在知识爆炸的时代，紧张的生活节奏，激烈的竞争，社会对人才要求的提高，都大大地加重了大学生的心理负担，使很多人失去了安全感和稳定感。

2. 家庭方面

父母和生活环境会对一个人的一生产生作用和影响。家庭的不完美，父母的离异或者早亡，父母关系的紧张，孩子受父母的关注太少或者受到父母或他人的虐待等，对一个人的心理都会造成一定的创伤，形成不健康或畸形的心态。

3. 学校方面

学习、交往、恋爱、就业等方面的压力和挫折都可能会导致大学生产生自杀的心理倾向。大学生没有经济收入，在生活上比较拮据的大学生，生活和心理压力都很大。

4. 个体方面

有的大学生心理承受能力低下，或者患有心理疾病和精神障碍。有的大学生因人际关系受挫或者情感纠葛而选择自杀。

(二)大学生自杀前出现的典型征兆

(1)人际关系上出现问题，如逃避集体，总是一个人行动等。
(2)自卑，往往表现为对小事和玩笑也很敏感，甚至耿耿于怀。
(3)出现神经症状，经常性的失眠、头疼，静不下心来。

（4）因恋爱问题或学习成绩大幅波动而苦恼、痛苦。

（5）遇到小事放不下，经常哭哭啼啼。

（6）突然对好友说道别的话，给他人赠送纪念品。

五、大学生如何应对心理问题

近年来，人们对心理健康的认识逐渐加深，心理健康教育也越来越普及。

（1）保持健康的情绪。要学会合理宣泄，找到充分表达自己情绪的方法，既不要压抑自己，也不要放纵自己。

（2）别急于"诊断"。心理问题本身多种多样，成因往往很复杂，切忌盲目从一些书籍上断章取义，或者道听途说，认定自己患了什么病，而要寻求专业人士的帮助。

（3）坦然面对。出现心理问题虽不是好事，但也完全不必如临大敌。心理健康也跟身体健康一样，在人的一生中难免会出现这样那样的问题，不应大惊小怪。

（4）转移注意力，调整自己。把注意力转移到学习、生活、工作的方方面面。大学生可以确定一个相对容易实现的目标，转移自己的注意力，目标实现后会带给自己喜悦。

（5）学习交往技巧，融入集体。人际交往易使大学生在心理上产生归属感和安全感，有助于形成良好的心态，保持身心健康。因此大学生应广交朋友，广泛接触不同层次的人。很多时候抑郁的心情就是在和朋友的聊天中烟消云散的。

（6）掌握知识，及时就医。大学生要增强心理卫生意识，学习一点心理卫生知识。掌握一定的心理卫生知识，在必要时就可以用来进行自我调节，这可以说是掌握了心理健康的主动权。现在，多数高校都开设了心理咨询中心，在遇到心理问题的时候，也不妨向心理老师寻求援助。对于严重的、难以排解的心理问题应到医院向专业医生求助。

案例选编

典型案例1

2017年12月25日，西安某高校在读博士生杨某某溺水身亡。

2018年1月17日早上8点10多分，因考试挂科，八年制本硕连读被降为五年制本科，北京某高校大二学生邹某跳楼身亡。

【案例分析】

自杀和突发疾病猝死在大学生安全事故中占了相当大的比例。大学生自杀事件中，半数以上是由于不同程度的抑郁症所致。大学生有心理障碍甚至发生自杀事件，其深层原因是缺乏自我认同感和抗挫折能力差。一些大学生承受着来自社会、家庭的厚重期望，但在现实环境中又难以达到理想目标，于是对自我的存在产生怀疑。

典型案例2

2015年8月，青岛某高校大三学生宋某，采用QQ联系、提供网盘账号及密码等手段，向江苏省的王某贩卖一个网盘，内含淫秽视频1415个，获利300元。江苏警方侦破此案，并经当地检察院提起公诉后，××市人民法院经审理，一审判处宋某有期徒刑 10 年。

宋某来自山区贫困家庭，一向老实内向，没有明显的不良嗜好。

【案例分析】

《刑法》第三百六十三条规定：以牟利为目的，制作、复制、出版、贩卖、传播淫秽物品的，处三年以下有期徒刑、拘役或者管制，并处罚金；情节严重的，处三年以上十年以下有期徒刑，并处罚金；情节特别严重的，处十年以上有期徒刑或者无期徒刑，并处罚金或者没收财产。从本案来看，宋某因涉案视频数量巨大，判刑较重，前程尽毁。

【思考与练习】

1. 结合所在学校的校园安全状况谈谈如何提高安全意识。
2. 谈谈大学生如何提高自己的安全防范能力。
3. 开展小组讨论，谈谈身边发生的安全事故并总结自己的经验。
4. 结合一个案例，谈谈大学生应如何避免"黄赌毒"的侵害？

第七章　物品保管与财产安全

【案例】

2016 年 8 月，被南京某高校录取的山东女生徐某某遭遇诈骗，不幸猝死。

8 月 19 日，家在山东临沂的徐某某接到了一个"助学"电话。由于家庭困难，她已经向教育部门申请了助学金，这个来电通知她马上就可以领到这笔助学金。徐某某按照电话里所谓"教育局""财政局"人员的指示，按照对方提供的"财政局"号码，将自己卡里的钱转了过去进行所谓的"账号激活"。

就在她在雨中焦急等待助学汇款的时候，在福建泉州的一个自动取款机前，已经有人把她账号上准备好的学费全部取出。发现被骗走 9900 元学费后，徐某某在报警回家的路上猝死。

经警方查实，这个来自江西九江的电信诈骗团伙，从网络中获取了徐某某等人的个人信息。他们还诈骗了多名被害人，金额总计超过人民币 56 万元。

"父母已年近半百，过了半辈子了，还没跟我们姐妹俩享一天清福呢。"徐某某生前所写的作文中充满对亲人的爱。一个诈骗电话，毁了一个才华横溢的如花少女，毁了一个充满希望的家庭。

居安思危，提高防范意识，保护自身财产，是当今大学生校园生活不可忽略的重要内容。各种盗窃、抢劫、抢夺案件时有发生，校园贷、信用卡、网络诈骗等新型经济犯罪也正越来越肆意地向莘莘学子伸出罪恶之手。

部分大学生缺乏社会生活经验，且安全防范意识薄弱，给了不法分子可乘之机，令他们自己的财产乃至生命遭受损害。本章结合校园实际，教育广大学生如何增强财产安全防范意识和防范技能，希望通过本章内容的学习，能帮助大家避免和减少财产损失。

【思考】

1. 你的钱包"安全"吗？
2. 你具有一双识破诈骗的"金睛火眼"吗？

第一节　防盗窃

一、学生宿舍常见的盗窃方式

1. 顺手牵羊

顺手牵羊主要指窃贼趁学生宿舍没人，或物主短暂离开、临时外出、粗心大意或注意力不集中时，顺手拿走他人的笔记本电脑、手机、钱包等贵重物品。

2. 乘虚而入

有的寝室不锁门，还有的学生对自己的贵重物品和随身物品保管不严，随意搁置，给窃贼可乘之机。

3. 暴力破门

学生宿舍中有一些宿舍门锁质量较差，使用一段时间后只能勉强锁住门，很不牢固，用力一撞或一踢，门就能打开。窃贼利用这点破门而入实施盗窃。

4. 插片入室

学生宿舍中的有一些宿舍门的门板和门框之间缝隙比较大，足以用身份证等"插片"开锁，常被窃贼所利用。

5. 偷配钥匙

有些窃贼作案前有预谋地偷配了钥匙，然后寻找机会，开门入室盗窃。

6. 外员留宿

一些同学违反学校相关规定，擅自带老乡、以前的同学等留宿在宿舍，在自己和宿舍同学去上课时，放心地将钥匙交给他们，留宿人员在宿舍内进行盗窃作案。

二、学生宿舍被盗案的特点与规律

(一)作案人员类型

1. 内部人员

行为人多是本班、本寝室或生活在周围的其他人员，他们朝夕相处，每天生活学习都在同一个空间，他们对物主的生活规律及钱、财、物存放地点非常了解。

2. 外来人员

行为人往往采取打扮成学生或教师的模样，趁宿管人员不注意，混入人流之中，以各种借口伺机窜入学生宿舍；也有因各种原因被学院处理的离校人员，利用他们对学院的内部环境、对学生的生活规律比较了解、与部分学生较熟悉等条件进行盗窃。

3. 内外勾结

本寝室或本宿舍人员串通其他校外违法人员进行作案，他们对侵害对象和目标比较了解，向行为人暗中提供情况和作案条件。

(二)案发时段

校园盗窃案发时段较为固定，主要集中在：新生入学时；开学期间；临近放假期间；毕业离校期间；上午一、二节课期间；晚上学生睡觉期间。

三、大学生预防盗窃的方法

(一)预防现金被盗

(1)妥善保管好现金、银行卡等；不要随身携带大量的现金，最好存入银行。

(2)保管好自己的贵重物品，不要随便放在桌上、床上，要放在抽屉、柜子里，并且锁好。寒暑假时应将贵重物品带走，或托可靠人员保管。

(3)养成随手关窗锁门的习惯。上课、参加集会、出操、锻炼身体等外出离开宿舍时，要关好窗、锁好门。

(4)在教室、图书馆、食堂等公共场所，妥善保管好自己的贵重物品。

(5)不要违反学校规定，丧失警惕，留宿他人，引狼入室。

(6)发现形迹可疑的人应保持警惕，及时向值班人员报告。

(7)做到换人换锁，不把钥匙随便借给他人，防止宿舍被盗。

(二)预防银行卡被盗提

(1)若银行卡不慎遗失应立即持本人身份证去银行挂失，防止存款被冒领。存折或银行卡要妥善保管，不可随意放置，不要与有效证件放在一起。

(2)办卡时警惕不法分子与自己接触，伺机盗取你的身份资料，伪造你的身份证去银行挂失，再办理新卡，非法占有你的资金。

(3)银行卡密码要注意保密。在银行办理业务时，警惕不法分子偷窥银行卡密码、卡号。手续办完，将废单撕碎扔进纸篓，不让自己的疏忽给不法分子以可乘之机。

(4)警惕不法分子故意使取款机产生"吃卡"现象，然后再在取款机上张贴"紧急告示"，要求用户按通告进行操作，以此来获取你的资料信息，盗取资金。

(三)预防贵重物品被盗

(1)如学校提供密码保险箱，贵重物品可存放在保险箱中。

(2)不用的现金可存放于带锁柜中，避免随身携带。如需随身携带，最好放在贴身内衣口袋里。

(3)存放个人物品的桌柜钥匙要妥善保管，不要随便借给他人。

(4)平时养成随手关门关窗的习惯，离开宿舍时，必须关好门窗。

(5)手机是你和外界联系的重要工具，也是不法分子盗窃的常见目标。平时妥善保管，不可人机分离。

(6)当电脑放在教室或宿舍，如人需离开或电脑暂时不用时，要将电脑锁进箱柜，或随身带走，妥善保管。

(四)发现被盗怎么办

(1)立即向学校保卫部门和公安机关报案。
(2)保护好现场,不要让他人进入被盗的房间,以防证据被破坏。
(3)如发现存折或银行卡丢失,应立即到银行挂失。
(4)如实回答公安保卫人员的提问,力求时间清楚、回答全面。

四、校园公共场所防盗

(一)图书馆防盗

(1)衣服不可随意搭在椅子上,特别是装有现金、手机或其他贵重物品时,以防顺手牵羊。
(2)离开座位查阅图书时,不可将手机、贵重物品随意放到桌子上。
(3)需暂时离开时,将钱物带走或交代同伴保管。

(二)体育场所防盗

(1)体育活动时,尽可能不要携带钱物及贵重首饰。
(2)如果有保管人,可交由专人保管,如果没有,尽可能集中放置于显眼处。
(3)对周围东张西望、不参加活动的陌生人应提高警惕,必要时委婉询问。
(4)离开时清点物品。

第二节 防诈骗

诈骗是指以非法占有为目的、用虚构事实或隐瞒真相方法骗取款额较大的公私财物的行为。诈骗作案手段因时间,地点、条件和对象不同而异,防范方法也各不相同。诈骗犯罪具有一定迷惑性,尤其电话诈骗、网络诈骗让人防不胜防。提防和惩治诈骗分子,需要大学生自身的谨慎防范和努力,认清诈骗分子的惯用伎俩,以防止上当受骗。

一、大学诈骗作案主要类型及应对措施

(一)"培训"诈骗

有的培训班在广告中宣称"接受培训后可以100%上岗""考试保过,否则全额退款"等,实际培训过程中却以各种名目扣款。有些培训机构不按约定时间开课、中途无故停课、培训班教师频换,或者教学水准不高。
应对:报名前一定要充分了解培训机构的情况,有无办学许可证;细读协议条款,做到心中有数;索要正规发票;注意收集、保存招生简章、对方负责人身份证号码等有关资料。

(二)电话诈骗

(1)中奖诈骗。如"我是××省公证处的公证员××,恭喜你的手机或电话号码在××

抽奖中了×等奖，奖品是小轿车一部"。

应对：请先冷静，想想自己参与过什么活动，如果没有请不要回复。

（2）银行卡诈骗。如以××银行名义提醒你在某地刷卡消费，金额将于近期从你账户扣除。

应对：切记不要按照电话中人的话去进行任何财务操作，如有疑问，应及时到银行柜台、客服中心去咨询。

（3）税务诈骗。有人电话称是国家税务局干部，帮你办理汽车或房屋退税事宜。

应对：凡自称是国家机关工作人员要求把钱汇入安全账户的都是诈骗。

（4）"求助"诈骗。冒充亲友以车祸、嫖娼、吸毒被抓进行诈骗；冒充老乡、亲友或上级领导进行诈骗。如"我手机话费用完了，麻烦你帮我充值，再用短信告知卡号与密码"或"你的家人在某地生急病或发生意外，急需用钱，你把钱打到××银行账号"。

应对：接到这样的电话或信息，一定要联系亲友本人核实。

（5）话费诈骗。冒充移动、联通、电信等公司的员工，在超市门口摆摊，以公司搞活动、话费充值高额赠送的噱头，吸引众多市民掏钱充话费。

应对：到正规营业厅办理、不要轻信街头小商贩。

（三）求职诈骗

（1）不法机构以某人才市场分部或分公司的名义，以推荐工作为名，收取求职者报名费、推荐费或押金，使求职者上当受骗。

（2）招聘单位"无限期试用"。要小心"常年招聘""高薪急聘"岗位。

（3）名为招工，实为传销。

应对：最好去正规人才市场或者通过学校毕业生就业指导机构求职；不要轻易掏钱，多咨询观察；不要轻信路边的招聘信息；抵制高薪诱惑。

（四）网络诈骗

（1）利用QQ盗号冒充亲友聊天诈骗。

（2）虚构网络游戏装备及游戏币交易诈骗。

（3）克隆银行官方网站"钓鱼"诈骗。

①大量发送欺诈性电子邮件，邮件多以中奖、顾问、对账等内容引诱用户在邮件中填入金融账号和密码，或要求收件人登录某网页提交身份证号、信用卡号等信息，继而盗窃用户资金。

②建立起域名和网页内容都与真正的网上银行系统、网上证券交易平台极为相似的网站，引诱受骗者输入账号、密码等信息，进而窃取用户资金。

（4）网上购物诈骗。利用虚假链接，交易不成功，先收订金后编理由追加订金，用假冒、劣质、低廉的山寨产品冒充名牌商品等。如在知名电子商务网站发布虚假信息，以所谓"超低价""走私货""免税"等名义出售商品，要求受骗者先行支付货款达到诈骗目的。

（5）在发送的电子邮件中或在网站中隐藏"木马"程序，在感染"木马"的计算机上进行网上交易时，"木马"程序即以键盘记录方式获取用户账号和密码。

应对：网络购物一定要在正规的大网站进行，不要随意点击不安全网站或是卖（买）家提供的链接网址进行购物。登录银行网页时务必检查是否为官网，同时管好自己的网银证书，避免用公共计算机进行交易；直接致电银行热线咨询具体情况，不要随意将自己的账号密码回复过去。

诈骗者使用的还是线下骗子们惯用的伎俩，利用的是部分人急功近利的心理。只要大学生们保持清醒的头脑，不贪小便宜，一般不会上当受骗。

二、增强自身防范意识

（一）保持警惕，加强自我保护

牢记"天上不会掉馅饼，地上不会长黄金"，不图便宜、不贪小利；不轻信花言巧语、小广告或网上勤工助学、求职应聘等信息；不随便将自己的个人信息（手机号码）、银行卡密码、家庭成员的住址、电话号码等告诉他人，以防被人利用；到自动提款机取钱，输入密码时避开别人。

（二）服从管理，加强沟通交流

调查显示，很多诈骗案受害者性格比较内向，不爱说话，朋友少，容易相信别人。有些情况，在自己认为适合的范围内适当透露或公开，更符合安全需要，特别是在自己觉得可能会吃亏上当、拿不定主意时，与老师、同学进行沟通，或许就会有所帮助。

（三）增强个人信息保护意识

（1）在网站上注册账号要谨慎填写个人信息，不是必要的信息尽量简化，经常更换密码；电话号码、身份证号码的数字之间可以用横线隔开，避免被搜索引擎搜到。

（2）在与陌生人网上交流时，不要泄露自己的电话、地址、照片等信息。

（3）上网评论朋友的微博、日志、图片时，不要随意留下朋友的个人信息，更不要故意公布他人的个人信息。

（4）在处理快递单、账单等各种废弃纸质单据时，最好先涂抹掉上面的所有信息，或者将其撕碎。快递尽量寄到上班处或小区门口，不要留具体的门牌号，收件时尽量约在值班室、保安室等人多的地方。

（5）在一些被要求提供个人信息的场合，要仔细判断是否必须和是否具有安全保护措施。在手机中存储家人的电话号码，最好不要用"爸爸""妈妈""女儿"之类体现关系的称呼，直接用对方名字存储比较好。

（6）身份证、驾驶证等体现身份的证件丢失时要及时挂失和补办，以防止不法分子有机可乘。

第三节　防抢劫、防抢夺、防敲诈

一、大学抢劫、抢夺案件及其危害性

大学抢劫案件是指以非法占有为目的，以大学生为侵害目标，使用暴力、胁迫或其他的

方法强行劫取财物的行为。抢夺，则是以非法占有为目的、乘人不备公然夺取大学生财物的行为。

大学生涉世不深，缺乏社会经验以及遇险后大多数不敢反抗，往往成为犯罪分子下手的对象。这两类案件在一定情况下往往容易转化为凶杀、伤害、强奸等恶性案件，造成被害人身体伤害，甚至危及生命安全，严重影响大学生正常的学习和生活，具有更大的危害性。广大同学只有充分认识其危害性，不断提高自我保护能力，才能有效地防止人身伤害和财产损失，才能在遇到危险时采取恰当的防范措施，减少不必要的伤害。

大学抢劫、抢夺案件的特点主要有如下几个。

（一）时间上的规律性

高校抢劫案一般发生在行人稀少、夜深人静及学校开学特别是新生入学时，具有一定的规律性。因为在行人稀少、夜深人静时，同学们往往孤立无援，而犯罪分子却人多势众，易于得手；学校开学时，同学们一般带有一定数量的现金，特别新生入学时，有的新生及家长还带有较大数额的现金，为犯罪分子所垂涎。

（二）地点上的隐蔽性

抢劫犯罪分子作案，一般选择校园内较为偏僻或校园周边地形复杂、人少及夜间无路灯的地段。因为这些地方犯罪分子比较容易隐藏，不易被人发现，得手后也容易逃脱。

（三）目标上的选择性

犯罪分子抢劫的主要目标是穿着时髦、携带贵重财物、单身行走及在无人地带谈恋爱的大学生情侣等。

（四）人员上的团伙性

为了抢劫财物这一共同目的，一些犯罪分子往往臭味相投，三五成群，结成团伙，共同实施抢劫。团伙内部有明确的分工，有的充当诱饵专门物色抢劫对象，有的专门充当打手，有的在抢劫前进行周密的预谋。

（五）手段上的多样性

犯罪分子实施抢劫的手段通常有：抓住部分同学胆小怕事的心理，对被侵害对象进行暴力威胁或言语恫吓，实施胁迫型抢劫；利用部分同学的单纯幼稚，设计诱骗大学生上当，实施诱骗型抢劫；采用殴打、捆绑等行为实施暴力型抢劫；利用大学生热情好客等特点，冒充老乡或朋友，骗得同学的信任，继而寻找机会用药物将同学麻醉，实施麻醉型抢劫等。

二、大学抢劫案件的预防与应对

要预防抢劫案件的发生，大学生们要从思想上引起高度的重视，严格遵守学校制定的有关安全规定，并自觉落实到具体的行动中，不给犯罪分子以可乘之机。

（一）预防措施

（1）外出时不要携带过多现金和贵重物品，必须携带时，应请同学随行。

（2）不外露或向人炫耀贵重物品。提取较大数额现金时，尽量在柜面点清楚，避免在大厅反复清点。

（3）夜间外出尽量向有人、有灯光的地方走。发现可疑人跟踪，不要害怕，可以大声呼叫同学、老师的名字。

（4）不要将装有贵重物品的包随便放在自行车篓里，容易被抢夺。有些歹徒盯上目标后，还常常会在自行车轮上缠绕麻绳、铁丝等，一旦车主埋头清理时，就下手飞快地将车篓内物品抢走。

（5）歹徒作案通常会使用摩托车等交通工具，得手后迅速逃离。靠内侧行走无疑会增加歹徒作案难度，最好将包斜挎，如是两人同行，则包在两人中间比较安全。

（6）少去校外网吧。不法分子往往对经常出入网吧的大学生实施抢劫。

（二）遭遇抢劫案件的应对措施

1. 沉着冷静不恐慌

大学生无论何时遭遇抢劫，首先要保持镇定，克服畏惧、恐慌情绪，其次要有正义必然战胜邪恶的信念。只有这样，才能从精神和心理上压倒对方，继而以灵活的方式战胜对手。

2. 力量悬殊不蛮干

犯罪分子实施抢劫作案，一般都做了相应准备，要么人多势众，要么以凶器相逼。有的同学由于生性刚烈，往往鲁莽行事，易被犯罪分子伤害。

3. 快速撤离不犹豫

俗话说"三十六计走为上计"，同学们如遇到抢劫时，对比双方力量，感到无法抗衡时，可看准时机向有灯光或人员集中的地方快速奔跑。犯罪分子由于心虚，一般不会穷追不舍，从而可有效避免劫案的发生。

4. 巧妙周旋不畏缩

当同学们已处于犯罪分子的控制之下无法反抗时，可先交出部分财物缓和气氛，再理直气壮地向作案人进行法制宣传教育或晓以利害，造成犯罪分子心理上的恐慌而终止作案；或在犯罪分子心理开始动摇放松警惕时，看准机会反抗或逃脱。

5. 留下印记不放过

同学们一旦遭遇抢劫，要注意观察作案人，尽量准确地记下其特征，如身高、年龄、发型、体态、衣着、胡须、特殊疤痕、语言及行为等，还可趁其不注意在作案人身上留下暗记，便于为公安机关侦破案件提供线索。

6. 大声呼救不胆怯

犯罪分子有其胆大妄为和凶悍的一面，更有其心虚的一面，只要同学们把握机会，及时呼救，一些抢劫案便可以得到有效的控制。

案例选编

典型案例1

2013年10月，江苏某高校学生食堂就餐高峰连续发生学生手机被盗案件，被盗者多为女生。接到报案后，当地派出所经过查看录像、现场蹲守等方法终于将一犯罪团伙抓获。经审讯，这一团伙经常利用中午学生吃饭的时间流窜到各高校作案，在学生就餐的高峰期，利用身体阻挡等方式偷窃学生放在口袋和背包里的手机、财物等。

【案例分析】

该案犯罪嫌疑人将作案地点选在食堂，作案时机选在同学排队买饭时，人多拥挤，且大家比较专注于买饭，易忽视其他事情。有些同学随意将手机搁置于书包外侧或衣服口袋，有些女生背包拉链不拉或外衣口袋口较宽，都给犯罪分子提供了作案机会。犯罪分子团伙作案，他们相互掩护，同学们很难发现财物被盗。该案提醒大学生们，在拥挤的公共场合，应提高自身的防范能力，在有人推搡时尤其要提高警惕，将自己的财物妥善放置，不给犯罪分子以可乘之机。

典型案例2

2014年3月4日17时许，江苏某高校两个班级男生在球场进行篮球比赛，不少同学将手机放在衣服口袋中，衣服便放在篮球架下面或球场旁。18时许，同学李某某因有事要离去，拿起衣服，发现衣服口袋里的手机被偷。接着其他同学去检查自己的衣服，多名同学也发现手机和钱包被偷。经统计，被窃手机共3部，钱包2个。

报案后，学校监控中显示，作案人也穿运动服，利用拿饮料来掩护，偷取了别人的财物，得手后迅速离开球场。

【案例分析】

打球时人员混杂，同学们认为把物品放在自己的视线范围内，照明条件比较好，就疏于对自身物品的看管。小偷正是利用这个机会，使得球场上的同学疏于对他的监视，再而接近目标进行盗窃。该案提醒大学生们，运动时要加强防盗意识，最好不要带贵重物品，或请专人看管财物，不让小偷得手。

典型案例3

2017年5月，江苏某高校学生李某报案称她在建设银行的存款3800元被人分4次盗取了3700元。警方经过调查认定作案嫌疑人为桂某。桂某与李某住同一寝室，平时关系不错。在一次结伴到银行取钱的过程中，有心的桂某记住了李某的银行卡密码，于是伺机作案并得手。

【案例分析】

犯罪嫌疑人利用了同学、朋友的关系进行作案，有一定的隐蔽性。有的同学不重视个人信息安全，疏于警惕，给犯罪嫌疑人提供了方便。有的同学使用的信用卡还是原始密码，更容易被窃。如果觉得密码可能被别人知道，最好及时修改密码，加以防范。

典型案例4

2016年5月5日，上海某高校的一名女生在网上购物时，看中了一条漂亮的裙子，不久，该女生接到一自称是"淘宝客服"的女子打来的电话，告知其按该交易的备注进行操作。该女生按对方要求将自己银行卡的账号、密码、账户余额、手机验证码等信息输入备注，后才发现其银行卡内6303元人民币被划入对方淘宝账户内。女生此时才恍然大悟，方知被骗。

【案例分析】

随着信息化的发展，诈骗分子利用互联网的网上购物等发布虚假信息，设下骗局，千方百计地套取受骗者银行账号、密码、手机验证码等财务信息，盗取账户资金，大学生受骗上当不在少数。如果该女生在遇到被要求提供自己账务信息等重要的安全数据时，先主动去拨打淘宝官网客服进行沟通证实，就可以避免金钱损失。

典型案例5

2017年5月14日晚上11时许，武汉市某高校学校北门附近的树林内，孤身一人路经此地的女生小燕（化名）被两名劫匪袭击，抢走单肩包（内装有银行卡、证件、手机及现金若干元）。嫌疑人华某与沈某后被公安人员抓获归案。

2018年8月15日晚11点，河南一大学生张某在学校复习，回家经过校北门外工地旁的小路，突然一陌生男子跳出，拿着匕首逼迫小张交出手机、身份证和银行卡等物品，并逼问小张手机支付密码及银行卡密码。小张按男子的要求交出了身上的财物，劫匪得手后用胶带缠住了小张的手脚抛在路旁后迅速逃逸。惊魂未定的小张待劫匪走远后，迅速赶到附近的商店报警。

【案例分析】

两个案件都发生在夜晚比较偏僻的路上，被抢的同学均缺乏一定的防范意识。深夜单独行走，远离人群，被抢后难以求援，往往继发伤害事故。以上两个案件提醒大学生应当提高自我防范意识，特别是夜晚时分不过量饮酒、不单独行动、不往偏僻处走。在遇到抢劫时，可将钱物交出，稳住犯罪嫌疑人，避免更大的人身伤害，并及时报警。

【思考与练习】

1.结合实际，为自己量身制作一份"校内外防盗守则"小手册。

2.当前与大学校园生活有关的诈骗犯罪有哪些显著特征和惯用手段，大学生们应如何有效防范呢？

第八章　防火逃生与消防安全

【案例】

2017年3月27日晚，上海消防接到报警称某大学一间实验室发生爆炸，现场一名20岁男性伤及双上肢。经该校化学系核查，当晚有2名本科生在209实验室工作，受伤学生为三年级本科生。在处理一个约100毫升的反应釜过程中，反应釜发生爆炸，该学生左手大面积创伤，右臂贯穿伤导致骨折。经现场排查，除发生爆炸的反应釜以外，现场尚遗留同批未处理反应釜两只。为避免再次发生意外，通知消防防爆专业人员予以处置。

火灾是世界上多发性灾害中发生频率较高的一种灾害，给国家和人民群众的生命财产造成了巨大的损失。火灾也是威胁校园安全的重要因素。消防安全是高校校园安全教育的重中之重。高校学生宿舍火灾事故屡见不鲜，各类实验室因疏忽或违章操作酿成着火爆炸常见诸报端。所以，隐患险于明火，防患胜于防灾，消防知识和技能与大学生活息息相关。通过本章内容的学习，大学生可全面了解消防安全，提高消防安全意识，养成良好的防火防爆习惯，培养火灾自救能力。

【思考】

面对触目惊心的火灾场景，你想到了什么？在日常学习和生活中，大学生们又该怎样避免火灾事故发生呢？

第一节　校园火灾及应急逃生

青年，尤其是大学生是国家的未来和希望，保护国家、人民和公共财产安全已成为当代大学生的权利和义务。了解、学习防火知识，掌握灭火的基本道理和常识，协助学校做好防火工作，减少和杜绝火灾发生，对于维护同学们人身和财产安全是十分必要和有益的。

一、火灾及其危害

火灾是指在时间或空间上失去控制，对财产和生命造成损害的燃烧现象。

《中华人民共和国消防法》明确规定：要提高全民的消防安全意识，任何单位和个人都有维护消防安全，保护消防设施，预防火灾，报告火灾的义务。公安部 61 号令中规定：单位应通过多种形式开展经常性的消防安全宣传教育，使人们会报警、掌握扑救初起火灾以及自救逃生的知识和技能。

近几年来，2013 年丽江古城景区火灾、2017 年"杭州保姆纵火案"、2018 年哈尔滨温泉酒店大火等重大火灾事件，给人们留下了深深的伤痛，也为世人敲响了警钟。

二、《高等学校消防安全管理规定》的有关规定

消防安全教育和培训的主要内容包括：国家消防工作方针、政策，消防法律、法规，本单位、本岗位的火灾危险性，火灾预防知识和措施；有关消防设施的性能、灭火器材的使用方法；报火警、扑救初起火灾和自救互救技能；组织、引导在场人员疏散的方法。

（1）学校应当采取措施对学生进行消防安全教育，使其了解防火、灭火知识，掌握报警、扑救初起火灾和自救、逃生方法；开展学生自救、逃生等防火安全常识的模拟演练。

（2）学校实验室应当有针对性地制定突发事件应急处置预案，并将应急处置预案涉及的生物、化学及易燃易爆物品的种类、性质、数量、危险性和应对措施及处置药品的名称、产地和储备等内容报消防机构备案。

（3）学生宿舍、教室和礼堂等人员密集场所，禁止违规使用大功率电器，在门窗、阳台等部位不得设置影响逃生和灭火救援的障碍物。

（4）学校各单位和师生员工应当依法履行保护消防设施、预防火灾、报告火警和扑救初起火灾等维护消防安全的义务。

（5）在学校内举办文艺、体育、集会、招生和就业咨询等大型活动和展览，主办单位应当确定专人负责消防安全工作，明确并落实消防安全职责和措施，保证消防设施和消防器材配置齐全、完好有效；保证疏散通道、安全出口、疏散指示标志、应急照明和消防车通道符合消防技术标准和管理规定，制定灭火和应急疏散预案并组织演练。

（6）校内消防安全重点单位应当按照灭火和应急疏散预案每半年至少组织一次消防演练，并结合实际，不断完善预案。消防演练应当设置明显标志并事先告知演练范围内的人员，避免意外事故发生。

（7）开展消防安全教育培训，组织消防演练，普及消防知识，提高师生员工的消防安全意识、扑救初起火灾和自救逃生技能。定期对志愿消防队等消防组织进行消防知识和灭火技能培训。

三、火警有关常识

1. 为什么把火警电话号码定为"119"

（1）国际标准化管理的需要。20 世纪 70 年代国际电报电话咨询委员会根据国际标准化管理的要求，建议世界各国火警电话采用"119"号码。

（2）为了避免火警电话用"0"号开头与其他通信服务相互影响。

（3）火灾具有突发特点，为保证通信畅通无阻，应将其并入"11"号开头的特别服务中。

（4）"119"号码便于记忆，发生火灾时，想到"要要救"，以便联想到"119"火灾报警电话。

2. 怎样正确使用"119"电话

（1）报警时，首先要沉着冷静，不要惊慌。

（2）要讲清楚起火单位、地址、燃烧对象、火势情况，并将报警人姓名、所用电话号码告诉消防队以便联系。报警后，本人或派人到通往火场的交通路口、学校门口和街道巷口接应消防车。

（3）要早报警，为消防队灭火争取时间，减少损失。

四、火场应急疏散和逃生方法

在实施自救行动之前，一定要强制自己保持头脑冷静，根据周围环境和各种自然条件，选择自救的方式。

（一）火场应急疏散

学校应至少每半年组织一次有学生参加的演练，并结合实际不断完善预案。应明确一定数量的疏散引导员，火灾发生时，疏散引导员应通过喊话、广播等方式，按照灭火和应急疏散预案要求通知，引导火场人员正确逃生。发生火灾时，正在授课的教师应组织学生疏散逃生。发生火灾时，应按照以下顺序通知人员疏散：二层及以上的楼房发生火灾，应先通知着火层及其相邻的上下层；首层发生火灾，应先通知本层、二层及地下各层；地下室发生火灾，应先通知地下各层及首层；多个防火分区的首先通知着火区域及其相邻的防火分区。火灾无法控制时，火场总指挥应及时通知所有参加救援人员撤离。

（二）火场逃生方法

1. 迅速撤离法

当你走进商场、宾馆、酒楼、歌舞厅等公共场所时，要留意其墙上、顶棚上、门上、转弯处设置的"太平门""紧急出口""安全通道"等疏散指示标志，一旦听到火灾警报或意识到自己被火围困时，要迅速奔向安全出口，按疏散指示标志方向迅速逃离。

2. 厚物护身法

用浸湿的厚棉毛织物（棉被、毛毯、线毯、棉大衣等均可）包在身上，以最快的速度冲向疏散通道逃往安全区域。不能用塑料或化纤的物品来保护身体，否则会适得其反。

3. 低身前进法

由于火灾发生时产生的烟气大多集中在上部空间，因此人在逃生过程中，应尽量压低身体，贴近地面匍匐（或弯腰）前进，以躲避烟害，逃离火场。

4. 床单结绳法

把床单、被单、床罩、窗帘等撕开，拧成绳索连接起来，参照绳索逃生法逃生，这种方法制作的"绳索"一定要拧紧并保证连接处结实，避免断开或接头脱落。

5. 管线下滑法

可借助建筑物外墙或阳台边上的落水管等竖直管线下滑逃生。用这种方法逃生时，注意一次下滑的人数不能太多，以防管线难以承重造成损坏脱落而发生危险。

6. 空间避难法

在暂时无法向外疏散时，可选择卫生间、厨房等空间小且有水源和新鲜空气补充的地方暂时避难。将毛巾等棉织物塞进门缝阻挡烟气，在地面上泼水降温，等待救援。

7. 信号求救法

遭遇火灾又没有通信设备时，一定要想方设法告知外边。可在阳台、窗口、屋顶等处向外呼救，也可敲击物品发出声响引人注意求救；可以挥动醒目的纱巾、毛巾等吸引过往行人发出求救信号；若在夜晚可按动手电筒、应急灯等能发光的物品发出信号。

（三）高层建筑中遭遇火灾时自救逃生

一般来说，在高层建筑中遭遇火灾时，首先应该防止窒息和中毒，从消防通道及时逃生。如果火势太大，可以选择卫生间等地方躲避，等待救援。千万不要惊慌失措，贸然跳楼。

（1）卫生间是个避难所。如果房间内起火，且门已被火封锁，室内人员不能顺利疏散时，可另寻其他通道。如通过阳台或走廊转移到相邻未起火的房间，再利用这个房间的通道疏散。发生火灾，实在无路可逃时，可利用卫生间进行避难。因为卫生间湿度大、温度低，可用水泼在门上、地上进行降温。

（2）如果房间外面起火，且火势较大，可将门缝用毛巾、棉被等封死，不断往上浇水进行冷却，防止外部火焰及烟气侵入。如果是晚上听到报警，首先要用手背去接触房门。如果是热的，门不能打开，否则烟和火就会冲进卧室。如果房门不热，火势可能还不大，通过正常的途径逃离房间是可能的。如在楼梯间或过道上遇到浓烟时应马上停下来，千万不要试图从烟火里冲出。

（3）湿毛巾捂嘴匍匐前进。在疏散过程中，应采用湿毛巾或手帕捂住嘴和鼻，防止吸入毒气。由于着火时烟气大多聚集在上部空间，因此在逃生时，不要直立行走，应弯腰或匍匐前进，但石油液化气或城市煤气火灾时，不应采用匍匐前进方式。因为火灾现场温度很高，可以用浸湿的棉被、毛毯等遮盖在身上，确定逃生路线后，以最快的速度直接冲出火场，到达安全地点。

（4）千万注意不能乘普通电梯逃生。高楼起火后容易断电，这时候乘普通电梯就有"卡壳"的可能，使疏散失效，反而处于更危险的境地。而且人员在电梯里容易被浓烟毒气熏呛而窒息。

（5）迫不得已不要跳楼。如果多层楼着火，楼梯的烟气火势特别猛烈时，可利用绳索、消防水带，或者用床单撕成条连接起来，将一端紧拴在牢固的门窗上，再顺着绳索滑下。如无条件采取上述自救办法，而时间又十分紧迫，烟火即将威胁生命时，较低楼层（如二楼）可以选择跳楼逃生。但是一定要先向地面上抛下棉被、沙发垫子等物品，以增加缓冲，然后手扶窗台往下滑，以缩小跳楼高度，并保证双脚首先落地。

（四）火灾逃生十大要诀

第一诀：熟悉环境，记住出口。当你来到宾馆、酒店、卡拉 OK 厅、商场等公共场所时，务必留心疏散通道、安全出口及楼梯方位等，当大火燃起、浓烟密布时，便可以摸清通道，尽快逃离现场。

第二诀：通道出口，畅通无阻。楼梯、通道、安全出口等是火灾发生时最重要的逃生之路，应保证畅通无阻，切不可堆放杂物或设闸上锁。请记住：自断后路，必死无疑。

第三诀：保持镇静，快速撤离。突遇火灾，面对浓烟和烈火，首先要强令自己保持镇静，快速判明危险地点和安全地点，决定逃生的办法，千万不要盲目地跟从人流相互拥挤、乱冲乱撞。撤离时，要注意朝明亮处或外面空旷地方跑。当火势不大时，要尽量往楼层下面跑，若通道被烟火封阻，则应背向烟火方向离开，逃到天台、阳台处。

第四诀：不入险地，不贪财物。生命是最重要的，不要因为害羞或顾及贵重物品，而把宝贵的逃生时间浪费在穿衣或寻找、拿走贵重物品上。

第五诀：简易防护，不可缺少。家中、宿舍、酒店应备有防烟面罩，逃生时可使用。最简易方法也可用毛巾、口罩蒙鼻，用水浇身，俯身前进。因为烟气较空气轻便飘于上部，贴近地面逃离是避免烟气吸入的最佳方法。

第六诀：善用通道，莫入电梯。发生火灾时，要根据情况选择进入相对较为安全的楼梯通道。在高层建筑中，电梯的供电系统在火灾时随时会断电或因热的作用使电梯变形。此外，电梯井犹如贯通的烟囱直通各楼层，有毒烟雾会直接威胁人员的生命。

第七诀：缓降逃生，滑绳自救。高层建筑人员可备有高空缓降器或救生绳，人员可以通过这些设施安全离开危险楼层。也可用身边的绳索、床单、窗帘、衣服自制简易救生绳，并用水打湿，从窗台或阳台沿绳缓滑到下面楼层。

第八诀：大火袭来，固守待援。大火袭近时，假如用手摸到房门已感烫手，此时开门，火焰和浓烟将扑来。这时可以采取关紧门窗、用湿毛巾、湿布塞堵门缝，或用水浸湿棉被，蒙上门窗的办法，防止烟火渗入等待救援人员到来。

第九诀：发出信号，寻求救援。在逃生无门的情况下，努力争取救援也不失为上策。被困者要尽量待在阳台、窗口等易于被人发现和能避免烟火近身的地方，及时发出求救信号，引起救援人员的注意。在将要失去知觉前，应努力滚到墙边，便于消防人员寻找、营救，因为消防人员进入室内都是沿着墙壁摸索前进的。

第十诀：火已烧身，切勿惊跑。火烧身时，千万不要惊跑拍打，因为奔跑和拍打时会形成风势，促旺火势。最佳办法是设法脱掉衣服或就地翻滚，压灭火苗。

第二节　灭火器的分类、用途和使用方法

灭火器是一种可由人力移动的轻便灭火器具，它能在其内部压力作用下，将所充装的灭火剂喷出，用来扑救火灾。灭火器种类繁多，其适用范围也有所不同，只有正确选择灭火器的类型，才能有效地扑救不同种类的火灾，达到预期的效果。

一、灭火器的分类

（一）按充装灭火剂的类型划分

1. 水型灭火器

水型灭火器充装的灭火剂主要是水，另外还有少量的添加剂。清水灭火器、强化液灭火器都属于水型灭火器。

2. 空气泡沫灭火器

空气泡沫灭火器充装的灭火剂是空气泡沫液。根据空气泡沫灭火剂种类的不同，空气泡沫灭火器又可分为蛋白泡沫灭火器、氟蛋白泡沫灭火器、水成膜泡沫灭火器和抗溶性泡沫灭火器等。

3. 干粉灭火器

干粉灭火器充装的灭火剂是干粉。根据所充装的干粉灭火剂种类的不同，干粉灭火器可分为碳酸氢钠干粉灭火器、钾盐干粉灭火器、氨基干粉灭火器和磷酸铵盐干粉灭火器等。

4. 卤代烷灭火器

卤代烷灭火器充装的灭火剂是卤代烷。该类灭火剂品种较多，我国主要有两种，一种是二氟一氯一溴甲烷和三氟一溴甲烷，简称 1211 灭火器和 1301 灭火器。

5. 二氧化碳灭火器

二氧化碳灭火器充装的灭火剂是加压液化的二氧化碳。

6. 酸碱灭火器

酸碱灭火器是一种内部分别装有 65％ 的工业硫酸和碳酸氢钠水溶液的灭火器。

（二）按灭火器的重量和移动方式划分

1. 手提式灭火器

手提式灭火器的总重量在 20 kg 以下，容量在 10 kg 左右，是能用手提的灭火器具。

2. 背负式灭火器

背负式灭火器的总重量在 40 kg 以下，容量在 25 kg 以下，是用肩背的灭火的器具。

3. 推车式灭火器

推车式灭火器的总重量在 40 kg 以上，容量在 100 kg 以内，装有车轮等行驶机构，由人力推（拉）的灭火的器具。

二、灭火器的用途和使用方法

（一）清水灭火器

清水灭火器主要用于扑救固体物质火灾，如木材、棉麻、纺织品等的初起火灾。

清水灭火器的使用方法是将清水灭火器提至火场，在距离燃烧物 10 米处，将灭火器直立放稳，摘下保险帽，用手掌拍击开启杆顶端的凸头。这时储气瓶的密膜片被刺破，二氧化碳气体进入筒体内，迫使清水从喷嘴喷出。此时应立即用一只手提起灭火器，另一只手托住灭火器的底圈，将喷射的水流对准燃烧最猛烈处喷射。随着灭火器喷射距离的缩短，操作者应逐渐向燃烧物靠近，使水流始终喷射在燃烧处，直到将火扑灭。在喷射过程中，灭火器应始终与地面保持垂直状态，切勿颠倒或横卧，否则会使加压气体泄出而使灭火剂不能喷射。

（二）空气泡沫灭火器

空气泡沫灭火器主要用于扑救 B 类物质，如汽油、煤油、柴油、植物油、油脂等的初起火灾，也可用于扑救 A 类物质，如木材、竹器、棉花、织物、纸张等的初起火灾。其中，抗溶性空气泡沫灭火器能够扑救极性溶剂如甲醇、乙醚、丙酮等溶剂的火灾。空气泡沫灭火器不能扑救带电设备火灾和轻金属火灾。空气泡沫灭火器的标记应按 GN11—82 的规定。

空气泡沫灭火器的使用方法是：使用空气泡沫灭火器时，应手提灭火器提把迅速赶到火场。注意不得使灭火器过分倾斜，更不可横拿或颠倒，以免两种药剂提前混合喷出。在距燃烧物 6 米左右，先拔出保险销，一手握住开启压把，另一手握住喷枪，将灭火器密封开启，空气泡沫即从喷枪喷出。泡沫喷出后应对准燃烧最猛烈处喷射。如果扑救的是可燃液体火灾，当可燃液体呈流淌状燃烧时，喷射的泡沫应由远而近地覆盖在燃烧液体上；当可燃液体在容器中燃烧时，应将泡沫喷射在容器的内壁上，使泡沫沿内壁淌入可燃液体表面而加以覆盖。应避免将泡沫直接喷射在可燃液体表面上，以防止射流的冲击力将可燃液体冲出容器而扩大燃烧范围，增大灭火难度。在扑救固体物质火灾时，应将射流对准燃烧最猛烈处，灭火时随着有效喷射距离的缩短，使用者应逐渐向燃烧区靠近，并始终将泡沫喷射在燃烧物上，直至扑灭。在使用过程中，应一直紧握开启压把，不能松开，也不能将灭火器倒置或横卧使用，否则会中断喷射。

（三）干粉灭火器

干粉灭火器主要适用于扑救易燃液体、可燃气体和电气设备的初期火灾，常用于加油站、汽车库、实验室、变配电室、煤气站、液化气站、油库、船舶、车辆、工矿企业及公共建筑等场所。

1. 手提式干粉灭火器

使用方法：使用手提式干粉灭火器时，应手提灭火器的提把迅速赶到火场，在距离起火点 3—5 米处放下灭火器。在室外使用时注意占据上风方向。使用前先把灭火器上下颠倒几次，使筒内干粉松动。如果使用的是内装式或储压式干粉灭火器，应先拔下保险销，一只手握住喷嘴，另一只手用力按下压把，干粉便会从喷嘴喷射出来。如果使用的是外置式干粉灭火器，则一只手应握住喷嘴，另一只手提起提环，握住提柄，干粉便会从喷嘴喷射出来。干粉灭火器在喷粉灭火过程中应始终保持直立状态，不能将其横卧或颠倒，否则不能喷粉。如果储气瓶的开启是手轮式的，则向逆时针方向旋开，并旋到最高位置，随即提起灭火器。在使用有喷射软管的灭火器或储压式灭火器时，一手应始终压下压把，不能放开，否则会中断喷射。

干粉灭火器扑救可燃、易燃液体火灾时，应对准火焰腰部扫射，如果被扑救的液体火灾呈流淌燃烧，则应对准火焰根部，由近而远地左右扫射直至把火焰全部扑灭。如果可燃液体在容器内燃烧，使用者应对准火焰根部左右晃动扫射，使喷射出的干粉覆盖整个容器开口表面；当火焰被赶出容器时，使用者应继续喷射，直至将火焰全部扑灭。在扑救容器内可燃液体火灾时，应注意不能将喷嘴直接对准液面喷射，防止喷流的冲击力使可燃液体溅出而扩大火势，造成灭火困难。如果可燃液体在金属容器中燃烧时间过长，容器的壁温已高于扑救可燃液体的自燃点，此时极易造成灭火后再复燃的现象，若与泡沫类灭火器联用，则灭火效果更佳。

使用磷酸铵盐干粉灭火器扑固体可燃物火灾时，应对准燃烧最猛烈处喷射，并上下、左右扫射。使如条件允许，使用者可提着灭火器沿着燃烧物的四周边走边喷，使干粉灭火剂均匀地喷在燃烧物的表面，直至将火焰全部扑灭。

2. 推车式干粉灭火器

使用方法：推车式干粉灭火器一般由两人操作。使用时应将灭火器迅速拉到或推到火场，在离起火点 10 米处停下，一人将灭火器放稳，然后拔出保险销，迅速打开钢瓶，另一人取下喷枪，展开喷射软管，然后一只手握住喷枪枪管，另一只手扣动扳机，将喷嘴对准火焰根部，喷粉灭火。

（四）二氧化碳灭火器

二氧化碳灭火器适用于扑救贵重设备、档案资料、仪器、仪表、油脂类及 600 V 以下电气装置的初起火灾。

1. 手提式二氧化碳灭火器

使用方法：使用二氧化碳灭火器时，随着压下压把，二氧化碳灭火器的密封开启，液态的二氧化碳在其蒸汽压力的作用下，经虹吸管和喷射连接管从喷嘴喷出。从灭火器喷出的是二氧化碳气体和固体的混合物。当雪花状的二氧化碳覆盖在燃烧物上时即刻汽化（升华），对燃烧物有一定的冷却作用。使用手提式二氧化碳灭火器时，可手提灭火器的提把或把灭火器扛在肩上，迅速赶赴火场。在距起火点大约 5 米处放下灭火器，一只手握住喇叭形喷筒根部的手柄，把喷筒对准火焰，另一只手压下压把，二氧化碳就喷射出来了。对于没有喷射软管的二氧化碳灭火器，应把喇叭筒往上扳 70°—90°。

当扑救流散流体火灾时，应使二氧化碳射流由近而远向火焰喷射，如果燃烧面积较大，操作者可左右摆动喷筒，直至把火扑灭。当扑救容器内火灾时，操作者应从容器上部的一侧向容器内喷射，但不要使二氧化碳直接冲击到液面上，以免将可燃物冲出容器而扩大火灾。

使用手提式二氧化碳灭火器灭火时应注意以下事项：灭火器在喷射过程中应保持直立状态，切不可平放或颠倒使用；当没戴防护手套时，不要用手直接握住喷筒或金属管，以防冻伤；在室外使用时应选择在上风方向喷射，在室外大风条件下使用时，由于喷射的二氧化碳气体被吹散，所以灭火效果很差；在狭小的室内空间使用时，灭火后操作者应迅速撤离，以防吸入二氧化碳而发生意外；用二氧化碳扑救室内火灾后，应先打开门窗通风，然后再进入，以防窒息。

2. 推车式二氧化碳灭火器

推车式二氧化碳灭火器与手提式二氧化碳灭火器的不同点在于：多了一个固定和运送灭火器的推车；开启机构全采用手轮式；在瓶头阀上装了一个安全帽。

使用方法：使用推车式二氧化碳灭火器时，一般应由两人操作。先把灭火器拉到或推到火场，在距起火点大约 10 米处停下。一人迅速卸下安全帽，然后逆时针方向旋转手轮，把手轮开到最大位置；另一人则迅速取下喇叭喷筒，展开喷射软管后，双手紧握喷筒根部的手柄，把喇叭喷筒对准火焰喷射，其灭火方法与手提式灭火器相同。

（五）酸碱灭火器

酸碱灭火器适用于扑救 A 类物质燃烧的初起火灾，如木、织物、纸张等燃烧的火灾，不能用于扑救 B 类物质燃烧的火灾，也不能用于扑救 C 类可燃性气体或 D 类轻金属火灾，同时也不能用于带电物体火灾的扑救。

使用方法：使用酸碱灭火器时应手提筒体上部提环，迅速奔向着火地点，绝不能将灭火器扛在肩上，也不能过分倾斜，以防两种灭火剂混合而提前喷射。在距离燃烧物 6 米左右，即可将灭火器颠倒过来，并摇晃几次，使两种药液加快混合；一只手握住提环，另一只手抓住筒体下的底圈将喷出的射流对准燃烧最猛烈处喷射。同时随着喷射距离的缩减，使用人应向燃烧处推进。

表 8-1 总结了火灾的类型及其对应选择的灭火器的种类。

表 8-1　火灾种类及灭火器选择表

火灾种类	范围	灭火器选择
A 类火灾	指固体物质火灾，如木材、棉、毛、麻、纸张	磷酸铵盐灭火器、泡沫灭火器、水型灭火器、卤代烷灭火器
B 类火灾	指液体火灾和可溶性的固体物质火灾，如汽油、煤油、原油、甲醇、乙醇、沥青、石蜡等	碳酸氢钠和磷酸铵盐灭火剂等干粉类的灭火器、二氧化碳灭火器、泡沫灭火器、卤代烷灭火器
C 类火灾	指气体火灾，如煤气、天然气、甲烷、丙烷、乙炔、氢气等	碳酸氢钠和磷酸铵盐灭火剂等干粉类的灭火器、二氧化碳灭火器、卤代烷灭火器
D 类火灾	指金属火灾，如钾、钠、镁、钛、锆、锂、铝镁合金等	专用道干粉灭火器
E 类火灾	指电器火灾	磷酸铵盐灭火器、二氧化碳灭火器、卤代烷灭火器

第三节　校园火灾的防范与初起扑救

高校校园是人员聚集场所也是消防安全重点单位，担负着为国家培养、造就现代化建设人才和进行科学研究的任务，一旦发生火灾，会导致师生伤亡或者科研资料毁于一旦。因

108

此，找出校园火灾发生的原因，制定相应的预防灭火措施，有效地遏制高校火灾的发生，为广大师生和科研人员提供良好的消防安全环境，不仅是消防部门要解决的重要问题，更是各高校和教育行政主管部门的共同责任。

一、校园内火灾常见原因

(一) 消防安全意识淡薄

大学是教学、科研场所，师生因潜心研究学问，对其他事情关心较少，消防安全意识往往比较薄弱，消防观念不强，缺乏防范意识和安全知识。

(二) 宿舍用火用电不遵守安全规范

1.违章使用大功率电加热器具

学生宿舍的供电线路、设备都是按照普通的照明用电设计的，线路负荷较小。学生们在宿舍违章使用"热得快"、电炉、电取暖器、电热杯、电热壶、电热锅、电饭锅、电磁炉和电熨斗等大功率电器现象普遍存在，虽明令禁止，但多有违规。

2.违章乱拉乱接电线

乱拉乱接电线，容易损伤线路绝缘层，引起线路短路和触电事故。为使用方便，有些学生私拉乱接电线、插座，电线经常拖来拖去，造成绝缘层损坏，接头松动。学生购买的电线、插座有的是劣质产品，极易造成线路短路或因接触不良发热而起火或漏电。

3.使用电器不慎

经常使用的计算机、电视机、充电器、稳压电源、电热毯和电蚊香等电器，如长时间通电，就会因散热不良，引起电器元件发热、线路短路，从而引起火灾。

4.使用灯具不当

使用台灯、床头灯等灯具时，若紧靠蚊帐、被褥、衣服、书籍等易燃物，极易引发火灾。因为在电能转化为光能过程中，往往要产生大量的热，灯泡表面温度较高，而纸张、棉絮、尼龙等物品燃点较低，灯泡过于靠近这些物品，时间一长就会被引燃。

5.违章使用明火

在办公楼、实验室、教室和建筑工地违章使用明火，特别是在学生宿舍点蜡烛照明，焚烧书信杂物等，稍有不慎，都可能导致火灾发生。

6.使用蚊香不当

点燃的蚊香有700℃左右，而布匹的燃点为200℃，纸张的燃点为130℃，点燃的蚊香歪倒、移动都可能直接引燃附近的易燃物。

7.吸烟不慎

带火的烟头掉落在被褥、蚊帐、衣服、沙发或地毯等可燃物上引起火灾；烟灰掉落在可燃物上引起火灾；有的人把点着的香烟随手乱放在书桌、箱子等可燃物上，烟头未熄，或被风吹落，引燃可燃物而引起火灾。

（三）老式建筑多，先天性火灾隐患多

在有着数十年甚至上百年历史的高校中，有不少木结构建筑仍在使用中。一是这些木结构建筑年代久远，屋面老化，破损严重，屋脊和封山脊开裂等现象随处可见；二是由于当时建筑设计防火等方面的规范尚不完备、法制不健全，导致建筑留下布局不合理，消防通道不畅通，防火间距不够，大型建筑无防火分隔，内部装修和疏散走道大量使用易燃材料等许多先天性火灾隐患；三是旧式建筑普遍存在着电源线明线铺设的现象，有的电线还被直接固定在木梁或木椽上。

（四）大学校园情况复杂，人员流动性大

火灾场所包括教学楼、办公楼、实验室、食堂、体育馆、宾馆、家属楼、学生宿舍、教职员工宿舍、校办工厂、出租门面房等。这些建筑物相对集中，人员密集，流动性大，使消防安全管理工作难度进一步加大。

（五）建筑物人员密度大，安全通道少

高校因生源来自全国各地而实行在校学生集中住宿。大多数高校在兴建学生宿舍时，虽然已考虑到消防安全需要而留有消防安全通道，但不少单位从日常的防盗安全或学生人身安全考虑而关闭大多数消防安全出口或加设防盗门，只留有一两个出口用于日常进出，火灾危险性大大增加。

二、学校消防安全重点区域

根据《高等学校消防安全管理规定》，学校应当将下列单位（部位）列为消防安全重点单位（部位）：

（1）学生宿舍、食堂（餐厅）、教学楼、校医院、体育场（馆）、会堂（会议中心）、超市（市场）、宾馆（招待所）、托儿所、幼儿园以及其他文体活动、公共娱乐等人员密集场所。

（2）学校网络、广播电台、电视台等传媒部门和驻校内邮政、通信、金融等单位。

（3）车库、油库、加油站等部位。

（4）图书馆、展览馆、档案馆、博物馆、文物古建筑。

（5）供水、供电、供气、供热等系统。

（6）易燃易爆等危险化学物品的生产、充装、储存、供应、使用部门。

（7）实验室、计算机房、电化教学中心和承担国家重点科研项目或配备有先进精密仪器设备的部位、监控中心、消防控制中心。

（8）学校保密要害部门及部位。

（9）高层建筑及地下室、半地下室。

（10）建设工程的施工现场以及有人员居住的临时性建筑。

（11）其他发生火灾可能性较大以及一旦发生火灾可能造成重大人身伤亡或者财产损失的单位（部位）。

三、高校校园火灾的防范对策

（一）开展大学生消防安全教育

一个个触目惊心的火灾事故发生在我们的周边，让我们没有理由不对消防安全提高警惕。学校必须坚持不懈地开展消防安全教育，加强教育宣传的力度并加大教育推广的宽度。

首先，对大学生进行安全教育，是当前火灾形势和安全工作的需要，是提高在校学生火灾预防能力的一项群众性基础工作。其次，开展学生安全教育是保护在校学生人身财产安全和合法权益的需要。在发生火灾时，在校学生由于生理、心理等客观因素，更容易受到危害。最后，学校发生的火灾，很大一部分发生在学生宿舍等人员活动较为集中的场所。大学生是宿舍的主人，预防大学生宿舍火灾，大学生起着十分重要的作用。如果大学生消防安全意识淡薄，消防常识缺乏，扑救初起火灾和逃生自救互救能力低下，一旦发生火情，势必酿成火灾，造成严重后果。因此，要对大学生进行消防安全教育，提高他们的消防安全意识。

（二）开展形式多样的消防宣传教育

校园内应通过多种形式开展经常性的消防安全宣传与培训。

（1）张贴消防宣传画、发放消防刊物、网络讲授消防知识、举办消防文化活动等形式。

（2）定期组织进行消防演练，以增强其消防法制观念，提高其消防安全意识和责任心，使其掌握防火、灭火、逃生的常识，自觉遵守消防安全规章制度。

（3）新生入学时就要进行消防安全教育。

（4）定期举办课外消防知识讲座；从教职员工和学生中发展义务消防队员；举办消防运动会和灭火演练。

（5）利用电教设备开展有针对性的消防宣传等。

（三）建立消防安全管理制度并狠抓落实

在消防安全管理上，学校要建立和健全各项消防安全管理制度，落实消防安全责任制。在宿舍、图书馆、实验室、食堂等重点部位和场所落实岗位消防安全责任制，做到每个岗位和场所都有专人负责消防安全；开展定期和不定期的安全检查，及时发现和消除火灾隐患，保证各项制度得到落实；按照国家有关规定配置消防设施和器材，并要确保其完好有效。

（四）工作学习中严格遵守消防安全规程

在教室、实验室、研究室学习和工作时，要严格遵照各项安全管理规定、操作规程和有关制度。使用仪器设备前，应认真检查电源、管线、火源、辅助仪器设备等情况，如放置是否妥当，对操作过程是否清楚等，做好准备工作以后再进行操作。使用完毕应认真进行清理，关闭电源、火源、气源、水源等，还应清除杂物和垃圾。涉及使用易燃易爆危险品时，一定要注意防火安全规定，按照规定一丝不苟地进行操作。

（五）强化学生宿舍的消防安全管理

学校要把学生宿舍作为全校防火工作的重点，在方便学生日常学习、生活的同时，要加强宿舍用火、用电的管理，严禁在宿舍内乱接乱拉电线和使用大功率电器，加强检查，及时制止学生的违章行为。同时要清理学校人员集中场所内封堵和占用疏散通道上的杂物，确保学生宿舍的消防安全通道畅通，以防不测。

（六）加大资金投入，逐步解决历史遗留问题

学校要广开渠道，多方筹措资金，每年要有足够的消防专项经费用于火灾隐患的整改以及消防器材、设施的配备、维修，力争消防经费投入年年有所增长，把消防安全环境的改善作为改善办学条件的首要任务。学校每年都需要投入一定的资金对消防器材进行维修和更新，如添置灭火器、维修灭火器等。另外，消防通道必须保持畅通，学生宿舍应安装应急灯和安全通道指示牌。

四、初起火灾的扑救

火灾初起阶段，一般燃烧面积小，火势较弱，在场人员如能采取正确的方法，就能迅速将火扑灭。以砖木结构火灾为例，起火后 15 分钟燃烧面积大约达到 215 平方米左右，需要两辆消防车，出 4 支水枪才能控制火势，而刚刚起火时，也许一盆水就能将火扑灭。因此，要力争将火灾扑灭在初起阶段，这样能取到很好的灭火效果。

（一）初起阶段火灾特点

（1）一般建筑物起火时间在 10 分钟以内。一般来说，发现早，报警及时，极易扑救(气体、油类、炸药等爆炸起火除外)。

（2）燃烧面积小，一般只是室内一角，建筑物内一间或局部在燃烧。

（3）火焰没有突破墙板、顶棚等建筑结构，在室外还看不到火光，只见烟雾从窗洞中涌出。

（4）温度低、辐射热不强，在火场上没有灼热感。

（二）初起火灾扑救的方法

1. 初起火灾扑救原则

救人第一，分清主次；先控制，后灭火；先重点，后一般；防中毒，防窒息；听指挥，莫惊慌。

2. 初起火灾扑救的基本方法

（1）冷却法。将灭火剂直接喷洒在可燃物上，从而使燃烧停止。

（2）隔离法。将燃烧物与附近可燃物质隔离或者疏散开，从而使燃烧停止。

（3）窒息法。采取适当的措施，阻止空气进入燃烧区，使燃烧物质缺乏或断绝氧气而熄灭。

3. 几类主要初起火灾的扑救方法

（1）房间着火。如果封闭的房间里着火，看到浓烟和火焰时，应立即盛水浇灭火焰，不要打开门窗。因为门窗一开，房间里的空气就会与室外的空气形成对流，这就等于给房间里的大火添加助燃剂，会助长火势蔓延。

（2）一般电气线路、电器设备的火灾。首先必须要切断电源，然后才考虑扑救措施。只有当确定电路或电器无电时，才可用水扑救，在没有采取断电措施前，千万不能用水、泡沫灭火剂进行灭火，因为水是电的导体，着火电器上的电流可以通过水、泡沫等导体电击救火的人。对于电视机、微波炉等电器火灾，在断电后，用棉被、毛毯等覆盖住着火的电器，防止电器着火后爆炸伤人，再把水浇在棉被、毛毯上，才能彻底进行灭火。

（3）油锅起火。油锅起火时千万不要用水往锅里浇，因为冷水遇到高温油会形成"炸锅"，使油火到处飞溅。有多种方法可以有效扑灭油锅火灾。

①用锅盖盖住起火的油锅，使燃烧的油火接触不到空气，油锅里的火便会因缺氧而立即熄灭。

②用手边的大块湿抹布覆盖住起火的油锅，也能起到与锅盖异曲同工的效果，只是要注意到覆盖时不能留下空隙。

③如果厨房里有切好的蔬菜成其他生冷食物，可沿着锅的边缘倒入锅内，利用蔬菜、食物和着火油温度差，使锅里燃烧着的油温度迅速下降。当油达不到自燃点时，火就自动熄灭了。

（4）燃气泄漏。发现了燃气泄漏，务必保持镇定，千万不要触动家中任何电器开关，更不能用打火机、火柴、手电筒照明检查，也不能在家中打电话报警。首先应迅速关闭气源，然后打开窗门，让自然风吹散泄漏气体，如需打电话报警，应到远离现场的地方进行。

案例选编

典型案例 1

2017 年 3 月 4 日凌晨，河南某大学的女生宿舍，大家突然因为一股浓浓的煳味从梦中惊醒。然后，她们看到一束火光猛地窜出，正在充电的一个手机"嘭"的一声爆炸了。女生的被子被烧焦，幸运的是没有人员受伤。经调查，起火原因是手机整晚充电，充电器过于发热导致手机爆炸而引起的火灾。

【案例分析】

许多学生都有在床上给手机充电的习惯。任何充电器在负载工作时都会不同程度地发热，劣质充电器更是如此。因此，手机充电时不要放在床上，以防过热引发火灾；充电时来电话要断开电源再接，以免触电。锂电池一般会有安全保护电路及多种安全装置。充满电后不拔掉电源，电池保持满电状态，会加快电池容量的损失速度。充电时电池上面不要覆盖任何东西，也不要放在床上，以免发生火灾。

典型案例 2

2010 年 3 月 29 日，辽宁某高校 2 号男生宿舍楼 3 楼突然起火，该楼整间宿舍被烧得精光，所幸火灾被及时扑灭没有人员受伤。经调查，此次火灾起火原因是私拉电线插板横穿被褥而引发的火灾。

【案例分析】

学生宿舍内违章乱拉、乱接电线，容易引发火灾。原因是：一是不懂电工专业知识的人，在乱接、乱拉电线中因错误接线造成事故；二是连接不牢固形成接触电阻过大而引发火灾事故；三是导线的设计容量是有限的，乱接电线造成过度负荷而造成火灾。大学生要遵守学校规定，不在寝室内外乱拉、乱接电线，更不要将电线、插座横穿被褥或藏在枕头下。

典型案例3

2012年5月20日，黑龙江省某大学宿舍楼发生火灾，整栋楼内布满浓烟，学生被紧急疏散。经调查，火灾原因是该宿舍一男生煮面没关火便离开，引燃周围可燃物造成的。

2014年4月9日，海南某大学一宿舍发生火灾。经调查，起火的原因则为该宿舍学生使用完蚊香后，并未将蚊香完全熄灭便离开寝室。而未熄灭的蚊香烧着了放在旁边的纸堆引起火苗。

【案例分析】

学生宿舍是学生生活休息的场所，聚集了大量的可燃物品。学校明文规定在宿舍内禁止使用明火。在寝室乱丢烟头以及使用蜡烛、液化气灶等明火，非常容易起火，给宿舍同学的生命和财产安全带来严重后果。

【思考与练习】

1. 火灾发生后应采取什么样的紧急措施？
2. 在现实生活中，人们在火灾逃生过程中最容易出现的典型错误有哪些？
3. 参观学校的教学楼，并观察教学楼内的防火安全措施是否到位，撰写一篇调查报告。

第九章　出行平安与交通安全

【案例】

2018 年 7 月 5 日下午 5 点 45 分，载有 80 多名中国游客的"凤凰号"大型游船在普吉岛附近海域突遇特大暴风雨，船只发生倾覆并沉没。

7 月 5 日凌晨，五个来自广东肇庆刚参加完高考的准大学生来到泰国普吉，这是他们第一次出国，也是他们的毕业旅行。下午 4 点左右，"凤凰号"从大皇帝岛返航，突然变天，风大浪高。5 点 40 分左右，船头处发动机室进水，3 到 5 分钟后船倾覆并沉没，"凤凰号"事故造成 47 人遇难，大多为妇女儿童。"五人行"中一人不幸罹难。事故调查显示，沉船原因复杂。当天普吉岛天气并不适合出海，有关部门未能及时通报风浪险情；事发时大量妇女和儿童滞留在二楼，都未穿救生衣。直到船沉前一两分钟，导游才开始发放救生衣。悲剧发生之后，留给人们的除了无尽哀伤，更有深刻反思。

现代交通集水、陆、空于一体，快捷、方便，同时也带来无数危及生命的事故。交通事故已成为人类死亡的第五大要因。进入 21 世纪以来，我国每年发生交通事故近 40 万起，死亡超过 10 万人，受伤近 50 万人，直接经济损失近 20 亿元，每年交通事故死亡人数占各类安全事故的 75%。

通过本章的学习，大家可增强安全意识，自觉地遵守交通法规，学会预防交通事故并正确处置，最大限度地避免或减轻交通事故造成的伤害。

【思考】

1. 常说"交通事故猛于虎"，你理解这句话的深刻含义吗？
2. 每次出行时，你是否想过该怎样注意交通安全？

第一节　交通安全常识

交通安全是一个社会文明程度的重要标志。遵守交通安全，人人有责，既是保护国家集体的财产安全维护交通秩序，提高道路交通能力，也是保障自己的以及更多人的生命安全，避免造成不必要的财产和经济损失 。

一、交通安全的内涵

交通安全是指人们在道路上进行活动、玩耍时，要按照交通法规的规定，安全地行车、走路，避免发生人身伤亡或财物损失。

交通事故，是指各种车辆在道路上因过错或意外造成人身伤亡、财产损失的事件。《道路交通安全法》对机动车、非机动车、行人和乘车人的通行，以及交通事故处理和法律责任都做出了明确的规定。

作为一名大学生，只有严格遵守交通法规，养成良好的交通安全行为和习惯，才能有效地防止交通事故发生，保障自己的合法权益。

二、交通安全常规知识

《道路交通安全法》第四章对道路通行做了以下规定。

（一）一般规定

（1）机动车、非机动车实行右侧通行。

（2）根据道路条件和通行需要，道路划分为机动车道、非机动车道和人行道，机动车、非机动车、行人实行分道通行。没有划分机动车道、非机动车道和人行道的，机动车在道路中间通行，非机动车和行人在道路两侧通行。

（3）道路划设专用车道的，在专用车道内，只准许规定的车辆通行，其他车辆不得进入专用车道内行驶。

（4）车辆、行人应当按照交通信号通行；遇有交通警察现场指挥时，应当按照交通警察的指挥通行；在没有交通信号的道路上，应当在确保安全、畅通的原则下通行。

（5）公安机关交通管理部门根据道路和交通流量的具体情况，可以对机动车、非机动车、行人采取疏导、限制通行、禁止通行等措施。遇有大型群众性活动、大范围施工等情况，需要采取限制交通的措施，或者做出与公众的道路交通活动直接有关的决定，应当提前向社会公告。

（6）遇有自然灾害、恶劣气象条件或者重大交通事故等严重影响交通安全的情形，采取其他措施难以保证交通安全时，公安机关交通管理部门可以实行交通管制。

（二）机动车通行规定

（1）机动车上道路行驶，不得超过限速标志标明的最高时速。在没有限速标志的路段，应当保持安全车速。

夜间行驶或者在容易发生危险的路段行驶，以及遇有沙尘、冰雹、雨、雪、雾、结冰等气象条件时，应当降低行驶速度。

（2）同车道行驶的机动车，后车应与前车保存足以采取紧急制动措施的安全距离。有下列情形之一的，不得超车：①前车正在左转弯、掉头、超车的；②与对面来车有会车可能的；③前车为执行紧急任务的警车、消防车、救护车、工程救险车的；④行经铁路道口、交叉路口、窄桥、弯道、陡坡、隧道、人行横道、市区交通流量大的路段等没有超车条件的。

（3）机动车通过交叉路口，应当按照交通信号灯、交通标志、交通标线或者交通警察的指挥通过；通过没有交通信号灯、交通标志、交通标线或者交通警察指挥的交叉路口时，应当减速慢行，并让行人和优先通行的车辆先行。

（4）机动车遇有前方车辆停车排队等候或者缓慢行驶时，不得借道超车或者占用对面车道，不得穿插等候的车辆。

在车道减少的路段、路口，或者在没有交通信号灯、交通标志、交通标线或者交通警察指挥的交叉路口遇到停车排队等候或者缓慢行驶时，机动车应当依次交替通行。

（5）机动车通过铁路道口时，应当按照交通信号或者管理人员的指挥通行；没有交通信号或者管理人员的，应当减速或者停车，在确认安全后通过。

（6）机动车行经人行横道时，应当减速行驶；遇行人正在通过人行横道，应当停车让行。

机动车行经没有交通信号的道路时，遇行人横过道路，应当避让。

（7）机动车载物应当符合核定的载重量，严禁超载；载物的长、宽、高不得违反装载要求，不得遗洒、飘散载运物。

机动车运载超限的不可解体的物品，影响交通安全的，应当按照公安机关交通管理部门指定的时间、路线、速度行驶，悬挂明显标志。在公路上运载超限的不可解体的物品，并应当依照公路法的规定执行。

机动车载运爆炸物品、易燃易爆化学物品以及剧毒、放射性等危险物品，应当经公安机关批准后，按指定的时间、路线、速度行驶，悬挂警示标志并采取必要的安全措施。

（8）机动车载人不得超过核定的人数，客运机动车不得违反规定载货。

（9）禁止货运机动车载客。货运机动车需要附载作业人员的，应当设置保护作业人员的安全措施。

（10）机动车行驶时，驾驶人、乘坐人员应当按规定使用安全带，摩托车驾驶人及乘坐人员应当按规定戴安全头盔。

（11）机动车在道路上发生故障，需要停车排除故障时，驾驶人应当立即开启危险报警闪光灯，将机动车移至不妨碍交通的地方停放；难以移动的，应当持续开启危险报警闪光灯，并在来车方向设置警告标志等措施扩大示警距离，必要时迅速报警。

（12）警车、消防车、救护车、工程救险车执行紧急任务时，可以使用警报器、标志灯具；在确保安全的前提下，不受行驶路线、行驶方向、行驶速度和信号灯的限制，其他车辆和行人应当让行。

警车、消防车、救护车、工程救险车非执行紧急任务时不得使用警报器、标志灯具，不享有前款规定的道路优先通行权。

（13）道路养护车辆、工程作业车进行作业时，在不影响其他车辆通行的情况下其行驶路线和方向不受交通标志、标线限制，过往车辆和人员应当注意避让。

洒水车、清扫车等机动车应当按照安全作业标准作业；在不影响其他车辆通行的情况下可以不受车辆分道行驶的限制，但是不得逆向行驶。

（14）高速公路、大中城市中心城区内的道路，禁止拖拉机通行。

在允许拖拉机通行的道路上，拖拉机可以从事货运，但是不得用于载人。

（15）机动车应当在规定地点停放。禁止在人行道上停放机动车。

在道路上临时停车的，不得妨碍其他车辆和行人通行。

（三）非机动车通行规定

（1）驾驶非机动车在道路上行驶应遵守有关交通安全的规定，非机动车应当在非机动车道内行驶；在没有非机动车道的道路上，应当在车行道的右侧行驶。

（2）残疾人机动轮椅车、电动自行车在非机动车道行驶时，最高时速不得超过十五公里。

（3）非机动车应当在规定地点停放。未设停放地点的，非机动车停放不得妨碍其他车辆和行人通行。

（4）驾驭畜力车，应当使用驯服的牲畜；驾驭畜力车横过道路时，驾驭人应当下车牵引牲畜；驾驭人离开车辆时，应当拴系牲畜。

（四）行人和乘车人通行规定

（1）行人应当在人行道内行走，没有人行道的靠路边行走。

（2）行人通过路口或者横过道路，应当走人行横道或者过街设施；通过有交通信号灯的人行横道，应当按照交通信号灯指示通行；通过没有交通信号灯、人行横道的路口，或者在没有过街设施的路段横过道路，应当在确认安全后通过。

（3）行人不得跨越、倚坐道路隔离设施，不得扒车、强行拦车或者实施妨碍道路交通安全的其他行为。

（4）学龄前儿童以及不能辨认或者不能控制自己行为的精神疾病患者、智力障碍者在道路上通行，应当由其监护人、监护人委托的人或者对其负有管理、保护职责的人带领。

盲人在道路上通行，应当使用盲杖或者采取其他导盲手段，车辆应当避让盲人。

（5）行人通过铁路道口时，应当按照交通信号或者管理人员的指挥通行；没有交通信号和管理人员的，应当在确认无火车驶临后，迅速通过。

（6）乘车人不得携带易燃易爆等危险物品，不得向车外抛洒物品，不得有影响驾驶人安全驾驶的行为。

（五）高速公路的特别规定

（1）行人、非机动车、拖拉机、轮式专用机械车、铰接式客车、全挂拖斗车以及其他设计最高时速低于七十公里的机动车，不得进入高速公路。高速公路限速标志标明的最高时速不得超过一百二十公里。

（2）机动车在高速公路上发生故障时，应当依照本法第五十二条的有关规定办理；但是，警告标志应当设置在故障车来车方向一百五十米以外，车上人员应当迅速转移到右侧路肩上或者应急车道内，并且迅速报警。

机动车在高速公路上发生故障或者交通事故，无法正常行驶的，应当由救援车、清障车拖曳、牵引。

（3）任何单位、个人不得在高速公路上拦截检查行驶的车辆，公安机关的人民警察依法执行紧急公务除外。

第二节　大学生常见交通事故及其原因

随着大学的社会化，高校内机动车数量明显增加，校园周边机动车和非机动车辆密集，行人、自行车、机动车问题复杂，交通安全事故增多。

一、大学生交通事故常见类型

（一）与机动车相撞

有的交通事故是机动车驾驶员违章造成的，如汽车司机超速行驶、疲劳驾驶或违反其他道路交通法规等。有的交通事故中大学生要承担一定的责任，如骑车违章带人，闯红灯，逆行，过马路不走人行横道，在校园道路上踢球、拍球、嬉笑打闹，在马路上低头看手机、边走边聊天等，导致事故发生。

（二）乘车发生事故

群死、群伤的交通事故大多与学生集体外出有关。有的学生租用非法运营的私人车辆外出旅游，有的乘坐旅游公司的车辆旅游，途中发生交通事故，造成多人伤亡。有的大学生出行时疏忽安全情况，贪图方便乘坐"黑车"，引发事故。

（三）驾驶机动车违章发生交通事故

大学生拥有驾驶证的大有人在，有车族大学生也不在少数。部分学生驾车时间短、经验少，遇到紧急情况时，缺乏处理经验，手忙脚乱，易发生事故；个别大学生违章驾驶、醉酒后驾驶机动车发生交通事故；还有的学生无证驾驶无牌照摩托车，并且在后座上带人，因驾驶技术不过关，致使事故发生。

（四）被非机动车撞伤

这种情况大多数发生在校园内，大学生被自行车、电动车、助力车撞伤，而肇事者大多数又是大学生。有的大学生在校园内随意骑车，认为校园内没有红绿灯，可以不分左右行道，骑快车，结果发生交通事故。

二、大学生发生交通事故的原因

（1）安全意识淡薄。一是注意力不集中。表现为行人在走路时边走路边看书、边听音乐，或者左顾右盼、心不在焉。尤其"低头族"越来越多，走路看手机成为最大隐患；二是在路上嬉笑打闹，进行球类活动；三是在校园里乱骑车、乱停车，不走斑马线、人行道等，在马路上违反交通规则也时有发生。

（2）交通安全知识缺乏。大学生余暇空闲时购物、观光、访友等要到市区活动，这些地方车流量大，行人多，各种交通标志眼花缭乱，与校园相比交通状况更加复杂，若缺乏通行经验，发生交通事故的概率就比较高。

（3）遵守交通法规的自觉性差。

（4）驾驶人员操控不当。近年来，私家车数量猛增，新手驾驶经验明显不足，成为诱发交通事故的又一大因素。2007年3月，杭州某高校女教师错将油门当刹车，撞上了该校一名女生，被撞女生抢救无效死亡。

（5）校园道路、交通设施等交通条件落后。相对于城市道路，校园道路具有一定的封闭性。但由于高校管理的开放性，大量外来车辆涌入校园，占用了大量校内道路交通资源。另外，许多高校历史悠久，校园道路狭窄，瓶颈路、断头路、畸形交叉口多，路网结构不合理；道路密度低，交通流过于集中，主次干道、支路比例严重失调；机动车、非机动车与行人混行，特别是夜间，路灯昏暗，视线极差，交通安全隐患十分突出，极易发生交通事故。

第三节　交通事故的预防及处置

一、提高交通事故的防范能力

无论在校内还是在校外，在步行还是在驾驶，大学生都要时刻小心。一方面要防止别人给你造成伤害，另一方面不要给别人造成伤害。大学生应该自觉遵守交通法规，增强道路交通安全危机意识，时刻牢记交通安全常识，养成规范的交通安全行为习惯。

（一）行走安全须知

（1）行人应行走在人行道内，没有人行道的要靠边行走。

（2）通过路口或横过马路时，按照交通信号灯指示或听从交通警察的指挥通行。有交通信号控制的人行横道，应做到红灯停、绿灯行；从没有交通信号控制的路口通过时，须注意来往车辆，不要追逐猛跑；有人行过街天桥或隧道的须走人行过街天桥或隧道。

（3）走路时要集中精力，"眼观六路，耳听八方"，不带耳机听音乐；不要在道路上滑滑板、溜旱冰。

（4）做到"六不要"。不要在道路上玩耍、坐卧或进行其他妨碍交通的行为；不要钻越、跨越人行护栏或道路隔离设施；不在道路上追逐打闹；不与机动车抢道，不突然横穿马路、翻越护栏；不要进入内环路、外环路、高速公路、高架道路及行车隧道或者有人行隔离设施的机动车专用道。

（二）骑电动车或自行车安全须知

（1）在划分机动车道和非机动车道的道路上，电动车或自行车应在非机动车道行驶。在没有划分中心线和机动车道与非机动车道的道路上，机动车在中间行驶，自行车应靠右边行驶，不能载人。

（2）电动车或自行车车闸、车铃必须保持有效。

（3）电动车或自行车转弯前须减速慢行，向后瞭望，伸手示意，不要突然猛拐。超越前车时，不要妨碍被超车的行驶。

（4）通过陡坡，横穿四条以上机动车道时，须下车推行；下车前伸手上下摆动示意，不要妨碍后面车辆行驶。

（5）不要双手离把，攀扶其他车辆或手中持物；不要牵引车辆或被其他车辆牵引；不要并行，更不可互相追逐，不能在非机动车道上逆向行驶。

（6）不要抢路，尤其是不要和机动车抢路；弯路上要减速，防止冲出路面。

（三）乘坐机动车辆安全须知

（1）出行时，无论是短途还是长途，首先要选择安全性能有保障的车辆，不要乘坐私人摩托车，以及违法运营的面包车等"黑车"。

（2）乘坐公共汽车、电车和长途汽车，须在站台或指定地点依次候车，待车停稳后，先下后上。下车后，不要突然从车前、车后走出或猛跑穿越马路，防止被来往车辆撞上。

（3）不要在车行道上招呼出租车，以免被疾驰而过的汽车、自行车撞伤。

（4）车辆行进中，不要将身体的任何部分伸出车外，防止被车辆刮撞，或被树木、建筑物刮撞。同时，机动车在行驶中严禁乘车人扒车和跳车。

（5）乘车人不要同司机攀谈，不应催促司机开快车，或用其他方式妨碍司机正常驾驶。

（6）要注意坐法。车子在遇到猛烈的冲击时，人体会向前倾倒，接着反弹向后恢复原位，而脖子也跟着向后用力冲击，因此容易伤到颈椎，导致严重的伤害。如果侧着身体，就能保护脖子；身体向前猛倒，头、脸有撞到前面座椅靠背的危险。避免的方法是：立即伸出一只脚，顶在前面座椅的背面，并张开手掌，如拳击手保护头、脸一样。

（7）要系好安全带。研究发现，如果乘客没有系上安全带，撞上其他乘客时更危险，他本身的重量加上相撞时的冲力，会对自己和其他乘客的安全构成极大的威胁。

（四）乘船安全须知

（1）不夹带危险物品上船。

（2）不要乘坐缺乏救护设施、无证经营的小船，也不要冒险乘坐超载船只或者"三无"船只（没有船名、没有船籍港、没有船舶证书）。

（3）上下船时，必须等船靠稳，待工作人员安置好上下船的跳板后方可行动；上下船不要拥挤，不随意攀爬船杆，不跨越船挡，以免发生意外落水事故。

（4）上船后，要仔细阅读紧急疏散示意图，了解存放救生衣的位置，熟悉穿戴程序和方法，留意观察和识别安全出口，以便在出现意外时掌握自救主动权。同时按船票所规定的舱位或地点休息和存放行李。行李不要乱放，尤其不能放在阻塞通道和靠近水源的地方。

（5）客船航行时不要在船上嬉闹，不要紧靠船边摄影，也不要站在甲板边缘向下看波浪，以防眩晕或失足落水；观景时切勿一窝蜂地拥向船的一侧，以防船体倾斜，发生意外。

（五）乘坐飞机安全须知

（1）预定航空公司的机票后，要在起飞前的 1～2 日办理确认手续，提前 1～2 小时办理登机手续。

（2）行李中不能夹带枪支、弹药、凶器和易燃易爆物品，也不能夹带国家禁止出境的文物、动物、植物、艺术品和其他物品。

（3）对号入座，随身携带的行李放入头部上方的行李箱中。

（4）在飞机起飞、降落和颠簸时要系好安全带。初次飞行者或身体不适者会感到耳胀、心跳加快、头痛，此时可张合口腔，或是咀嚼口香糖之类的食物，调节耳腔压力。

（5）飞机起飞后，乘务员会通过录像或亲自示范讲解安全带、救生衣、紧急出口等设备设施的使用方法，要注意听讲并记住。

（6）随时听从乘务员或其他机组人员的命令和帮助。

（六）乘坐火车安全须知

（1）按照车次的规定时间进站候车，以免误车。

（2）在站台上候车，要站在站台一侧安全线以内，以免被列车卷下站台，发生危险。

（3）列车行进中，不要把头、手、胳膊伸出车窗外，以免被沿线的信号设备等刮伤。

（4）不要在车门和车厢连接处逗留，这个部位容易发生夹伤、挤伤、卡伤等事故。

（5）不携带易燃易爆的危险品（如汽油、鞭炮等）上车。

（6）不向车窗外扔废弃物，以免砸伤铁路边行人和铁路工人，同时也避免造成环境污染。

二、如何正确处理交通事故

一旦发生了交通事故，一定要冷静面对，同时又要正确、有效、积极地处置。交通事故的处理程序复杂，政策性强，必须以事实为依据，依法处理。在处置时，要把握好三个基本原则，同时也要了解相关的法律规定。

（一）处置交通事故的三大原则

（1）及时报案。无论在校外还是在校内，一旦发生交通事故，首先就要及时报案。在校内可以直接报告保卫部门；在校外要立即拨打交通事故报警电话"122"，同时还应该及时与学校老师和保卫部门取得联系。由学校出面处理有关事宜更有利于事故得到快速、公正的处理，千万不能与肇事者"私了"。

（2）抢救伤员，保护好现场。采取正确有效的方法抢救伤员，对减少伤者痛苦或挽救伤员生命具有十分重要的意义。有人员受伤时，要迅速拨打"120"急救电话，并尽量保护好事故现场。事故现场的勘查结论是划分事故责任的重要依据之一。

（3）控制肇事者。在保证自身安全的前提下，控制肇事者。若肇事者想逃跑，自己不能控制的，可以拨打"110"报警电话，也可以求助现场周围的热心人帮忙控制。若实在无法控制也要记住肇事车辆的车牌号、车型、颜色等特征，为交通事故的侦破和事故处理提供可靠的证据线索。

（二）交通事故处置的相关法律规定

（1）在道路上发生交通事故，未造成人身伤亡，当事人对事实及成因无争议的，可以即行撤离现场，恢复交通，自行协商处理损害赔偿事宜；不即行撤离现场的，应当迅速报告执勤的交通警察或者公安机关交通管理部门。

在道路上发生交通事故，仅造成轻微财产损失，并且基本事实清楚的，当事人应当先撤离现场再协商处理。

（2）对交通事故损害赔偿的争议，当事人可以请求公安机关交通管理部门调解，也可以直接向人民法院提起民事诉讼。

经公安机关交通管理部门调解，当事人未达成协议或者调解书生效后不履行的，当事人可以向人民法院提起民事诉讼。

（3）机动车发生交通事故造成人身伤亡、财产损失的，由保险公司在机动车第三者责任强制保险责任限额范围内予以赔偿。超过责任限额的部分，按照下列方式承担赔偿责任。

①机动车之间发生交通事故的，由有过错的一方承担责任；双方都有过错的，按照各自过错的比例分担责任。

②机动车与非机动车驾驶人、行人之间发生交通事故的，由机动车一方承担责任；但是，有证据证明非机动车驾驶人、行人违反道路交通安全法律、法规，机动车驾驶人已经采取必要处置措施的，减轻机动车一方的责任。

③交通事故的损失是由非机动车驾驶人、行人故意造成的，机动车一方不承担责任。

知识链接

酒驾处罚的有关规定

《道路交通安全法》第九十一条规定：饮酒后或者醉酒驾驶机动车发生重大交通事故，构成犯罪的，依法追究刑事责任，并由公安机关交通管理部门吊销机动车驾驶证，终生不得重新取得机动车驾驶证。

1. 饮酒驾驶：指车辆驾驶人员血液中的酒精含量大于或者等于 20 mg/100mL，小于 80 mg/100mL 的驾驶行为。饮酒驾驶机动车辆，罚款 1000～2000 元、记 12 分并暂扣驾照 6 个月；饮酒驾驶营运机动车，罚款 5000 元，记 12 分，处以 15 日以下拘留，并且 5 年内不得重新获得驾照。

2. 醉酒驾驶：是指机动车辆驾驶人员血液中的酒精含量大于或者等于 80 mg/100 mL 的驾驶行为。醉酒驾驶机动车辆，吊销驾照，5 年内不得重新获取驾照，经过判决后处以拘役，并处罚金；醉酒驾驶营运机动车辆，吊销驾照，10 年内不得重新获取驾照，终生不得驾驶营运车辆，经过判决后处以拘役，并处罚金。

案例选编

典型案例 1

2017 年 5 月 22 日，江苏南通市区桃源路中南城路段，一名年轻女子过马路时，被一辆由东向西行驶的轿车撞飞，肇事车辆逃逸。两天后，肇事司机投案自首。经查，伤者是 22 岁的某高校大三学生。事发时，她正在低头用手机和朋友发微信聊天，完全没注意到飞速驶来的轿车，以致意外发生，身受重伤。

【案例分析】

"低头族"已经成为全球交通安全最大威胁之一。数据显示，2017 年交通案件中 3 成致死事故由玩手机引发。过马路，左右看，确认安全快速通行，是交通安全的基本常识。受害人显然应具备这种常识，但由于她注意力分散，没有观察到飞驶而来的轿车，造成本次不应发生的交通事故。年轻人经常边走路、边看书、边听音乐，尤其喜欢在行走甚至骑自行车时低头玩手机，对外界反应明显减弱，对周围来往车辆无法察觉，极易发生交通事故。

典型案例2

2011年9月，学生张某在校园内骑自行车，一辆大货车带挂车由后面驶来，驾驶员鸣号示意超越。张某听到鸣号后未予理会，继续行驶。当自行车与汽车齐头时，张某因恐惧发生摇晃，自行车前轮偏转与汽车右前轮发生刮擦，倒入汽车与挂车之间，张某被挂车右前轮碾压头部，当场死亡。

2015年9月18日晚，山东某大学发生一起校园车祸。一辆白色现代轿车在大学操场玩漂移，在拐弯的时候不减速，刚好把正在散步的大一新生宋某挤到台阶上。宋某左腿骨碎肉离，血肉模糊，最后不得不截肢。

【案例分析】

随着进入高校校园的机动车辆日益增多，一些校园主、次干道的车流量越来越大。有些学生总是认为，校园的主体是学生，在校园道路上，无论是人行道，还是车行道，学生都应受到保护，机动车辆会主动自觉避让行人和非机动车辆。然而事实并非如此，双方均不避让，导致行人与机动车发生碰撞的概率增大，发生交通事故也就在所难免。

典型案例3

2016年3月，上海某高校女生王某与朋友小聚饮酒，一时兴起要驾驶朋友的奥迪汽车体验一下，刚开出50米就在路口与一辆自行车发生碰撞，导致对方多处骨折，受伤严重。经酒精呼气测试，王某当时体内酒精含量达到醉酒标准。经查，王某并未取得驾驶证。数罪并罚，王某被徐汇区公安分局处以行政拘留15日、罚款2000元的行政处罚，并另案追究其酒驾刑事责任。

【案例分析】

世界卫生组织的事故调查显示，大约50%～60%的交通事故都与酒后驾驶有关，酒后驾驶已经被列为车祸致死的主要原因。在中国，每年由于酒后驾车引发的交通事故达数万起；而造成死亡的事故中50%以上都与酒后驾车有关，酒后驾车的危害触目惊心，已经成为交通事故的第一大"杀手"。我国现已将酒驾作为危害公共安全罪列入刑法，大学生一定不要以身试法。

典型案例4

2013年6月，某高校6名大学生乘坐一辆无牌照的私人面包车外出，途中发生车祸，造成4人重伤、2人轻伤。车祸发生后司机逃逸。

2016年6月9日，南昌市红谷滩新区龙兴大街百丈山路，一辆面包车与一辆小轿车相撞。事故造成面包车上几名就读南昌某工学院的学生受伤，其中一名女生重伤致死。经查，事故中的面包车涉嫌非法营运。

2018年7月，河北曹妃甸大学城发生一起交通惨案。五个准备放假回家的大学生拼了一辆"黑出租"，不料发生交通惨案，导致两死三伤。

【案例分析】

目前不少大学城位置偏远，"黑车"不仅能满足学生出行需要，同时价格一般相对低廉，因而成为不少学生的首选。所谓"黑车"，是指没有资格而非法从事道路运输运营的车辆。"黑车"往往存在安全隐患，诸如车况差、司机素质差、承受风险能力低、易导致交通事故等，引发交通安全事故的概率极高。"黑车"并非正规营运车辆，事故赔付能力也较差。为了自身安全，大学生们应拒绝乘坐"黑车"。

【思考与练习】

1. 请走走学校所有道路，搜集并整理出校园内有哪些潜在的交通安全隐患。
2. 防范交通事故的主要方法有哪些？
3. 当乘坐轮船遇险时，你知道有哪些自救的重要措施呢？

第十章　网络犯罪与信息安全

2017 年 5 月，是技术日新月异的信息安全史上最为黑暗的一段时间。

WannaCry 勒索病毒疯狂肆虐，袭击了超过 100 个国家和地区的众多组织机构，波及教育、电力、能源、银行、交通、医疗、企业等多个行业，一度使英国多家医院诊所、洛杉矶地铁系统等瘫痪，形成全球性的大规模勒索病毒网络爆发事件。

在中国，WannaCry 勒索病毒主要通过高校校园网传播。大连海事大学、山东大学、西安电子科技大学等多所国内重点院校都受到了病毒攻击。被病毒攻击的电脑上所有的 Word、Excel、PDF、图片、视频等各类有用的文件全部被加密。攻击者称需要支付 3 个比特币才能解锁。不少同学的毕业论文、毕业设计等重要资料宣告沦陷。

一场信息技术革命正在横扫整个社会，无论是产业还是家庭，人类生活的各个领域无不受其影响，它改变了我们的生活方式和商业形态，使各领域相辅相成、互惠互利。

随着"互联网 +"和大数据的迅猛发展，网络安全问题也接踵而来。高校大学生是网络社会的主力军。网络为大学生学习、探索、沟通、购物等带来了便捷。但也必须注意到，部分大学生沉迷网络、因对网络信息缺乏必要的甄别能力而上当受骗甚至酿成悲剧的事件屡屡发生。通过对本章内容的学习，大学生可了解网络活动中可能会遇到的安全问题，掌握基本的防范方法和相关法律知识，更好地保障个人健康成长和信息安全。

在互联网和大数据时代，你懂得保护自己的信息安全吗？

第一节　大学生网络安全现状及隐患

网络安全正随着全球信息化步伐的加快变得越来越重要，据美国《金融时报》报道，世界上平均每 20 分钟就发生一次入侵连接国际互联网计算机的安全事件，美国联邦调查局计算机犯罪稽查小组负责人吉姆·塞特尔曾称："给我精选 10 名'黑客'，90 天内，我将使美国趴下。"

一、网络安全

（一）网络安全的内涵

（1）信息安全，主要包括以下五方面内容，即需保证信息的保密性、真实性、完整性、未授权（禁止）拷贝和所寄生系统的安全性。信息安全包括如何防范商业机密泄露、防范青少年对不良信息的浏览、防范个人信息的泄露等。

（2）网络安全，主要指网络上的信息安全。网络安全是指网络系统的硬件、软件及其系统中的数据受到保护，不因偶然的或者恶意的原因而遭受破坏、更改、泄露，系统连续可靠正常地运行，网络服务不中断。

（二）网络安全的主要特性

（1）保密性。信息不泄露给非授权的用户、程序或供其利用的特性。

（2）完整性。数据未经授权不能进行改变的特性，即信息在存储或传输过程中保持不被修改，不被破坏和丢失的特性。

（3）可用性。可被授权实体访问并按需求使用的特性。例如，网络环境下拒绝服务、破坏网络和有关系统的正常运行等都属于对可用性的攻击。

（4）可控性。对信息的传播及内容具有控制能力。

（5）可审查性。出现安全问题时提供依据与手段。

随着计算机技术的飞速发展，信息网络已经成为社会发展的重要保证。信息网络涉及一个国家的政府、军事、文教等诸多领域，其中存储、传输和处理的信息有许多是政府宏观调控决策、商业经济信息、银行资金转账、股票证券、能源资源数据、科研数据等重要信息，这些重要信息会遭受来自世界各地的各种人为攻击（如信息泄露、信息窃取、数据篡改、数据删添、计算机病毒等）。同时，网络实体还要经受诸如水灾、火灾、地震、电磁辐射等方面的考验。

二、大学生信息安全现状问题

在虚拟网络里，大学生可以尽情展示自我个性，发挥自我想象，追求自我超越，体验自我成功。但同时，网络带来的信息良莠不齐，网络的虚拟性、隐蔽性和无约束性又极大助长了人们的侥幸与放纵心理。

（一）网络成瘾问题

"网络成瘾"指的是在没有其他任何诱惑下主体上网失去控制的现象，其表现出的主要问题在于行为主体不能有效控制自己想要上网的欲望，一旦上网就无法戒掉，并对上网带来的快感有生理和心理上的依赖。

1."网恋"的危害

在大学生中，那些性格比较内向、平时不喜欢说话的学生，只有在网络中才可以宣泄自己内心的想法或者寻找精神寄托，因而容易陷入"网恋"。据调查，很多大学生深陷"网恋"，并经常被欺骗，最终导致对学习失去兴趣，甚至退学。

2. "网络游戏"对大学生的危害

适当地玩"网络游戏"能够舒缓大学生学习上的压力。但是，它又不可避免地对大学生造成负面作用，有不少大学生因迷恋网络游戏，导致考试挂科，乃至降级、退学，付出了沉重的代价。

网络成瘾的学生因无法抵抗上网的冲动而经常旷课、通宵上网等，这不可避免地会造成学业的失败；学业的失败又增加了他们的心理压力，为了逃避现实的烦恼，他们又通过网络寻找精神安慰，将网络作为解除焦虑、逃避现实的途径，恶性循环，久而久之就形成了网瘾。

（二）网络失德问题

近几年，热点事件中的"人肉搜索"引起了巨大争议。因为网络的虚拟性，网友发表自己的言论或者和别人进行交流时都不会显示自己的真实姓名，具有极强的隐蔽性。在这样一个隐蔽的环境中，部分大学生会降低或者完全不顾道德要求，随意发表言论。特别是有些人利用网络乱发信息，传播垃圾信息，弄虚造假，进行网络欺诈，给社会安全造成了恶劣影响。

网络中常见的不文明行为有：①网络脏口；②听信谣言、传播谣言、散布虚假信息，捕风捉影、故弄玄虚、恶意炒作小道消息；③网络色情聊天、刻意浏览色情内容，制作、传播色情信息；④制作、传播网络病毒、"流氓"软件；⑤传播垃圾邮件，窥探、传播他人隐私；⑥违反社会公德行为；⑦盗用他人网络账号，利用网络作弊；⑧网络调查恶意投票。

（三）网络犯罪问题

通常来讲网络犯罪可以分为三种：以网络为工具的犯罪；以网络为攻击目标的犯罪；以网络为获利来源的犯罪。

网络犯罪行为主要有：通过网络宣传封建迷信、网络赌博、恐吓或者加入邪教组织，扰乱社会秩序；利用计算机网络进行黑客攻击，危害计算机网络安全；通过网络进行诈骗、敲诈和勒索，违法获利；通过网络抄袭他人智力成果，严重侵犯他人知识产权。

（四）网络受害问题

（1）网络交友上当受骗，不法分子利用网络平台诈骗、抢劫，甚至对女大学生实施强奸等犯罪活动。

（2）网络交易上当受骗。网购在现代社会中越来越普遍，大学生是网络购物的主力军之一，但网购常常会泄露自己的个人信息，若被不法分子利用，会造成不必要的损失。

（3）遭受网络攻击，上网过程中一不小心就会遭受病毒攻击，导致电脑系统崩溃。《2016年度互联网安全报告》中指出，中学生、大学生群体是中毒电脑用户最多的，占所有用户的55.58%。从事发时间看，每年全国高考考试时段、高校开学时段和高校每学期期末时段是校园网络安全事件发生的集中时间段；另外每年寒暑假也会出现以大学生假期实践、学校通知等为内容传播的木马病毒。

三、网络犯罪识别与防范

（一）网络犯罪的识别

网络犯罪是指在网络空间内以计算机网络为犯罪工具或者攻击对象的危害社会的行为，它具有犯罪现场和空间的虚拟性、犯罪行为的隐蔽性和犯罪手段的智能性等特点。网络犯罪不是一个具体罪名，而是某一类犯罪的总称，其基本类型有两种：针对网络的犯罪行为和网络扶持的犯罪行为。

1. 网络犯罪行为的主要类型

（1）非法入侵或者破坏国家事务、国防建设、尖端科学技术领域、企事业单位、公司、个人等计算机的信息系统、数据和应用程序。

（2）违反国家规定，擅自中断计算机网络或者通信服务，造成计算机网络或者通信系统不能正常运行。

（3）故意制作、设置、传播计算机病毒、逻辑炸弹、蠕虫、木马或其他破坏性程序。

（4）攻击计算机系统及通信网络，致使计算机系统及通信网络遭受损害。

（5）非法向计算机网络发送垃圾数据，影响计算机网络正常运行。

（6）非法对计算机进行扫描或安全测试。

（7）利用网络对其他电子产品进行非法侵入或破坏。

2. 网络扶持的犯罪行为的主要类型

（1）利用网络实施诈骗、贪污、挪用公款，窃取国家秘密或企业、商业机密等。

（2）制作、查阅、复制和传播危害国家安全，泄露国家秘密，颠覆国家政权，破坏国家统一等信息。

（3）利用网络散布谣言，扰乱社会秩序，破坏社会稳定。

（4）在互联网上建立淫秽网站、网页，提供淫秽站点链接服务，或者传播淫秽书刊、影片、音像、图片。

（5）利用互联网损坏他人商业信誉和商品声誉，侵犯他人知识产权，编造并传播影响证券、期货交易或者其他扰乱金融秩序的虚假信息。

（6）利用网络侵犯个人、法人和其他组织的人身、财产等其他合法权益的行为，包括侮辱他人或者捏造事实诽谤他人、敲诈勒索等。

3. 网络诈骗违法行为

某互联网研究室的监控数据显示：近几年来，在大学生中发布招聘就业消息、物品代销信息、彩票预测数据等以诈骗钱财的违法信息呈高发之势。

（二）网络犯罪的预防

网络是虚拟的空间，但其犯罪行为同样会给个人和社会带来实质性危害，同样难逃法律的制裁，网络犯罪不仅会给个人和家庭带来沉重的痛苦和不幸，而且也会给国家、社会造成巨大的负担与损失。我们每一位大学生都应加强自我防范，自觉做到以下几点。

（1）认真学习和遵守《宪法》《刑法》《计算机信息系统安全保护条例》等有关法律法规，

明确网络使用行为规范，自觉抵制各种网络违法犯罪行为。

（2）讲究社会公德和网络职业道德，利用掌握的先进科学技术知识服务社会，不滥用知识从事危害国家利益、集体利益和公民合法利益的活动，不以任何方式危害信息网络系统安全。

（3）尊重他人知识产权和个人隐私权，不实施网上侵权行为或电子骚扰、网络性骚扰，不在网上猎奇、窥探他人秘密，散布他人隐私。

（4）不利用互联网查阅、复制、制作和传播宣扬封建迷信、淫秽色情、赌博、暴力、凶杀、恐怖、教唆犯罪的信息，不做"黑客"，也不做"黄客"。

（5）争做文明互联网用户，不制作、传播谣言、虚假信息或搞恶作剧愚弄他人，扰乱社会秩序，不在虚拟网络空间肆意妄为、胡言乱语。

小贴士

美国 IAD 评估网瘾的标准

（1）每个月上网时间超过 120 小时，即一天 4 小时以上。

（2）头脑中一直浮现和网络有关的事。

（3）无法抑制上网的冲动。

（4）上网是为了逃避现实、戒除焦虑。

（5）不敢和亲人说明上网时间。

（6）因上网造成课业及人际关系问题。

（7）上网时间往往比自己预期的时间长。

（8）花许多钱更新网络设备或上网。

如果上述标准中有 5 项以上回答为"是"，说明可能已经上网成瘾。

第二节　保障信息网络安全的主要方法

网络发展到今天，已经成为信息资源的海洋，它在给人们带来极大方便的同时也带来了安全隐患，保障自己的网络安全和信息安全，几乎成为每个大学生都要面对的重要问题。

一、网络安全防范措施

（一）建立安全系统，强化安全意识

（1）安装防火墙，禁止访问不该访问的服务端口，使用 NAT 隐藏内部网络结构。保护重要数据，做好数据备份。

（2）安装入侵检测系统，检测漏洞攻击行为。

（3）安装安全评估系统，先于入侵者进行模拟漏洞攻击，以便及早发现漏洞并解决。

（4）提高安全意识，经常给操作系统和应用软件打补丁。要对计算机进行有效管理，随

时关注系统软件供应商的漏洞发布信息。

（5）抵御网络病毒、木马入侵。不浏览非法网站，一旦发现含有不良信息的网址、文本、图像、视频、音频，要选择限制访问。

（6）不打开陌生人的邮件。

（7）使用 QQ、微信等即时通信软件时，不随意点击对方发来的网址，也不要随意接收文件，如果接收了在打开之前要进行病毒扫描。

（8）在网络中（特别是一些论坛中），尽量避免泄露个人信息，如单位名称和地址等。

（9）不要按常规思维设置网络密码，要使用由数字、大小写字母混排而成，令"黑客"难以破译的口令密码。另外，要经常变换自己的口令密码。

（二）网络交易需谨慎

（1）通过正规网购平台购物。注意查看卖家地址、电话、信誉、买家评价等信息。

（2）网络支付需谨慎。尽量使用"支付宝"等货到付款的第三方支付平台，不要直接使用银行转账或其他没有保障的付款方式。

（3）买商品之前先向卖家仔细了解商品的详细情况，强烈建议对比一下其他卖家同类商品的价格或该商品的市场价，如果商品售价明显低于市场价格，那商品很有可能是假的，购买需谨慎。

二、构建和谐文明的网络世界

构建和谐文明的网络世界，不仅需要创造与开发网络产品的人积极努力，更需要利用网络信息产品的人共同营造。这就要求我们每一个网络产品的开发者和使用者坚持以下几项准则。

（一）树立正确的网络观

（1）遵守互联网有关法规；掌握互联网技术的基本操作技能；合法运用各种网络技术和常用硬件软件；知晓计算机和网络以外的其他信息技术知识，能够主动向其他网民传播健康文明的上网理念。

（2）提高自身辨别力和免疫力，主动筑起一道思想"防火墙"，增强对网络文化的识别能力和抗诱惑能力。

（3）提高网络安全意识和个人防范意识，正确利用网络信息资源。

（4）合理安排上网时间。

（5）正确对待网络游戏等娱乐资源，切勿过度沉溺，影响学业。

（二）养成良好的网络文明素养

（1）认真学习并自觉遵守团中央等部门发布的《全国青少年网络文明公约》，养成文明上网的良好行为习惯。

（2）不在网上发表不负责任的言论。

（3）不在网上制造信息垃圾。

（4）对反动、色情、迷信等不良信息，自觉做到不看、不听、不信。

（5）充分利用网络，积极宣传网络文明。

（三）网络痴迷的规避方法

1. 从生活中的小事做起

正常作息生活，不要完全依赖于网络；重新安排自己的作息时间，不要总是熬夜或是睡懒觉；每当完成一件事时，给予自己适当的奖励，以增加自信心。

2. 从周围环境入手逐渐拓展自己的社交圈

良好的人际关系来自对自我的认识和接纳，来自对他人的沟通和体谅。只要你真诚待人，心怀友善，学会微笑，乐于不断充电、扩大自己的知识面，敢于开放自己、表达自己，一定会遇到不少真正欣赏你、懂得你的朋友。

3. 积极参加体育锻炼

运动可以提高身体的机能、知觉力和控制力，增加血液循环，调节心率，改善机体的含氧量，强健体魄，同时还能放松心情，缓解压力，提升精力。当慢慢习惯了运动带来的那种愉悦的感受之后，生活方式自然也就会随之发生变化。

4. 加强自我保护，防止遭受非法侵害

对"网友"的盛情邀请，要保持警觉，尽量回避，以免上当。为了达到罪恶的目的，有的"网友"会对你海誓山盟，抛出各种诱惑，诱使你与他直接交往，见面后"网友"会露出其狰狞面目，对你行骗或敲诈勒索，甚至是更严重的性侵害、抢劫或者杀害。因此，最好的防范方法是不要和陌生人随意约会，不给犯罪分子可乘之机。如要约会务必慎重选择时间、场所和见面形式。最好选择白天，选择熟悉而且人流较多的安全场所，并应提前约定"接头"暗号，以便暗中观察陌生"网友"。女生约会异性网友，最好请亲友、同学陪同。

总之，加强网络安全意识需要大学生有辨别是非的能力，在使用互联网的时候，应当自觉学习和了解相关法律法规，做到依法上网、合理上网。

知识链接

网络文明规范

2001年11月22日，共青团中央、教育部等联合召开网上发布会，向社会正式发布了《全国青少年网络文明公约》，明确提出了大学生应遵守的网络文明规范：要善于网上学习，不浏览不良信息，要诚实友好交流，不侮辱欺诈他人；要尊重他人隐私，不散布虚假言论，要遵守网络道德，不扮演黑客角色；要增强自护意识，不随意约会网友，要增强辨别能力，不轻信网上流言；要维护网络安全，不破坏网络秩序，要有益身心健康，不沉溺虚拟时空。

第三节 谨防"校园贷"陷阱

非法"校园贷"引发的大学生安全事件不断发生，经常有媒体报道大学生无力偿还"校园贷"的新闻。2017 年 9 月 6 日，教育部明确表示，"取缔校园贷款业务，任何网络贷款机构都不允许向在校大学生发放贷款"。

一、"校园贷"的主要形式

所谓"校园贷"，就是在校学生通过针对大学生的网络贷款金融机构和平台在网上申请获得信用贷款的方式。

（1）高息贷或高利贷

根据相关调查，超 90% 的学生不懂高息贷或高利贷。最高法院规定，未超过年利率 24%，应予支持；年利率在 24% ~ 36% 时为灰色地带，年利率超 36% 为非法高利贷，不予支持。

以月息"0.99%"为噱头的"校园贷"平台容易造成"低息"的假象，并诱导学生贷款。实际上，加上平台服务费、滞纳金等，将成为超过年利率 24% 的超高利息！若再缴纳违约金，将超过 36% 变为非法高利贷！一旦"染上"高息贷或高利贷，将如同赌博一样容易引发各类危害。

（2）不良"校园贷"

不良"校园贷"主要是指那些采取虚假宣传、降低贷款门槛、隐瞒实际资费标准、不文明催收等不合规手段诱导学生过度消费或给学生带来恶意贷款的平台，大学生一旦使用，将极易引发过度借贷和负债。

不良"校园贷"多以零首付、低门槛、放款快等特点进行虚假宣传，针对那些存在盲目攀比、虚荣心、贪小便宜心理的大学生，极易导致涉世未深、缺乏风险防范知识的他们过度消费或恶意借贷，最终演化成"拆东墙补西墙"等不择手段的冒险做法。因此要对不良"校园贷"加以识别，防止不良事件的发生。

（3）传销式诈骗贷

这主要是指不法分子借助校园贷款平台招募大学生作校园代理，并要求发展下线进行逐级敛财。判断传销有三个原则：是否需要上交会费，是否存在诱导发展下线，是否进行逐级提成。

在"校园贷"刷单代理过程中，参与学生既是受害者又是作案者。多数学生是在不知情和利益驱使下被不法分子所利用，而参与的学生则利用"校园贷"平台进行刷单兼职并逐级发展下线。同时他们以代理名义骗取学生信息并进行贷款，每成功一笔贷款将获得佣金，这实为一种逐级敛财式传销诈骗行为。殊不知，刷单公司最后大都以无力支付后续款项为由跑路，进而导致大学生陷入还款陷阱。

（4）多头借贷

多头借贷主要指从多个"校网贷"平台进行借贷。由于目前借贷市场主体间信息共享不足，在还款压力的作用下，迫使借款者从多个"校园贷"平台进行贷款，最终变成巨额借款。

（5）套路贷

套路贷主要是指不法贷款平台或个人采用设套方式诱导大学生贷款，并迫使大学生陷入还款泥潭，其中包括"培训贷""裸条贷"等常见类型。常见方式主要有如下5种。

①以借款金额达到借贷合同上限为由，放贷人将借款人债务转移到下一家放贷人，当向多个平台进行借款时，借款年利率爆炸式上升并造成巨额还款"黑洞"。

②以培训名义要求学生通过贷款缴纳培训费，当一次性成功付费后便跑路；以作为贷款凭证为由骗取裸照信息，一旦获取成功后将以散发裸照为由进行威胁或敲诈。

③以"好处费"为诱饵，通过虚假制作贷款申请表等方式骗取学生身份信息进行个人贷款，然而一旦贷款成功后他们将人间蒸发。

④网上发布放贷信息并伪造虚假合同，当诱骗学生缴纳高额保证金后消失。

⑤以谎称"黑户"漏洞为由，骗取学生进行注册贷款，当获取注册费后便失去联系。

二、"校园贷"对大学生的危害

目前"校园贷"大多属于民间借贷，由于借贷市场发展不充分并缺乏有效监管，导致借贷平台对于借贷个人是否存在多方借贷、是否具有还款能力等情况审核不严。当无还款能力的大学生陷入多头借贷后往往造成巨大的还款压力，轻则造成极大心理压力，重则引发恶性或极端事件。"校园贷"对大学生的危害表现在以下几方面。

（一）费率不明

一些校园不良网络借贷平台往往只宣传分期产品或小额贷款的低门槛、零首付、零利息等好处，却弱化其高利息、高违约金、高服务费的分期成本，甚至隐瞒或模糊实际资费标准、逾期滞纳金、违约金等。看似免息、低息的平台利息通常高达20%以上，成了"高利贷"，逾期后每日费率最高与最低相差60倍之多。很多大学生因为一时冲动购物而选择贷款，最终要偿还的"本息和"相当于贷款本金1.5倍，甚至更多。

（二）隐形担保

网络借贷平台并非真的"免担保"，大学生申请过程中提供的家庭住址、父母电话、同学电话、辅导员联系方式等信息，实际上就是隐形担保，如不能按期还款，平台就会向贷款人的父母、同学、辅导员等催款。

（三）贷款门槛低、审核不严，身份可冒用

一些不良网贷平台打出"零门槛，无抵押""线上审核，最快3分钟到账"等类似广告，在一些校园不良网络借贷平台上注册用户，一般只需要学信网数据、学生证、身份证，以及常用联系人信息，就可贷款两三万。这一方面刺激、诱导了学生非正常的消费或使用资金；另一方面，大部分校园贷只需提供身份及学生信息，就可通过网络申请，资质审核方面存在漏洞。

（四）高额度诱惑

如果看到"只要本科学历即可办理贷款，最低几万起"的广告，千万不要相信，因为一般

本科生无论如何也无法凭信用贷获几万元。高利贷提高授信额度，诱导贷款，易导致学生陷入"连环贷"陷阱。

（五）不文明的催收手段

很多校园不良网络借贷平台普遍存在不文明的催收手段，比如"关系催收"，学生贷款时被要求填写数名同学、朋友或亲属的真实联系方式，如果不能按时还款，平台就会把其逾期信息告知该学生的关系圈，严重干扰和伤害了借款学生。催收机构采取短信、电话甚至上门骚扰或收取高额逾期费用、口头恐吓、胁迫、跟踪、盯梢、非法拘禁等极端手段暴力追债，威胁学生的人身安全。特别是"裸条"现象的发生，严重影响大学生的身心健康。

（六）风险难控，易将风险转嫁给家庭

部分校园借贷平台利用少数学生金融知识匮乏，诱导学生过度消费，往往最后由家长兜底。

（七）校园代理人无资质

校园贷的许多代理人由在校大学生担任，并没有金融行业方面的相关从业资格。

（八）替人网贷有风险

有的同学碍于人情关系等原因，用自己的身份证件替别人办理贷款。这种行为风险很高，因为一旦对方无力还款，剩余的债务就由"被办理人"独自承担。

（九）分期购物，质量难保

有的网贷平台针对大学生推出了分期购物功能，本质上是以消费之名行借贷之实。利滚利之后，将是巨额本息。

三、大学生如何预防和抵制"校园贷"

（1）树立健康的消费观念，量力而行，勤俭节约。很多大学生通过各种渠道办理了信用卡和网贷，虽然短期获得了经济上的高消费，但是要在以后的日子里压缩生活开支，为还款付出更多的金钱和精力，更严重的会走上歧途，对自己的学业和未来都有影响。购物需量力而行，且要综合比较，尽量不分期购物，同时切忌以贷还贷。

（2）平时可参加勤工俭学缓解压力、节流的同时还需要开源，大学生可以在平时多参加一些兼职，不仅能得到一定的工资收入改善生活，还能提前适应社会环境，当然在兼职的过程中一定要防止上当受骗。

（3）大学生应注意对个人信息的管理，无论是身份证、学生证还是支付宝、银行卡账户，都不宜随便透露给他人，哪怕是学校的熟人（包括老师、学长、室友等），以免被别有用心的人用作其他用途，如用你的个人信息去进行校园贷，在你自己不知情的情况下背了一身债，许多大学生就是因为这样而走向了极端。

（4）强化法律意识，知道什么行为是合法的、是受法律保护的。假如进行了校园贷，当自己的权益受到侵害时应知道如何维权。

（5）不参与校园网贷行为：不在校园内宣传网贷，不做网贷代理人或中介，不向同学介绍网贷经历或网贷途径，更不能直接开展网贷业务。

（6）正规公司都有正规流程，放贷之前就要求交纳费用的贷款公司统统可计为骗子公司，以贷款培训作为入职要求的公司也可直接列为骗子公司，可到工商局查询。

（7）无论在任何场合下，都要谨慎充当担保人，更不要用自己的身份信息替他人贷款，否则要承担贷款连带责任或还款责任。

如果深陷网贷陷阱，一定要寻求警方的帮助，寻求法律的保护，不可走向极端。按照最高法最新司法解释，民间借款的利率有两道杠，一个是年利率24%，所有不超过这个利率的借贷都是合法的，也就是说，借10000元钱一年利息最高不能超过2400元钱。还有一个关键数值是年利率36%，是对偿还利息上限的规定。如果借款人已经偿还的利息高于年利率24%，不超过36%，也是可以的，但想要回来法律是不支持的。如果已经偿还的利息超过了年利率36%，法院支持其要求返还超过的部分。

案例选编

典型案例1

2018年1月30日凌晨3点20左右，李某某收到儿子李某的一条短信："对不起，爸。死对我是一种解脱……"李某是河北某学院的大三学生，21岁。当天，他被发现在学校附近一家宾馆内自杀身亡。

2017年9月，李某通过网络贷款分期购买一台苹果手机，从此陷入利滚利的"校园贷"陷阱。"最初借了五六千，还不起，后来越借越多，各种债务利滚利成了五万多"，最终因还债压力过大，心理崩溃，导致悲剧发生。直至2018年2月23日，李某去世近一月，借贷平台的"催收人员"仍不断向他的家人催债。

【案例分析】

不法分子将目标对准高校，利用高校学生社会认知能力较差，防范心理弱的劣势，进行短期、小额的贷款活动。一旦学生贷款还不上，网贷平台并不会通过正当途径追款，而是采用给父母、亲友、老师群发短信、在校园里贴大字报，甚至安排人员上门堵截等威胁、恐吓的手段向学生催款逼债，对学生的人身安全和高校的校园秩序造成重大危害。

典型案例2

2013年5月，江苏某高校大二女生钱某在某网站上看到一款戴尔笔记本电脑，上面标注的价格只有该款计算机市场价格的3/4。对该款笔记本心仪已久的她没有多想，就拨通了网页上留下的联系电话。对方在电话里天花乱坠地对钱某进行了一番游说之后，单纯的钱某先后3次向对方提供的所谓第三方账号汇款近4000元，后联系不上对方（对方关机），钱某才发现自己上当受骗。

【案例分析】

近年来网络购物发展迅速，因其便捷性而成为大学生购物的一种潮流性选择，大学生在网络消费群体中占很大比例，很多大学生对于网络购物的安全知识了解甚少，在网络购物过程中，一些同学因为不注意在正规的网站购物，也不清楚网络购物的规则，轻信虚拟网络，被骗上当。同时还有个别同学轻易泄露个人信息，造成了个人财产的损失。

【思考与练习】

1. 当代大学生应该如何把握网络交友安全？

2. 大学生求职过程中常见的网络就业陷阱有哪些？应如何有效防范？

3. 大学生在利用互联网进行商品或服务交易时，应该如何保护网上个人资料安全和个人财产安全？

第十一章 饮食卫生与食品安全

2017 年 10 月 24 日上午，江苏某大学的数百名学生吃过早餐后，20 多名学生先后出现呕吐、腹痛等不良反应，另外还有 16 名学生也出现了身体不适。

调查表明，由于当天早餐学校食堂的厨工在烹煮豆浆时，烹煮的时间不够，豆浆粉内的皂素没有完全溶解，这才导致学生们饮用后发生中毒症状。

6 月 26 日 21：30 分左右，某地区的几所高校有大学生疑似吃了不洁食物上吐下泻，近 20 名学生被送医治疗。该地区的学生称，他们当天中午都在外卖平台上订购外卖后，上吐下泻不止。

食品安全问题是当今世界关注的焦点之一，联合国粮食及农业组织（FAO）、世界卫生组织（WHO）、世界动物卫生组织（OIE）等组织制定了越来越严格的法规和标准，对食品的生产、加工、储藏运输和国际贸易提出严格的要求。近两年，我国多次制定并完善有关食品安全的法律，成立了国家食品安全委员会，采取了诸多有力措施加大监管力度，切实提高食品安全水平。

随着经济的迅速发展和生活水平的不断提高，食品产业获得了空前的发展。各种新型食品如雨后春笋般涌现，食品产业已在国家经济中占据重要地位。而食品添加剂、食品卫生等问题频现，随着外卖市场等不确定因素的快速发展，食源性疾病日益成为高校食品安全的主要问题。通过本章内容的学习，大学生可掌握食品安全相关常识，了解食品安全保障法律和有关规定，提高自己应对饮食安全的能力。

【思考】

校园周边一般都有很多小饭馆，是不是你也经常去光顾？在你去光顾的时候，你注意过他们的食品卫生情况吗？

第一节 食品安全概述

一、食品安全的基本内涵

（一）食品安全的定义

食品安全，指食品无毒、无害，符合应有的营养要求，对人体健康不造成任何急性、亚急性或者慢性危害。根据食品安全定义，食品安全问题是"食物中有毒、有害物质对人体健康影响的公共卫生问题"。

食品安全也是一门专门探讨在食品加工、存储、销售等过程中确保食品卫生及食用安全，降低疾病隐患，防范食物中毒的一个跨学科领域。

（二）我国食品安全现状

食品安全关系到每个人的生活质量和生命安全，食品危害是世界各国关注的问题。目前，我国食品安全形势总体上是好的，但食品污染事件和食物中毒事故仍时有发生，因此，了解食物中毒及其预防常识是保障饮食安全的重要之举。

二、食物中毒有关常识

2018 年上半年，云南发生食用野生菌中毒事件 10 起，导致 40 人中毒，9 人死亡。日常饮食中，大学生除了要根据自身的情况合理调配食谱外，更应加倍注意食物中毒问题。

（一）食物中毒的症状

食物中毒所出现的症状，因病菌种类不同，表现各异：有呕吐、发烧、腹痛和腹泻，与急性胃肠炎的症状相像，称为"急性胃肠炎型的食物中毒"；还有的以呕吐、腹内剧痛、高烧和严重脱水为主要症状，严重时，还会有虚脱、皮肤发紧、抽风和昏迷等症状，称为"类霍乱型食物中毒"；还有一类由葡萄球菌毒素引起的食物中毒，以恶心呕吐、脱水、肌肉抽筋为症状，严重的可引起虚脱，或者腹痛、头痛等。

（二）常见食物中毒类型

常见食物中毒类型主要为细菌性食物中毒（见表 11 - 1）、动植物性食物中毒（见表 11 - 2）、化学性及其他食物中毒（见表 11 - 3）等。

表 11-1　常见细菌性食物中毒

病原菌	易污染食品	中毒原因	污染来源
沙门氏菌	肉、禽、蛋、鱼、奶类及其制品	生熟不分、交叉污染,食品食用前未经加热处理或加热不彻底	感染的动物及其粪便,被污染的水源
葡萄球菌	奶类及其制品、糕点、熟肉类	被葡萄球菌污染的食品在较高温度下存放时间过长,产生大量肠毒素	人或者动物的化脓性病灶
变形杆菌	动物性食品、豆制品和凉拌菜	被污染食品在食用前未彻底加热	人或动物粪便、土壤、水、垃圾等
副溶血性弧菌	海产品、熟肉类、咸菜、禽肉、禽蛋等	生食海产品,食品未烧熟、煮透,熟食被污染后食用前未再彻底加热	海水、海产品
蜡样芽孢杆菌	剩米饭、米粉、奶、肉、豆制品	食品在较高温度下存放时间过长	土壤、空气、尘埃、昆虫
志贺氏菌(痢疾杆菌)	冷盘、凉拌菜等熟食品	熟食品在较高温度下存放时间过长	患者或病源携带者的粪便、被污染的水源
产气荚膜杆菌	肉类、水产品、熟食、牛奶	同批大量加热烹调后的食品在较高温度下长时间的缓慢冷却,食用前未再加热或加热不彻底	人畜粪便、土壤、污水
肉毒梭菌	肉、奶、臭豆腐、豆豉、豆酱等发酵食品	加工过程中交叉污染;食品制成后,食用前一般不再加热	尘土、动物粪便、农作物、家畜、家禽、鸟类、鱼、昆虫
致泻性大肠埃希氏菌	熟肉、牛肉、牛奶及其制品、蛋及蛋制品、蔬菜、水果饮料	食品未彻底加热,加工过程中交叉污染	牛、鸡、猪

表 11-2　常见动植物性食物中毒

类别	毒素或有毒部分	中毒症状	预防措施
河豚	卵巢、肝脏、血液、眼睛、鳃、皮肤等含河豚毒素	阻碍神经传导,使末梢神经和中枢神经发生麻痹,抑制呼吸中枢而死亡	加工时去除内脏等有毒部分;防止误食

续表 11-2

类别	毒素或有毒部分	中毒症状	预防措施
鱼类引起的组胺中毒（主要为青皮红肉鱼）	组胺	类过敏性症状：脸红、头晕、心跳呼吸急促、血压下降	加工时去除头、内脏等含组胺高的部分；冷藏保存，防止鱼肉腐败
四季豆	红细胞凝集素或皂甙	初期感觉胃部不适，继而恶心、呕吐、腹痛，伴头晕、头痛	烹调时烧熟、煮透
豆浆	红细胞凝集素、皂甙、抗胰蛋白酶	恶心、呕吐、腹泻、腹胀、头晕、无力	加热彻底，煮沸后继续加热数分钟
毒蘑菇	环肽毒、毒蝇碱、鹿花蕈素等	胃肠毒型、神经精神型、溶血毒型、肝肾损害型	不采集、收购、加工、销售和食用野蘑菇
发芽土豆	龙葵素	舌咽麻痹、胃部灼痛、腹痛、腹泻、瞳孔散大、耳鸣、兴奋，重者可致死	土豆应存放于干燥阴凉处，发芽后应去皮，并将芽眼周围挖掉，烧熟、煮透

表 11-3　常见化学性及其他食物中毒

类别	中毒症状	预防措施
砷中毒	口咽烧灼感、吞咽困难、恶心、呕吐、腹痛、顽固性腹泻、头晕、头痛、昏迷、惊厥、虚脱，常因呼吸循环衰竭而死亡	专柜保存；农药不准与食品混放；不准用盛放过农药的容器盛放食品
亚硝酸盐中毒	口唇、指甲以及全身皮肤出现发绀等组织缺氧表现，并有头晕、头痛、心率加速、嗜睡、烦躁不安、呼吸急促、恶心、呕吐、腹痛、腹泻，严重者意识丧失、呼吸衰竭，直至死亡	包装应有醒目标志；禁止加工、销售、食用腐烂变质蔬菜；短时间不进食含亚硝酸盐较多的蔬菜；腌菜至少腌20天以上再吃；不喝苦井水
有机磷农药中毒	头晕、头痛、腹痛、流涎、多汗、肌肉震颤、瞳孔缩小、重者惊厥、昏迷、肺水肿及呼吸停止而死亡	农药不准与食品混放；不准用盛放过农药的容器盛放食品
霉变红薯中毒	中毒主要是因茄病镰刀菌或甘薯长喙壳菌污染而产生毒素，引起肝、肺、肾病变、坏死	红薯应存放于干燥阴凉处，防止霉变

（三）食物中毒如何自救

1. 及时发现症状

食物中毒后第一反应往往是腹部的不适，中毒者首先会感觉到腹胀，一些患者还会腹痛，个别的会发生急性腹泻。与腹部不适伴发的还有恶心，随后会发生呕吐的情况。一旦出现上吐、下泻、腹痛等食物中毒症状，首先应立即停止食用可疑食物，并及时就医。

2. 尽快排出有毒物质

（1）催吐。对中毒不久而无明显呕吐者，可先用手指、筷子等刺激其舌根部的方法催吐，或让中毒者大量饮用温开水并反复自行催吐，以减少毒素的吸收。当呕吐物中发现血性液体时，应暂时停止催吐，以免损伤消化道。

（2）导泻。如果病人吃下中毒食物的时间较长，超过 2 小时，且精神较好，可服用泻药，促使有毒食物排出体外。用大黄、番泻叶煎服或用开水冲服，都能达到导泻的目的。

（3）解毒。如果是因吃了变质的鱼、虾、蟹等引起的食物中毒，可取食醋 100 毫升，加水 200 毫升，稀释后一次服下，若是误食了变质的防腐剂或饮料，最好的急救方法是用鲜牛奶或其他富含蛋白质的饮料灌服。

3. 保留检查样本

在发生食物中毒后，要保存导致中毒的食物样本，以提供给医院进行检测，因为确定中毒物质对治疗来说至关重要。如果身边没有食物样本，也可保留患者的呕吐物和排泄物。

三、食品安全消费须知

（1）尽量不买不吃散装食品，特别是无防尘、防蝇、温控设施和在日光下曝晒的散装食品。

（2）不买不吃无生产厂家名称、无厂家地址、无生产日期、保质期等包装标识内容不全的食品。

（3）不买不吃经感官鉴别已经腐败变质、油脂酸败、有异味、霉变、生虫、污秽不洁、混有异物或者其他感官性状异常的食品。感官性状异常是指变味、变色、沉淀、混浊、杂质、絮状物、发霉、生虫、结块、异物酸败、发黏、腐败变质等现象。

（4）不买假冒伪劣、掺杂使假的食品。假冒伪劣、掺杂使假的食品是指一些不法分子为牟取暴利对食品采取掺兑、替代、抽取、粉饰、混充、假冒等手段，使食品质量降低，有的甚至带毒，严重危害消费者的健康。

（5）不买不食卫生条件差、无食品生产经营资质的小作坊、小商店、小摊贩经销的食品。

（6）购买食品时，一定要注意标签上的生产日期和保质期。

（7）不买不吃颜色特别鲜艳、色素较重的加工食品。这些食品里面可能添加了对人体有害的添加剂。

第二节 大学生应培养良好的饮食习惯

食品安全问题是关系人们健康与社会稳定的重大问题，越来越引起社会的关注，而校园食品安全问题直接影响到我们的身体健康与生命安全。校园可以说是人口最为密集的地方之一，也是最容易出现食品安全事件的地方。学校食品安全关系广大师生的身心健康，关系社会的和谐稳定，关系国家和民族的未来。

一、大学生的不良饮食习惯

1. 随意型饮食

有些大学生自恃身强力壮、消化功能好，"不干不净，吃了没病"；饮食不讲搭配，不讲节制，不讲卫生；饥一顿饱一顿，饮食全无规律；想吃就吃，毫无顾忌；废寝忘食，饮食无常。此型饮食者多不注意调养，以至出现胃肠受伤、肝脾不和等病症。

2. 无节制饮食

有些大学生经常到校外饭馆大吃大喝，这些学生喜欢享受美食美酒。正如《内经》中所说：以酒为浆，以妄为常。

3. 洁癖型饮食

有些大学生怕"病从口入"，在饮食方面，对食物的选择极严，不吃剩饭剩菜，不吃着色食品，不吃防腐食品，不吃生冷食品，不吃荤类食品，拒食多样食品。

4. 节食型饮食

部分大学生追求线条美而盲目减肥。不进食，唯恐长肉，于是选择辟谷型饮食。有的不食五谷（五谷杂粮），仅以水、果品、蔬菜充饥。部分肥胖大学生也误入此途，导致头晕、乏力、困倦、虚脱等现象时有发生。

5. 无规则进食

无规则的进食很容易引起胃病，这就是许多大学生肠胃功能不好、胃病发病率高的重要原因。同时也会造成营养失调，人体的免疫力下降等后果。

二、培养大学生正确的饮食习惯

掌握食品安全知识只是预防食品安全问题措施的一个方面，但最主要的是，大学生要在日常生活中践行食品安全理念，这样才能达到有效预防食品安全问题的目的。

（一）注意饮食安全

1. 尽量在学校食堂就餐

相对于外面的餐厅，学校食堂对食品来源、安全有一套标准，工作人员也是经过培训上岗的，一般很少出现食品安全问题。就算出现问题，学校对学生的赔偿也会有保障。

2. 在外就餐时要选择具备食品卫生许可证和工作经营证的餐厅

在外就餐时，一定要注意查看餐厅是否具备食品卫生许可证和工作经营证，如不具备，就换另一家餐厅就餐；付餐费后记得保留点菜菜单、发票，发生争议时以此作为维权依据。

3. 在零售店、超市购买食品时，要注意食品标注信息

要注意查看所购买的食品的信息，一般应包括：食品生产厂家及厂址、生产日期和保质期、质量安全标志、有无添加防腐剂等。

4. 选择到规范的市场购买食品

相对于无固定摊点、不规范的市场，规范的市场有一定的安全保障。买菜时还要注意菜的光泽、大小，对于肉类食品、腌制食品，还要注意其价格是否合理，食品本身是否存在问题。

5. 网上订餐务必索取消费票据，留存交易凭证，养成良好的消费习惯

如发现餐饮安全卫生问题，要留存好证据，依法主动维权，并及时拨打食品安全投诉举报热线 12331。

（二）养成良好的饮食习惯

饮食要遵循食物中热能和各种营养素含量充足，种类齐全，比例适当；饮食中供给的营养素与机体的需要两者之间保持平衡的原则。饮食的结构要合理，既要满足机体的生理需要，又要避免饮食构成比例失调和某些营养素过量而引起机体不必要的负担和代谢上的紊乱。

1. 食物多样化，以谷类为主，粗细搭配

食物应包括以下五大类：第一类为谷类及薯类；第二类为动物性食物；第三类为豆类及其制品；第四类为蔬菜水果类；第五类为纯热能食物。

谷类食物是中国传统膳食的主体，是人体能量的主要来源。人们应保持每天适量的谷类食物摄入，一般成年人每天摄入 250~400 克为宜。另外要注意粗细搭配，经常吃一些粗粮、杂粮和全谷类食物。稻米、小麦不要研磨得太精，以免所含维生素、矿物质和膳食纤维流失。

2. 每日定时饮水，少量多次，少喝碳酸饮料

晨起后喝 300 毫升水，饮水应当少量多次，每日适宜饮水量为 1200 毫升，不能口渴时才补水。运动前、中、后都要适量补水。运动前 2 小时补水 250 至 500 毫升；运动前即刻补水 150 至 250 毫升；运动中每 15 至 20 分钟补水 120 至 240 毫升；运动后按运动中体重的丢失量，体重每下降 1 千克需补 1 升。

剧烈运动前后不适宜补白水、高浓度果汁和碳酸饮料，而应补运动饮料。运动饮料中应该含有少量糖分、钠盐、钾、镁、钙和多种水溶性维生素。

3. 多吃新鲜的食物，少吃方便食品

动物性食物是优质蛋白质、脂溶性维生素和矿物质的良好来源，动物性蛋白质的氨基酸组成更适合人体需要。若晚上能量不足出现饥饿感，应当补充易消化的食物如粥类、面包等，也可以补充少量水果和牛奶。

4. 培养良好的生活习惯

饮酒应适量。生日聚会、好友聚餐，酒成了大学生健康的重要问题，喝酒进医院的例子不在少数。

早睡早起，不熬夜学习；合理减肥，保证早餐和晚餐；按时吃饭，吃饭专心，不要做其他的事情。

5. 食不过量，天天运动，三餐合理搭配

进食量与体力活动是影响体重的两个主要因素。脑力劳动者和活动量较少的人应加强锻炼，开展适宜的运动，如快走、慢跑、游泳等。而消瘦者则应增加食量和油脂的摄入，以维持正常生长发育和适宜体重。以同等身高标准体重值为100%，体重在标准体重的91%至110%为营养状况良好，低于90%为营养不良；学生体重在标准体重的111%至120%为超重，高于120%为肥胖。

三餐分配要合理。早、中、晚餐的能量分别占总能量的25%、40%、35%。

总之，我们要在日常的生活中养成正确科学的饮食习惯，注重饮食营养的平衡，注意饮食卫生，坚持"一日三餐"的饮食制度，以科学的饮食获取必需的营养成分，从而增进健康，让自己顺利完成学业。

小贴士

中毒急救法

马铃薯中毒紧急救治：中毒后立即用浓茶或1：5000高锰酸钾溶液催吐洗胃。轻度中毒可多饮糖盐水补充水分，并适当饮用食醋水中和茄碱。剧烈呕吐、腹痛者，可给予阿托品0.3至0.5毫克，肌肉注射。严重者速送医院抢救。

汞中毒解救法：万一咬断体温表，误将表内的水银吃下后，可立即服生鸡蛋清3只，以减少肠胃对水银的吸收，并注意检查近期粪便。如果长时间还未排出，应去医院治疗。

敌敌畏中毒解救法：发现有人误服敌敌畏中毒，应立即抢救，给患者灌服1：5000的高锰酸钾溶液或小苏打溶液、淡肥皂水，然后用筷子或手指刺激其咽喉，催吐洗胃，反复多次。

粉尘中毒预防法：经常在粉尘环境中工作、生活的人，平时食用一些猪血，能使体内粉尘迅速排出，可预防粉尘中毒。

案例选编

典型案例1

2016年7月15日上午，云南曲靖沾益区炎方乡某村的杜某某一家食物中毒，入院时症状为呕吐、腹泻、乏力，眼黄肤黄。据医院诊断证明，夫妻俩的病情均为：青草中毒、急性肝损伤。原来为庆祝19岁的大女儿丽丽高考即将升入大学，全家人举办菌子宴，采了三种常见野生菌，混合烹制，食用最多的大女儿因多器官衰竭，

不幸去世。

2018 年 7 月 13 日，西安市鄠邑区五竹镇某村母女 3 人因食用自己采摘的野生蘑菇中毒，9 岁妹妹不幸身亡。

【案例分析】

此类事件频繁发生，是由于缺乏相关食品安全知识所致。尤其是颜色鲜艳的菌类，切勿采摘食用。进食野生菌时或食用前后最好不饮酒，有些野生菌里的毒素与乙醇会发生化学反应，或促进毒素吸收加重中毒；不要将多种野生菌混合在一起烹饪；野生菌加工烹调时应在沸水中煮上 3 至 5 分钟，捞出再用清水漂洗后炒食。中毒后，应及时拨打 120 就医，来不及就医时，应立即进行"催吐、洗胃、导泻"处理；已昏迷的患者，不要强行向其口内灌水；保留野生菌样品，供专业人员抢救时参考。

典型案例 2

2013 年 3 月 22 日晚 9 时许，宜昌市发生一起在夜市摊点食用不洁食品引发的食物中毒事件。当晚，18 人在位于某大学北门黄河路的夜市摊点食用臭豆腐等食品后，出现恶心、呕吐、腹泻等症状，中毒人员被迅速送往附近医院观察治疗。经宜昌市疾控中心确定是食用不洁臭豆腐引起的食物中毒。中毒人员中有某大学学生 7 名，教师 2 名。经治疗病人已经痊愈。

【案例分析】

臭豆腐在发酵过程中，极易被微生物污染，同时又会挥发大量盐基氮，以及硫化氢等，这些都是蛋白质分解的腐败物质，对人体有害。小作坊、食品摊贩等小微食品经营者，租赁小门面或无门面进行餐饮制作，大多都是脏、小、散、乱的代表，缺乏有力监管，达不到《中华人民共和国食品安全法》第三十三条规定的十一项食品安全标准。

典型案例 3

2018 年 6 月 17 日，四川某高校的大二学生小丁遭遇了食物中毒的痛苦。当天中午，小丁要了一份土豆牛肉外卖。吃完不久，小丁就觉得喉咙瘙痒、头晕恶心，十几分钟后增加了发热、抽搐和呼吸不畅的症状，于是赶紧就医。

经医生检查发现，小丁是吃了发芽的土豆导致的中毒，医生给他进行了催吐治疗。服药半小时后，小丁的症状明显减轻，第二天早上基本恢复正常。

【案例分析】

外卖已经走入了大众生活，各类外卖 APP 方便又快捷，成为许多大学生的首选手机软件。但是外卖商家量多且分散，给监管带来了困难。部分外卖商家一味地追求利润最大化，想尽办法降低成本。由于网络外卖存在数量庞大、分布分散等诸多难题，政府部门在人员、时间、精力等方面受限，很难对外卖商家的资质、卫生等逐一检查、排除。在收到外卖送餐后，一要先检查餐食包装是否完好、清洁，所配送餐食是否与订购餐品一致；二要当面查验餐食是否受到污染或出现变质，一旦发现餐食变质或受到污染，应当拒收。

【思考与练习】

1.你了解哪些食物中毒的症状？应怎样预防食物中毒呢？

2.你身边的同学有哪些不良饮食行为？请帮助他(她)培养良好的饮食习惯。

3.为自己制作一份健康美味且有营养的一周食谱。

第十二章　抵制传销与自我保护

2017 年 7 月，23 岁的东北某大学毕业生李某某误入传销组织后溺水死亡，揭开了静海"蝶贝蕾"等庞大传销组织令人震惊的真相。

2017 年 5 月 20 日，通过某直聘网站，李某某被传销组织人员陈某以招聘为由，骗至天津市静海区一传销窝点。短短两个月的时间，却成了李某某家人一辈子都挥之不去的梦魇。传销头目陈某、张某等人采用锁门、跟随看管、控制手机限制与外界通话等方式，限制李某某人身自由。7 月 8 日李某某给母亲打了最后一个电话，说："谁打电话要钱你们都别给。"

7 月 14 日，李某某的遗体在静海镇新 104 国道 153 公里 700 米处的水坑内被发现，经鉴定系溺水死亡。事件发生后，引发社会广泛关注。

近年来，随着国家对传销打击力度的增加，传销从传统的跨地域异地传销逐渐转向网络，最典型的是"网络资本运作"。传销者会列举各种名目进行欺骗，比如网络资本运作得到国家某项目支持，投资运作不用离家、不用辞职、不用蹲守、投资数额小、发展对象更广泛等。值得注意的是网络传销中的微信传销，微信朋友圈的互动性、熟人等特点，让传销者趁机而入。

大学生参与传销活动，身陷传销窝点的案例时有发生，媒体也频频报道。有些传销组织借着网上交友、高薪招聘等名义，不择手段地利诱欺骗高校学生，使学生上当受骗，严重损害了学生的身心健康，事关家庭、高校及社会的和谐与稳定，引起了全社会的普遍关切。通过本章的学习，大学生可及时掌握传销的概念及基本特征，了解传销的性质及危害，自觉抵制和远离传销组织。当然，这需要政府、社会、学校和个人的共同努力。

1. 面对传销骗局，如何擦亮自己的眼睛？
2. 误入传销魔窟，如何保护自己并且成功脱身？

第一节　传销与传销行为

一、关于传销的常识

1998 年 4 月 21 日，国务院发布《关于禁止传销经营活动的通知》，严令禁止一切传销经营及变相传销行为。2005 年国务院颁布《禁止传销条例》，对"传销"做出明确规定：传销是指组织者或者经营者发展人员，通过对被发展人员以其直接或者间接发展的人员数量或者销售业绩为依据计算和给付报酬，或者要求被发展人员以交纳一定费用为条件取得加入资格等方式牟取非法利益，扰乱经济秩序，影响社会稳定的行为。

"拉人头""收取高额入门费"和"团队计酬"为三种法定传销行为，满足其一即可认定为传销。

（一）传销的雏形：庞氏骗局

1919 年，意大利投机商人查尔斯·庞兹研究发现，最快速的赚钱方法是金融工具。"美国遍地是黄金，你要做的就是弯腰把黄金捡起来。"他开始策划一个阴谋，向一个事实上子虚乌有的企业投资，许诺投资者将在三个月内得到 40% 的利润回报。然后，庞兹把新投资者的钱作为快速盈利付给最初投资的人，以诱使更多的人上当。由于前期投资的人回报丰厚，庞兹成功地在七个月内吸引了三万名投资者，这场阴谋持续了一年之久，才让被利益冲昏头脑的人们清醒过来，后人称之为"庞氏骗局"。

庞氏骗局是对金融领域投资诈骗的称呼，也是层压式推销的始祖。简言之，就是利用新投资人的钱来向老投资者支付利息和短期回报，以制造赚钱的假象，进而骗取更多的投资。

（二）传销的历史演变

1. 老鼠会

20 世纪 50 年代初期，美国人威廉·派屈克发明了一套快速发财的传销方式，将消费者作为专门营销者，销售商品并不断发展下线，收取高额入门费。这种拉人头发展会员的金字塔销售计划俗称"老鼠会"，是变质的"多层次传销"此后，这种骗术传播到世界各地。

2. 五级三阶制

五级三阶制传销后发展为"北派传销"。20 世纪 90 年代初，"五级三阶制"传销在全国蔓延。此传销方式为异地邀约，即把人从甲地骗到乙地，进行封闭或者半封闭式洗脑，是当时中国"异地传销"最常见的制度。主要分布在北方地区，以山西、河南、河北、天津等地居多。2006 年公布的山东聊城"蝶贝蕾"化妆品传销案，案发时，已发展传销成员 50 余万人，涉及16 个省（区、市），涉案金额近 20 亿元。

3. 南派传销

由大规模聚集转变为小规模分散，在全国各地蔓延，向大都市、主城区、城市新区、大学校园扩散。发源地最初在广西来宾、玉林、南宁、北海一带，传销人员多生活在城市的边缘地带,多以"连锁销售""连锁经营""阳光工程"等为名。2008年后,打着国家项目、资本运作、"1040阳光工程"为旗号的传销疯狂发展。

4. 微传销

所谓微传销,就是组织者与被诱骗对象并不见面,依靠智能手机,通过微信群、社交软件群、公众号进行洗脑,辅之以部分线下活动。很多骗局都是由不法分子在境外操纵的,隐蔽性强,打击难度大。比如近年来所谓的"五行币""福源币""马克币""麦格币"等。

二、传销的基本特征

传销通常具有以下三个显著特点。

(一)交纳高额入门费

非法传销公司售卖的物品往往没有实际价值,或该物品远远高于价值本身,因而为了诈取高额利润,非法传销公司往往要向加入者收取高额费用或强迫其认购上千元甚至上万元的货物,这是传销公司的赢利"核心",也是非法传销人员的收入来源。

(二)发展上下线

非法传销公司往往实行三级以上的分销制度,经营者通过发展人员、组织网络来从事无店铺经营活动,先加入组织的上线成员通过其发展的下线成员所交纳的费用来获取收益,并以其直接或间接发展人员的销售业绩来计算报酬及奖金,以此方式维持传销组织运作。

(三)编造暴富神话,对人员进行洗脑

非法传销公司往往打着合法培训的旗号,利用人性的弱点,通过一套貌似合理的奖金分配制度,极力鼓吹"迅速致富"。为了达到让新人尽快加入的目的,非法传销人员往往会以炮制的虚假发财故事,以及长时间有节奏的掌声和口号,甚至用现代声、光、电多媒体等技术手段来"故意"营造一种超出"常识"的氛围给人们洗脑,诱使人们加入传销活动,从而谋取非法利益。

此外非法传销还有产品种类少,价值很低,卖价很高,没有服务,不能退货,没有上市,没有正规报纸、杂志、实体店的支持等特点,采用加盟连锁、网络销售、框架营销等说法,掩盖其传销本质,诱人上钩。

三、当下传销的常见类型

(一)金融传销

现在许多金融诈骗披着互联网金融的外衣,承诺高收益,引诱投资。这种吸收资金的行为名目常见的有"××金融互助社区""××金融互助台""××金融互助理财""××慈善金融互助平台""××财富互助平台"等;隐蔽性强,多由境外人员远程操控,投资款往往通过个人银行账户网银转账或通过第三方支付平台流转。此类运作模式违背价值规律,资金运转难以长期维系,一旦资金链断裂,投资者将面临严重损失。同时,还需警惕以私募股权、投资入股、发展渠道商、红包互赠等为名义的金融传销。

骗局案例："美洲矿业""易富地基金""珍宝币""百川币""维卡币""克拉币""聚宝金融""环求力金""中国蒙商""虚拟U币""假20世纪福克斯""ABCD财富网"等。

（二）网络传销

利用互联网，一些传销分子打着电子商务的旗号进行非法传销活动，利用"网络营销""网络直销""网店加盟"及"循环消费""满100返100""消费增值""一边上网娱乐，一边上网赚钱"等宣传，十分吸引人。因为成本较低，发展迅速。传销分子通过微信群、QQ群、网络游戏、YY语音、网站论坛等工具，传播信息非常便捷，号称"在家就可创业、穿着睡衣就能挣钱"，鼓动性很强。网络传销很大程度上拉的都是陌生人，成本相对较低，"拉人头"骗局更为隐蔽，发展下线的速度更为迅速，受骗人群更为众多。

骗局案例："云数贸""微信点灯""重庆快联科技""粉丝帝国""4G商城虚假平台""中和支付""注册会员充值网络话费"等。

（三）"旅游"传销

打着"旅游直销""低价旅游""免费旅游""边旅游边赚钱"等噱头，通过加手机微信好友的形式发展下线，拉群众入会交费，病毒式传播，速度非常快，如"只需要交少量会员费，便可以免费高端游""别人旅游都是花钱，我们旅游可以赚钱""旅游加创业"。由于目前"旅游"并不在国家直销许可的范围内，短时间内旅游公司都不可能有合法的旅游产品直销。

骗局案例："WV梦幻之旅""河北领远网络科技"等。

（四）"国家工程"传销

打着"国家扶持""政府背景""文化产业""好项目创业大联盟""农业发展平台"等旗号，伪造国家机关文件，虚拟公司企业，打着新产业的幌子虚假宣传。常常以"连锁销售""连锁加盟""投资开发""资本运作"等手段，或者以考察、旅游、加盟、"发展代理""建立工作站"等方式从事传销活动。

骗局案例："1040阳光工程""西部大开发"等。

（五）假冒"直销企业"传销

直接冒用正规直销企业的企业名称，开展其他传销活动，或者冒用直销企业的名义，开通微信公众号进行虚假宣传，通过网络招聘销售人员。还有不法分子利用淘宝网店、微信商铺销售正规直销企业的注册商标专用权的假冒产品。

骗局案例：天狮、玫琳凯等直销公司均被不法分子假冒过。

（六）假"慈善"传销

号称自己有官方背景，打着"慈善救助""爱心互助"等幌子，以"做慈善事业，筑和谐家园""爱心支助贫困学子"等形式，欺骗善良的群众上当受骗。典型案例："集善家园网""世界和谐基金会"等。

（七）"养老"传销

以"消费养老"、投资养老院等为名，大量发展会员，达到融资敛财的目的。随着我国老龄化步伐加快，在政府鼓励民间力量参与养老事业的同时，市场上也出现了一些打着"养老"的幌子，实则为圈钱圈地，甚至是行骗的传销形式。

骗局案例："上海家帝豪消费养老""天权投资管理养老院项目"等。

随着时代和互联网技术的发展，传销也开始"多元化"，有的传销是几种类型交叉或者结合的模式，具有更强的迷惑性。同时传销多采用互联网进行传播，速度快、追查更加困难，因此我们需要时刻保持警惕。

第二节　传销的危害性及影响

非法传销组织具有很强的欺诈性、隐蔽性和危害性，非法传销活动渗入高校，严重危害了青年的成长和社会的稳定。传销团伙或者通过"微信摇一摇""QQ 添加好友""陌陌"等方式发展网友；或者以介绍对象、介绍投资、介绍工作等名义获取大学生信任，骗其前来，并在其不知情的情况下将其带入传销窝点。然后采用控制手机、身份证、银行卡信息等方法对受害人实施强制限制人身自由，迫使其支付几千到上万元不等的金额购买传销产品，如日用品、保健品等，不然就要被威胁或挨打。

一、传销的危害

（一）扰乱市场经济秩序，侵害多个法律客体

传销和变相传销违法活动往往伴随着偷税漏税、制假售假、走私贩私、非法集资、非法买卖外汇等大量违法行为，不仅违反国家禁止传销和变相传销的规定，还违反了税收、消费者保护、市场秩序管理、金融、外汇管理等多个法律规定。传销以欺骗为直接手段，出售人与人之间的信任资源，参与者一旦发现自己被骗，解脱的方式只能是发展下线，骗别人，一个庞大的骗子网络就此建立起来了。假如传销无限制发展下去，社会上人与人的信任资源将无限流失，终究会动摇市场经济赖以发展的基础。

（二）给参与者及其家庭造成伤害

传销和变相传销给参与者造成经济损失的同时，给其家庭也造成了巨大伤害。

（三）引发刑事犯罪，给社会稳定带来危害

绝大多数传销参加者血本无归，一些人员流落异地，生活悲惨，甚至跳楼轻生；还有一部分人员参与偷盗、抢劫、械斗、强奸、卖淫、聚众闹事等违法行为，给人民生命财产安全和社会稳定造成了严重侵害。

（四）对社会道德、诚信体系造成巨大破坏

由于传销人员发展对象多为亲属、朋友、同学、同乡、战友，其不择手段的欺诈方法，导

致人们之间信任度严重下降，引发亲友反目，父子相向，瓦解社会基本单元——家庭，动摇社会稳定的基础。传销活动参与者多有相同的经历，就是被亲戚朋友以介绍工作为名，骗到外省市。参与人员中，多是弱势群体，最后结果往往许多人妻离子散，家破人亡。有的人还因被"洗脑"得过分投入，精神会接近崩溃边缘。

（五）成为腐败行为的新的诱发点

一些执法人员支持、纵容、包庇、参与传销，为传销和变相传销"保驾护航"获取"权利出租回报"，引发出新的腐败行为。

（六）突破了道德和法制约束，危害人的思想信念基础

传销的"洗脑"，让人不以欺骗为辱，反以此为荣。传销培训出了不受道德约束的成员，即便组织被取缔，不再从事传销，也已经没有正常人做不道德事时的内疚感，变得极端自私，唯利是图。

二、传销对大学生的危害与影响

大学生思想单纯，容易轻信他人，缺乏社会经验和识别陷阱的能力，容易上当受骗。大学生易误入传销组织，概括起来主要有以下几方面的原因。

（1）大学生社会接触面不广，但对生活期望值较高，容易被"洗脑"，上当受骗。非法传销屡受打击后，不断变换形式，披上"直销""店铺经营"等各种合法外衣继续活动，欺骗性更强。

（2）参与传销的同学多数急于减轻经济压力，让自己和父母脱贫，从而对传销的"今天睡地板，明天做老板""一夜暴富"神话产生期望。

（3）传销组织的"洗脑"方法切合一些同学的心理需求，其谎言迎合了这部分同学社会阅历浅、叛逆心理强、富于幻想的心理特点。

（4）受社会转型期各种错误思想观念的影响，"有钱就是成功"的暴富心态左右了他们的价值观念，导致其理想信念有所缺失，仅凭有无短期效益来衡量一件事情是否有益。

（5）一些同学被传销组织提出的平等、互爱等口号所迷惑，对传销集体产生心理依赖。

时至今日，仍有部分高校学生因传销而退学、失踪，甚至有伤亡事件发生。大学生是一个家庭的希望和未来，他们陷入非法传销的失足行为使得整个家庭遭受巨大的压力和损失，不仅危害其自身，而且危害家庭、学校和社会。

第三节　识别传销与防范传销

一、如何有效识别传销真面目

（一）打就业牌

一些传销组织就抓住毕业生急于找工作的就业心理，想方设法把高校毕业生作为潜在的拉拢欺骗对象。传销组织者或"上线"往往编造"高薪招聘""提供就业""投资做生意"等极具诱惑力的理由，投其所好，吸引同学们前往。近年高校毕业生找工作误入传销组织的案件有

所上升，每年都有部分高校的毕业生误入传销组织并被控制失去自由，最后需要学校、地方联动去解救。

（二）打感情牌

为提高发展"下线"的成功率，传销人员往往将个人人际关系网络成员，即亲戚、朋友、同学、战友等作为首先考虑吸纳的对象。

（三）精神控制

较典型的如"二八定律"，即对新来的受骗者，传销组织要求"业务员"（上线），80％谈感情，20％谈事业，绝对不能讲有关传销的事情；宣扬一些所谓的"成功案例"的氛围，逐渐消除新来人员的防御心理；不间断进行高强度"洗脑"，全面营造"传销致富"的氛围，从精神上控制新加入的传销人员。

（四）打理论牌

"消费联盟""连锁加盟""框架营销""互动式科学营销"等层出不穷的新名词，让人眼花缭乱，难辨真假。传销组织者为这些名目设计了似是而非的"理论体系"，用以伪装传销活动的骗人实质，对普通大学生极具欺骗性。

二、防范传销的几点建议

（一）不要相信天上掉馅饼

传销公司最常用的话就是"让你在消费的同时赚钱"。消费就是消费，赚钱就是赚钱，天下没有白吃的午餐。

（二）轻信他人介绍工作

对熟人、朋友、同学甚至亲戚来电来信介绍工作，要感谢，要重视，但不要随意相信。要通过各种正规渠道进行调查核实，确定其所介绍的单位在招工，方可去应聘。

（三）就业最好走正规渠道

尽量通过学校举办的毕业生供需见面会和政府举办的人才市场去寻找就业机会，避免非正规渠道带来的求职风险。

（四）求职应聘时认真审验合同

《中华人民共和国劳动合同法》规定，公司与个人发生劳资关系必须签订劳动合同，劳动合同是保证双方平等互利的必要工具。求职时，正规公司都会主动与求职者签订劳动合同。如果用人单位丝毫不谈合同，甚至拒绝签订合同，那么该公司就有违法嫌疑，就应特别警惕防范，小心上当受骗。

（五）网上应聘要特别谨慎

传销组织经常在网上发布优厚待遇的虚假职位信息，引诱求职者去应聘，还安排一对一的专人去车站接送。面对这种情况，要多渠道考证再做决定，绝不可盲目应聘。

三、逃脱传销魔窟的方法

（一）记住地址，伺机报警

掌握自己所处的具体位置、楼栋号、门牌号等，如果没有这些，可以看附近有没有什么标志性建筑，如饭店、商场等，暗中记下名字。如果能发短信、微信、QQ留言或打电话，可自己偷偷报警，或告知亲人或朋友，叫他们帮你报警。

（二）外出上课学习的途中逃离

若能外出要抓住时机赶紧跑，可以在经过一些机关单位、企事业单位时，跑过去向保安或工作人员求助；提前写好求救纸条，假装买东西等和钱一起交给收银员；跑向人多的地方高声向路人求救；实在不行，也可以装成坏人抢东西，引起别人关注。

（三）装病，寻找外出逃离的机会

肚子疼、肚子拉稀，这些都是很好的借口。尽可能地折腾他们，让他们不得安宁，最终同意外出就医，然后找机会逃离。

（四）从窗户扔纸条求救

如果实在找不到逃跑的机会，可以在上厕所时偷偷写好求救纸条。为引起注意，可写在钞票上，然后趁人不备，从窗户扔下。

（五）骗取信任，寻机逃离

如果实在被看守得很紧，在敌强我弱的情况下，就要想办法伪装，获取他们的信任，伺机逃脱。

总之，传销既是经济问题也是政治问题、社会问题，决不能掉以轻心，决不能让非法传销侵蚀和危害青年学生的未来。我们必须自觉提高自身各方面的综合素质，树立正确的发财致富观念，认清非法传销的丑恶嘴脸，揭露和抵制非法传销。

知识链接

与传销有关的法律规定

2005年，国务院通过并颁布了《禁止传销条例》。

2009年2月28日，第十一届全国人民代表大会常务委员会第七次会议通过了《中华人民共和国刑法修正案（七）》，修正案中新增了"组织、领导传销活动罪"。规定：组织、领导以推销商品、提供服务等经管活动为名，要求参加者以缴纳费用或者购买商品、服务等方式获得加入资格，并按照一定顺序组成层级，直接或者间接以发展人员的数量作为计酬或者返利依据，引诱、胁迫参加者继续发展他人参加，骗取财物，扰乱经济社会秩序的传销活动的，处五年以下有期徒刑或者拘役，并处罚金；情节严重的，处五年以上有期徒刑，并处罚金。组织领导传销罪只将传销活动的组织者、领导者作为组织领导传销者的犯罪主体和打击重点，对一般的传销参与人员则采取行政处罚和教育相结合的措施。

案例选编

典型案例1

2017年7月10日，外出求职的大学毕业生张某在天津市静海区误入传销组织。7月13日，传销人员王某某发现张某有中暑症状，服药后未见好转。当晚，王某某、刘某某雇用祖某某夫妇开车将张某送往天津站令其回家，途中发现张某病情严重，遂将其弃于一小路上。次日，张某的尸体被人发现并报警。

静海的传销组织以"蝶贝蕾"为主，属于北派传销，常限制人身自由，比较粗暴，动手打人是常事。7月15日，公安机关以涉嫌过失致人死亡罪将犯罪嫌疑人祖某某、刘某某、王某某依法刑事拘留。

【案例分析】

张某当然不是第一个死于传销的年轻人。传销往往引发多起刑事犯罪，给社会稳定带来危害。本案和前文李某某案例有明显相似之处都是毕业大学生求职心切，被传销组织欺骗，身陷魔窟，被非法拘禁，造成悲剧。一方面，部分大学生急于就业，想找高薪工作，缺乏社会实践经验，相对单纯，所以传销人员会盯上涉世未深的年轻人。另一方面，误入魔窟的大学生应冷静面对，首先学会自保，然后争取被解救。

典型案例2

2016年11月18日，刚从北京某高校毕业的陈某坐上前往山西大同的火车，去见一名网恋的女友。见面之后，女孩先后以看手机电影、身体不舒服等理由，拿走陈某的手机并骗他回"家"——传销人员的据点，随后陈某被控制。

陈某通过欢迎仪式"接风洗尘"之后就正式进入上课阶段，上完课进行考试，必须全部答对才行，否则继续上课、继续回答，直至完全服从"家"里。其间，陈某试图离开却被打。经过5天的观察，11月23日凌晨3点，陈某从所住地三楼跳下，所幸二楼和一楼有遮挡物。离开时，他身上只穿着一条内裤和两只袜子，袜子里藏着两张银行卡和身份证。26日，大同警方端掉这个窝点，除主犯外所有人全部被抓。遗憾的是，由于没有人站出来指认组织者，所以在教育之后，整个传销集团成员都被释放。

【案例分析】

传销活动屡禁不止，受害大学生大多家庭较为贫困，一旦被骗，无法索回交出的钱，但又想挽回损失，于是越陷越深，不能自拔。从传销组织角度看，其使用的"洗脑"方法切合大学生的心理需求，编造的谎言迎合了社会阅历浅、叛逆心理强的大学生们的完美幻想。从社会环境看，人们对传销的认识不够深，对传销者骗人的手法了解不足，警惕性不高。

典型案例3

2017 年 8 月 4 日,湖南长沙某职业学院大二女大学生林某某,在被校友骗至湖北钟祥市传销组织 23 天后,不堪忍受非法拘禁和不停地劝说,跳入河中溺亡。

5 名被抓获的嫌疑人中,25 岁的谢某某是大学辍学,把自己的弟弟也拉入了传销组织。当警方将其抓获时,谢某某情绪不满,对民警说"你们断了我的财路,我都要升 C 级了"。谢某某告诉民警,自己已经投入了 4 万余元。将林某某骗到传销窝点的学长卿某某受审时面无表情,看不出慌张和愧疚的神情。

【案例分析】

传销的丑恶面目往往戴着"介绍工作"尤其是"熟人介绍"的面具。活动参与者往往欺骗,甚至诈骗勒索自己的亲戚、朋友、同学、同事等关系圈内的人,道德沦丧。林某某式的悲剧一再上演,正是传销对于人伦道德、社会秩序的极大破坏的又一例证。

【思考与练习】

1. 走访身边亲友,了解周边社区,你有没有发现传销的隐蔽存在或真实故事?

2. 参与社会实践时,怎样辨别招聘宣传中的传销陷阱?

3. 作为一名大学生,如何不被非法传销所迷惑?

第十三章 校内活动与校外活动安全

2016 年的一天，某高校大学生高某起诉至法院称，2015 年 10 月 28 日，该校校运会彩排期间，被告王某在练习发球动作时，羽毛球击中自己，将其左眼眼镜打碎导致其左眼受伤，王某陪同其到医院检查治疗，并支付了部分医疗费，然而其左眼视力未见好转，给其学习和生活造成严重不便。

高某认为，自己的左眼受伤是由被告王某直接导致，而学校应保障学生在校期间的人身安全。为此，起诉要求被告王某和学校共同赔偿医疗费、伙食补助费、营养费、后续治疗费以及精神损害抚慰金等多项费用。

被告王某表示，其在此次事件中无过错，在事件发生后，已经垫付部分医药费，原告的赔偿请求超出了合理范围，故其不应再为此次事故承担任何赔偿责任。

学校则表示，此事故发生在课外休息时间，不属于学校老师管理责任范围内。且学生高某与王某练习打羽毛球，是正常的体育活动，两个同学是成年人，学校无监护责任。本次事故为意外事件，无法预见和采取任何措施避免，原告与被告没有提供任何证据证明学校疏于管理，所以，校方无任何过错，不应承担侵权责任。

法院审理认为，被告王某在操场上练习羽毛球发球时致伤原告，虽无故意，却存在其行为的过失致原告受伤的事实，对原告所造成的各项损失应承担主要责任，即 70% 的赔偿责任。学校安全教育和监管不到位，对原告所造成的各项损失应承担次要责任，即 20% 的赔偿责任，原告作为一名大学生，在参加体育活动中，应当有自护的义务，故原告对自身损失承担 10% 的责任。

高校校内外活动主要是指大学生进行的有组织、有计划、有目的的实践活动，主要关注大学生在专业学习之外的时间进行的活动，是课堂教育之外的社会实践活动。大学生活动的内容非常丰富，几乎涵盖了大学生在校期间的一切活动。

学校应当按照规定，建立健全安全制度，对在校学生进行必要的安全教育和自护自救教育，并采取相应的管理措施，预防和消除教育教学环境中存在的安全隐患；当发生伤害事故时，应当及时采取措施救助受伤害学生。通过本章内容的学习，大学生可学会在各种活动中懂得关注自身安全，正确处理活动造成的伤害。

学生在学校内发生安全事故，人身或财产受到伤害，该由谁来负责？

第一节　校园活动的安全

高校校园活动很多，有室内活动，也有室外活动。在活动中除注意日常的消防安全和交通安全外，还要特别掌握以下几种活动的安全要领和注意事项。

一、体育运动安全

（一）了解各项运动的性质

1. 接触性运动

接触性运动，如篮球、足球、橄榄球、拳击、柔道、摔跤等，进行这几类运动的人必须是肌肉发达、反应灵敏、体型高大的人，对于参加者的健康体能状况要求较高。

2. 耐力性运动

耐力性运动，如游泳、划船、骑脚踏车、网球、中长距离的竞赛等。这几类运动选手互相碰撞接触的机会较少，但需具备较佳的心肺耐力，因此心肺系统有问题的人不适合参加。

3. 高技巧性运动

高技巧性运动如射箭、高尔夫球、保龄球，以及田径赛中的跳高、推铅球、掷标枪等，这几类运动比较安全，也不太需要持续性的剧烈运动。

（二）运动前须知

（1）注意饮食，避免于太饱或空腹时做运动。特别谨记吃早餐，以免体力不支。
（2）游泳前不要喝过多饮料，以免因呕吐而哽咽。
（3）应穿着舒适和厚薄适中的运动衣服和鞋袜。选择尺码适合、鞋面柔软、鞋底可防滑和减低震荡的运动鞋。
（4）配备足够的饮品以作补充。
（5）注意天气的转变，以免着凉或中暑。
（6）做 5~10 分钟的热身及伸展运动，可减少受伤的机会。
（7）运动后应做缓和的放松运动及重复伸展运动，使身体逐渐回复静止的状态。
（8）场地设备必须符合各项运动项目的规则，没有龟裂、不平整、松动、生锈等现象。
（9）运动器械规定有使用及管理办法，使用者与管理者均要确实遵守与执行。

（三）运动前应有足够的准备活动

运动前做好足够的准备活动，有助于提升体温，使循环系统肌肉关节等慢慢进入适合运动的状态，进而有效预防运动伤害。

（1）一般性的准备活动，以提高呼吸及循环系统的机能以及提高体为目的，以慢跑、徒手体操和柔软操为主。

（2）专门性质的准备活动，以所从事运动之主要肌群的热身为目的，进行有针对性的准备活动。

（四）运动注意事项

（1）了解自己的体质，选择合适的运动，量力而为，不要勉强做过分剧烈的运动。

（2）患有急性病症，例如发烧或剧痛，就不要勉强做运动。

（3）慢性病患者，如高血压、糖尿病、心脏病、关节炎等，要先向医护人员咨询。

（4）运动时，如有头晕、气喘、心悸、作呕、心闷或心痛增加等情况，应立即停止，需要时应及早就诊。

（5）从事较长时间的运动如远足，要不时补充水分，不要等到口渴才喝水、保持自然呼吸，并要有适当的休息。

（6）应持之以恒，每周做3次以上的运动，每次做30分钟以上，可达到理想的锻炼效果。

（7）与朋友一起运动，结伴同行，既增加乐趣，又可互相鼓励和照顾。

（五）运动禁忌

1. 忌在强光下锻炼

中午前后，烈日当空，气温最高，除游泳外，忌在此时锻炼，谨防中暑，夏季阳光中紫外线特别强烈，人体皮肤长时间被日光照射，可发生Ⅰ～Ⅱ度灼伤，紫外线还可以透过皮肤、骨头，辐射到脑膜、视网膜，使大脑和眼球受损伤。

2. 忌锻炼时间过长

一次锻炼时间不宜过长，20—30分钟为宜，以免出汗过多，体温上升过高面引起中暑，如果一次锻炼时间较长，可在中间安排1—2次休息。

3. 忌立即休息

剧烈运动时人的心跳会加快，肌肉、毛细血管扩张，血液流动加快，同时肌肉有节律性地收缩会挤压小静脉，促使血液很快地流回心脏，此时如立即停下来休息，肌肉的节律性收缩也会停止，原先流进肌肉的大量血液就不能通过肌肉收缩流回心脏，会造成血压降低，出现脑部暂时性缺血，引发心慌气短、头晕眼花、面色苍白、甚至休克昏倒等症状。所以，剧烈运动后要继续做一些小运动量的动作，待呼吸和心跳基本正常后再停下来休息。

4. 忌马上洗浴

剧烈运动后人体为保持体温的恒定，皮肤表面血管扩张，汗孔张大，排汗增多，以方便散热，此时洗冷水浴会因突然刺激，使血管立即收缩，血液循环阻力加大，同时机体抵抗力也会降低，人就容易生病。而如洗热水浴则会继续增加皮肤内的血液流量，血液过多地流进肌肉和皮肤中，会导致心脏和大脑供血不足，轻者头昏眼花，重者虚脱休克，还容易诱发其他慢性疾病。所以，剧烈运动后一定要休息一会儿再洗浴。

5.忌暴饮止渴

剧烈运动后口渴时，有的人就暴饮凉开水或其他饮料，这会加重胃肠负担，使胃液稀释。这样既降低胃液的杀菌作用，又妨碍对食物的消化。而喝水速度太快也会使血容量增加过快，突然加重心脏的负担，引起体内钾、钠等电解质发生一时性紊乱，甚至出现心力衰竭、胸闷腹胀等。故运动后不可过量过快饮水，更不可喝冷饮，否则会影响身体散热，引起感冒、腹痛或其他疾病。

6.忌过量吃糖

有的人在剧烈运动后觉得吃些甜食或喝些糖水很舒服，就以为运动后多吃甜食有好处，其实运动后过多吃甜食会使体内的维生素 B_1 大量消耗，人会感觉到倦怠、食欲不振等，影响体力的恢复。因此，剧烈运动后最好多吃一些含维生素 B_1 的食品，如蔬菜、肝、蛋等。

7.忌剧烈运动

剧烈运动会对人体产生巨大的危害。对人而言，运动是有极限的，一旦超过了这个限度不但无利反而有害。不科学的剧烈运动对人们的身体以及心理会产生不良影响，甚至会导致疾病的发生。例如，研究发现冬季剧烈运动会引起猝死。冬天是心脑血管病的高发季，在寒冷的冬季，尽量不要做过于剧烈的运动，以免对心脑血管造成伤害。

8.忌过动量运动

过量运动同样也会对人体产生巨大的危害。如果长时间过量运动会对身体产生伤害，身体会酸疼，而且体内的糖、脂类、蛋白质会被大量消耗，如果一些特殊蛋白质被大量消耗会对身体非常不利。

9.忌运动量不足

运动量不足，体力活动又很少的人，会造成身体的各个系统功能普遍下降，心脏变得十分脆弱，活动量稍一增大，便会心跳气短，气喘吁吁。运动量不足会引起血脂增高，使胆固醇沉积于血管壁上，加速动脉硬化的形成，成为冠心病的诱发因素之一。运动量不足还会使消化功能降低，食欲减退，容易失眠及患神经官能症等疾病。此外，长期运动量不足，会导致机体免疫能力下降，各种疾病会接踵而至，因此，活动量小是现在人们多病之因，大学生应该正确加强体育锻炼。

（六）运动创伤的处理方法

（1）遇到扭伤或创伤，要立即停止正在进行的运动，以免加重患处伤势，

（2）保持冷静，并找安全的地方休息。

（3）若运动时抽筋，可将肌肉轻轻拉直，以减轻痛楚。

（4）扭伤的正确处理，包括保护、休息、冰敷及用弹性带稳固地轻轻压迫包扎，把受伤部位托高，可减慢肿胀。切忌大力按摩，致使伤情恶化。

（5）若受伤后感到剧痛，急速肿胀，有严重瘀伤、关节不能活动或变形，均有可能是骨折，应尽快求诊。

二、大学群体性活动安全

（一）大学生群体活动的种类和特点

大学生参加的群体活动按照内容可分为三类：一是会议类活动，如校院系学生大会、学代会、团代会、校庆大会、迎新大会、毕业典礼大会等；二是招聘类活动，如毕业生就业招聘会、洽谈会；三是文艺类活动，如迎新晚会、校庆晚会及其他大型文艺演出、会演等。

大学生群体活动具有以下几个显著特点。

(1)活动的地点相对固定，活动范围相对狭窄，如教室、会议室、体育馆、操场、礼堂等。一旦发生安全事故，疏散不便。

(2)人员较集中，数量多，密度高。一次活动少则几十人，多则数万人。众多的人集中在有限的范围内，一旦发生安全事故，其人身财产损失往往无法控制。

(3)人员结构较复杂。校园群体活动参与者一般都来自不同院系、不同年级，互不相识，容易产生矛盾，矛盾激化则可能上升为寻衅滋事，引发斗殴、骚乱等治安事件。而一旦发生安全事故，人员混乱拥挤，秩序难以得到控制。

(4)校园群体活动一般是有组织、有计划、有领导的集体活动。这有利于加强安全保卫工作，及时有序地处置安全事故。

（二）大学生群体活动中发生人身伤害事故的原因

大学生群体活动中发生人身伤害事故的原因可归纳为五种。

(1)活动组织存在漏洞。如大型活动没有周密的安全保卫预案，活动之前消防安全检查不到位，疏散通道与通道口不畅通甚至未开启，场内外、疏散通道和通道口无专人负责等。

(2)活动场地和设施设备出现故障或损坏。如音响、灯光设备等大功率电器引起火灾，舞台看台塌落、横幅幕布着火等。

(3)活动参与者不遵守活动纪律。个别大学生不服从工作人员的安排，甚至出现冲突、拥挤等行为，造成现场混乱和恐惧。

(4)人为破坏。如反社会、报复社会的恐怖分子混入其中，实施爆炸等恐怖行为，不法分子蓄意混入，寻衅滋事，发生冲突，引起恐慌，引发踩踏事件。

(5)参加者动作失误、意外事件以及自然因素的影响等其他原因引发人身伤害事故，如在大型活动结束时的签名、合影等也会引起骚动，发生踩踏事件。

（三）大学生群体活动的安全预防

"学生无小事"，群体性活动中的大学生人身伤害事故往往产生非常严重的后果，影响校园的安全、稳定，甚至影响到社会的安定与和谐。因此，必须采取切实的防范措施。

(1)严格审批，认真组织。组织大型学生群体活动，要按规定向公安保卫部门审批备案，制订完善的工作预案，配备足够的安全保卫等工作人员，认真落实分工负责，维护现场秩序，做好应急处置。大型活动必须根据举办的场地等条件控制参会人数。

(2)全面进行安全检查，排查整改安全隐患。活动进行前，活动组织者要联系学校相关职能部门对活动场地和设施设备开展全面的安全检查，排查整改，消除各种隐患。

（3）明确应急预案，加强安全教育。大型活动举办前，活动组织者要对工作人员和参加活动的学生进行安全教育，明确应急预案的相关措施和纪律等相关要求。

（4）熟悉现场环境，采取必要防范措施。熟悉场馆内的各条安全通道的位置，准确判断、辨清方向。参加大型活动时，注意观察场地、设施设备的安全性。要穿轻便衣服，最好穿平底鞋，系好鞋带，防止发生事件时被人踩到。

（5）遵守纪律，服从管理。不拥挤、不起哄、不制造紧张或恐慌气氛。发现不文明的行为要劝阻和制止。群体活动发生某些摩擦在所难免，要保持平和心态，相互尊重，容忍他人的过错，以理服人，处理好相互之间的矛盾；不能强词夺理，更不能恶语相向，拳脚相加。

（四）大学生群体活动人身伤害的处置

大学生群体活动安排再周密，偶尔也会发生一些踩踏等伤害事件，导致惨重的后果。因此，要掌握大型活动安全事故的处置措施。

（1）保持镇定，听从指挥，在工作人员的安排下有序撤离。校园集体活动的组织者在发生事故时，将会根据预案及时采取措施。因此，发生意外时不要慌乱，要听从指挥，有秩序地进行撤离。要克服趋同、从众的心理，避免相互拥挤、堵塞通道、踩踏现象的出现。要保护老弱病残者先离开现场。

（2）如果会场大乱，不要随人员盲目奔跑，要冷静选择逃生路线，应选择主流方向或者离出口较近方向，不能逆人流而行，以防被挤倒。最好站稳扶墙移动，尽快逃离现场，在混乱中，要身体前倾，双手紧握向前曲，保证自己能正常时呼吸，如果鞋子被踩掉，不要贸然弯腰提鞋或系鞋带，如果被绊例，一定要把身体缩成团状，用双手及胳膊保护头部，抓住时机往墙根方向移动。

（3）发生踩踏事件时，在保证自己安全的情况下，要尽快向有关部门报告，马上拨打110报警电话及120急救电话。

（4）对被踩踏的伤员，在现场要进行简单止血、包扎、固定等救助；对伤情严重的伤员，要及时送就近医院抢救。

三、严防拥挤踩踏

（一）发生拥挤踩踏的原因

拥挤是一种在很短的时间内，因为某种突发的原因，在人员集中的场所内引起的情绪亢奋、行动过激、人群大量聚集的失控现象。造成校园拥挤踩踏事故的原因有以下几点。

（1）事故发生时间多在放学或集会、就餐之时，学生相对集中，且心情急迫。

（2）事故发生地点多在教学楼上下楼层之间的楼梯拐弯处，上面几层的学生下到此处相对集中，形成拥挤。

（3）学生不易控制自己的情绪，遇事慌乱，常常出现拥挤并大喊大叫的现象，使场面失控。

（4）学生不善于自我保护，在拥挤时或弯腰拾物时被挤倒，或被滑倒、绊倒，发生踩踏事故。

（5）平时缺乏对事故防范知识的学习和训练，无应急措施。

（6）有个别学生搞恶作剧，遇有混乱情况时狂呼乱叫，推搡拥挤，以此发泄情绪或恶意取乐，致使惨剧发生。

（7）晚上突然停电或楼道灯光昏暗，造成拥挤踩踏事故。

（8）楼梯较窄，不能满足人员集中需要。

公共场所发生人群拥挤踩踏事件是非常危险的，当身处这样的环境中时，一定要提高安全防范意识。

（二）预防拥挤踩踏的知识和方法

（1）不论是听到上（下）课铃声，还是发生任何意外，都要冷静处之，有秩序地进出教室，不要相互推搡和拥挤。

（2）为了减少突遇意外时的慌乱，应进行必要的演练，每一个同学都应该清楚地了解在遭遇突发事件，必须撤离教室时应遵循的顺序和路线。

（3）发觉拥挤的人群向着自己行走的方向涌来时，应该迅速躲避到旁边，如果有可能，尽力抓住一些坚固牢靠的东西（例如楼梯护栏、扶手），不要奔跑，以免摔倒。如果旁边有可以躲避的地方，要暂避一时，等到人群过去后，再迅速而镇静地离开现场。切记不要逆着人流前进，那样非常容易被推倒在地。

（4）遭遇拥挤的人流时，一定不要采用体位前倾或者低重心的姿势，即便自己的鞋子被踩掉或携带的物品被挤掉，也不要贸然弯腰提鞋或者俯身捡拾东西等，防止被挤倒在地面被踩伤。

（5）如果身不由己陷入人群之中，一定要先稳住双脚，切记远离玻璃窗，以免因玻璃破碎而被扎伤。无论在任何地方，在突然被大多数人裹挟向一个方向前进的时候，都不要因为任何原因逆向行动。即使人流前进方向与你要去的目的地背道而驰，也不要做出逆着人流行动的尝试，以免被众人挤倒。

（三）拥挤踩踏的应急常识

一旦发生踩踏事故，要立刻采取有效的应对措施，做好急救和处理，最大限度地减少事故对学生造成的伤害。

1. 启动应急预案

踩踏事故发生后，学校要立即启动《校园拥挤踩踏事故应急预案》并迅速拨打120、110电话呼救，抢救受伤人员。在规定时间内向上级有关部门报告，同时做好伤亡者家长的安抚工作。

2. 快速疏导现场人员

学校要利用一切有效手段快速疏导现场人员，让学生尽快疏散到安全地点，禁止无关人员滞留现场，防止有人故意制造恐慌气氛，避免再次发生事故。

3. 紧急救护伤者

（1）拥挤踩踏事故发生后，一方面赶快报警，等待救援；另一方面，在医务人员到达现场前，要抓紧时间用科学的方法开展自救和互救。

（2）在救治中，要遵循先救重伤者、老人、儿童及妇女的原则。判断伤势的依据有：神志不清、呼之不应者伤势较重；脉搏急促而乏力者伤势较重；血压下降、瞳孔放大者伤势较重；有明显外伤，血流不止者伤势较重。

（3）当发现伤者呼吸、心跳停止时，要赶快做人工呼吸，辅之以胸外按压。

第二节　校外活动安全

一、实习、实训和社会实践安全

随着高等教育质量观和人才培养模式的转变，各高校无不强调知识、能力与素质的综合发展，重视创新精神和实践能力的培养，将社会需求与学生能力培养相结合。因此，各专业都加强了学生实习实践环节的培养。但在同时，大学生在实习劳动和社会实践过程中因各种原因发生的安全事故也呈上升趋势，加强实习安全与社会实践教育安全刻不容缓。

（一）顶岗实习安全

1. 顶岗实习中可能出现的伤害事故

顶岗实习是学生在真实的企业生产环境下进行职业技能综合训练的活动。与学校的教学实习实际不同，顶岗实习是将实习学生作为企业的新进"正式"员工看待，独立工作。比教学实习实训要求更高，相对的安全隐患也更多，需要高度关注。

根据影响安全的因素来说，顶岗实习中易发生的伤害事故可分为人的不安全行为导致的事故、物的不安全状态导致的事故、环境的不安全因素导致的事故和管理的缺陷导致的事故几类。具体情况如表 13－1 所示。

表 13－1　影响安全的因素及表现形式

事故原因	类型	表现形式
人的不安全行为	上班时间不安全行为	不遵守工作管理制度、违反工作岗位安全操作规程等。例如：进入建筑工地不戴安全帽、高空作业不系安全带、女生操作机床不戴帽子、带电作业只有一人单独操作、在严禁烟火的场所吸烟等
	非上班时间不安全行为	违反交通规则、擅自江河游泳、与人斗殴、酗酒等
物的不安全状态	物体（设备）静止时不安全状态	失控物体的惯性力造成的人身伤害，如落物、坍塌等
	物体（设备）运行（搬动）时不安全状态	起重作业伤害、机械加工作业伤害、车辆行驶伤害等
环境不安全因素	腐蚀液体、气体，易燃易爆物质	燃烧、爆炸、碰撞、跌倒等

续表 13－1

事故原因	类型	表现形式
管理的缺陷	未按要求签订顶岗实习三方协议、学生顶岗期间人身意外及医疗保险合同，未进行有效的安全教育等	带电作业人员没有上岗证，实习学生进入危险区域或擅自离岗、发生伤害事故等
	非上班时间管理的缺陷	被他人伤害、煤气或食物中毒等

2.顶岗实习中的人身安全防范

顶岗实习的目的是让学生把所学专业知识、专业技能运用到企业生产、管理中，提高工作能力。顶岗实习不同于其他诸如毕业实习、试用、见习等方式的地方在于顶岗实习能使学生完全履行其实习岗位的所有职责，独当一面，具有很大的挑战性，对锻炼学生的能力起到很大的作用。面对大学生求职时"没有工作经验难就业，而不能就业也就没有工作经验"的尴尬局面，是否具有较强的实践操作能力成为衡量大学生综合素养的重要尺度。因此，职业院校和用人单位以及大学生本人都极其重视大学生的实习实践环节。参加顶岗实习，首先要牢固树立"安全第一"的意识。积极参加学校组织的顶岗实习安全教育教学活动，认真学习《顶岗实习安全守则》《顶岗实习协议》等相关内容，深入解读顶岗实习安全问题的相关法律法规。认真参加岗前安全教育，严格遵守实习单位安全生产规章制度及操作规程，听从指挥，服从管理，正确使用防护用品。

在学习各种安全常识的同时，要掌握相应的安全防护措施及事故应急处理方法，在顶岗实习阶段，学生只有做到充分认识行业、认知岗位、了解危险，才能处乱不惊谨慎上岗，规范操作。

（二）实习实训安全

1.实习实训危机预防

为了确保实习实训安全，要遵守实习实训安全制度，同时做好"十防"：防火、防爆、防毒、防触电、防伤、防菌、防放射性辐射、防噪、防腐蚀、防磁。

（1）防火

严格遵守各项安全管理规定、安全操作规程和有关制度。

①使用仪器设备前应认真检查电源、管线、火源、辅助仪器设备等情况。

②严禁非实验用火，不在实验实训场所吸烟，高压容器要有固定装置，易燃物品要远离火源和电源，电热设备必须放在阻燃基座上并要有专人使用，严禁使用非实验用电设备及高功率灯泡。

③仪器设备使用完毕后应认真进行清理，关闭电源、火源、气源、水源等，还应清除杂物和垃圾。

（2）防爆

实习实训涉及使用易爆危险品时，一定要注意防爆安全规定，按照规定一丝不苟地进行操作，用剩的化学试剂应送到规定的安全地点存放。

（3）防毒

实习实训中，有时要接触和使用一些有毒的物质，这时要戴防毒口罩或面具。施洒农药时，应尽量站在上风侧进行。

（4）防触电

①仔细检查供电线路是否符合安全用电的规范要求，发现问题应及时处理。

②不要用湿手操作各种电器开关或触摸各种电器，最好穿胶底鞋进入实验室。

③更换保险丝时，不得使用超过规定的保险丝，更不能用铝、铁、铜质导线来代替保险丝。

（5）防伤

为了预防不应有的割伤、烧伤和烫伤发生，注意做到以下4点。

①使用玻璃仪器时，一定要轻拿、轻放，防止碰击。

②通电的电热器不要随意搬动；放在液体里的电阻丝，当电源接通时，不要从液体中取出。

③用电炉加热容器中的液体时不可装得太满，以免易燃品溢出落在炉上燃烧。

④在做有关水的沸腾等实验时，不要使蒸汽出口对着人体。

（6）防菌

学生在做生物实验或生化实验时，常常会接触细菌和微生物，如操作不慎，很容易感染致病。要注意做好防感染措施。

①要穿上隔离衣，戴好卫生帽、卫生口罩和胶皮手套。做解剖实验时，要尽量借助仪器操作，不要用手直接接触解剖材料。

②必须用手时，一定要剪短指甲；若手有外伤，则不能进行解剖操作。

③微生物学实验时，要小心仔细，严格按操作规程进行。如果遇到盛菌试管或试剂瓶不慎被打破、皮肤破伤或菌液吸入口中等意外情况时，则应立即报告老师，及时进行处理，切勿隐瞒。每次实验完毕后，都必须把所有仪器抹净放妥，将实验室收拾整齐。凡带菌的工具在洗涤前，须浸泡在3%来苏尔溶液中进行消毒。每次实验需要进行培养的材料，应标明自己的组别及处理方法，放在指定的地点。实验室中的菌种和物品等，未经老师许可，不得携出室外。离开实验前将手洗净，并对所有防护用具做消毒处理，定点存放。

（7）防放射性辐射

为了防止放射性危害，应采取下列措施。

①尽量缩短接触放射性物质的时间，这是防止放射性伤害的有效措施。

②放射源应置于固定存放地点并加强屏蔽保护，用后应立即放回原处。

③任何形式封装的放射源，均不能用手直接接触，应使用专门的镊子、托盘等拿取，用毕应放回原处。

④操作时，应戴上防护手套、防护口罩和防护服，操作结束后应立即冲洗干净。

⑤放射性液体需要在通风柜中操作，粉末态放射源则应在手套箱中操作。

⑥若遇有放射源跌落、封装破裂等意外事故发生，则应及时报告。

（8）防噪

防止噪声最有效的措施就是控制声源。例如，调整平衡、在摩擦处加润滑油或用弹性耦合、安装消声器等。噪声个人防护，主要是用相关材料制成耳塞等护耳器或戴头盔，以降低噪声对人耳的刺激。

（9）防腐

遵守实验室规定，防止化学液体溅出、灼伤。

（10）防磁

存放带有磁性的物品时，需防止磁性仪器失磁、防止有些仪器着磁。两个以上的条形磁铁、磁针也要本着同极相斥、异极相吸的原则，科学合理存放。在实验中防止磁化和磁干扰，如蹄形磁铁极间要放衔铁，使其构成磁回路。各种磁性仪器，要远离热源，还要与音像磁带、工具和零件分开存放。

2. 实习实训危机应对

（1）实习实训过程出现起火时，可参照第八章提出的防火措施进行。

（2）实习实训过程出现爆炸现象，应立即关闭电源，停止操作，组织人员撤离现场。如人员受到伤害，要及时将其送往医院抢救。

（3）如果发生人身触电，应立即切断电源，及时进行人工呼吸，必要时送医院救治。

（4）如果碱溶液沾到皮肤上，应立即用较多清水冲洗，再涂上硼酸溶液；碱溶液不小心溅到了眼睛里，切不可用手揉眼，可用大量的流水冲洗，洗的时候要眨眼睛，必要时送医院治疗。如果浓酸洒到皮肤上，千万别用水冲洗，要先用布拭干净再用水冲洗，然后，再涂上3%～5%的碳酸氢钠溶液，不要乱揉捏。

（5）若出现农药中毒，应及时脱去衣服，用微温的肥皂水、稀释碱水反复冲洗体表10分钟以上。对神志清醒的中毒者，可用筷子或手指刺激咽喉催吐。昏迷病人出现频繁呕吐现象时，可将其头放低，使其口部偏向一侧，防止呕吐物阻塞呼吸道引起窒息。对昏迷的病人，应立即送往医院进行洗胃。

（6）实习实训中如发生事故，应采取应急措施，同时保护现场，并立即报告有关部门。如发现不安全因素，也应立即采用有效措施并及时上报。

（三）社会实践安全

高校大学生社会实践活动的内容包括开展社会调查、志愿服务、公益活动、生产劳动等。社会实践活动有两种形式：一种是由学校团委等牵头组织，有计划、有安排、有部署、有专人负责的活动。如科技、文化、卫生"三下乡"活动、青年志愿者活动、公益劳动、环境保护活动、课外科技活动和课外创业活动等。另一种是学生自己利用课余时间和假期分散进行的活动。参加社会实践活动的安全注意事项主要有以下几点。

（1）参加学校或有关部门组织的社会实践，在实践过程中要听从指导教师和实践领队的指挥。团队成员要与队员、家人、同学保持电话联系，告知近况和行踪。领队应了解每名队员的活动情况，团队成员要互相关心、互相帮助。要事先确定好集合的地点和时间，确保每名队员安全返回。

（2）注意交通安全，遵守城市交通规则，不要乘坐无证、无营运资格的客运"黑车"。做好防盗、防骗、防火灾等人身财产安全。尽量避免去就餐环境差的无照饭店或小摊就餐，不购买"三无"食品或过期的食品饮料，讲究个人卫生，保持公共环境卫生。

（3）女大学生要注意穿着得体，不要穿奇装异服，穿着不要过于暴露。尽量不让陌生人带路，夜间外出要结伴而行，就寝时应关好门窗，夜间如需到室外上厕所要特别注意安全。不提倡个人尤其是女生一个人外出开展社会实践，确需进行的，要通过一定途径联系当地有关组织协助。

（4）要选择住宿条件相对干净、周边治安秩序良好、安全可靠的旅馆住宿，不要露天住宿；晚上不单独外出；注意住宿用火用电安全，不要使用违章电器，以免引起火灾。

（5）不要到江边、湖边等危险地区逗留，严禁到江河中游泳。如因实践活动需要接近危险地段，需有专业人士陪同并采取保护措施。

（6）外出时须备些晕车、止痛、止泻药，天热时须备防蚊虫叮咬的药水，野外作业时要防止意外事故发生。

（7）参加勤工俭学活动的学生，应自觉学习与遵守相关法律、法规，如《中华人民共和国劳动法》《中华人民共和国合同法》和《中华人民共和国税法》等，学会依法保护自己的合法权益；要尽量签订工作协议。签订时，应仔细研究对方提出的要求和协议中的条款，不要匆忙允诺或签字，防止上当受骗。

（8）识破虚假广告真面目，以防上当受骗。"高薪诚聘"是小广告中的诈骗"典范"，其主要手段是以收取押金为名进行诈骗，同学们不要因高薪诱惑而轻信广告宣传，以免上当受骗。

（9）利用寒暑假打工，在校外租房的同学，一定要坚持双方签订房屋租赁书或协议书，条款越细越好。

（10）在假期从事以体力劳动为主的勤工助学工作时，如到建筑工地做小工等重体力劳动，要注意人身安全，千万不能疏忽大意。

（11）遇到突发事件，应沉着冷静，及时向学校、公安部门报告，寻求帮助。

二、户外活动安全

（一）野外求生

在野外，生存环境非常恶劣，灾难可能会不期而至，及时了解自己所面临的困境，通知别人，求得救援，是非常重要的。遇险求救时，要通过各种方式与别人取得联系，发出的信号要足以引起人们的注意，还要注意根据自身的情况和周围的环境条件，发出不同的求救信号。一般情况下，重复三次的行动都象征寻求援助。

1. 野外求生信号的种类

（1）烟火信号

火光作为联络信号是非常有效的。遇险时，为保证发出的信号易被发现，白天可在火堆上放些苔藓、青嫩树枝、橡胶等使之产生浓烟；晚上可放些干柴，使火烧旺。

燃放三堆火焰是国际通行的求救信号，将火堆摆成三角形，每堆之间的间隔相同最为理想，而且这样安排也方便点燃。如果燃料稀缺或者自己伤势严重，或者由于饥饿，过度虚弱，凑不够三堆火焰，因陋就简点一堆火也行。

不可让所有的信号火种整天燃烧，但应随时准备妥当，使燃料保持干燥，以便使用，一旦有飞机路过，可尽快点燃求助。白桦树皮是十分理想的燃料。可以利用汽油，但不可将汽油倾倒于火堆上。可用一些布料做灯芯带，在汽油中浸泡后放在燃料堆上，将汽油罐移至安全地点后再点燃灯芯带。点燃之后如果火势即将熄灭，要确保将汽油添加在没有火花或余烬的燃料中。

在白天，烟雾是良好的信号，所以需要在火堆上添加散发烟雾的材料。浓烟升空后与周围环境形成强烈对比，易引人注意。

在夜间或深绿色的丛林中亮色浓烟十分醒目。添加绿草、树叶、苔藓和蕨类植物都会产生浓烟。其实任何潮湿的东西都会产生烟雾，潮湿的草席、坐垫可熏烧很长时间，同时还可预防飞虫逼近伤人。

黑色烟雾在雪地或沙漠中最醒目，橡胶和汽油可产生黑烟。如果受到天气条件限制，烟雾只能近地表飘动，则可以加大火势，这样暖气流上升势头更猛，会携带烟雾到相当的高度。

（2）体示信号

当搜索飞机较近时，可用肢体语言表达遇险的意思。

（3）声音信号

如营救人员隔得较远，则可大声呼喊：三声短三声长，再三声短；间隔 1 分钟之后再重复。

（4）反光信号

利用阳光和一个反射镜即可射出信号光。任何明亮的材料，如罐头盒盖、玻璃、一片金属铂片、镜子等，即使你并不知晓欲联络目标的位置，随意反照，也可能引人注意。

要注意环视天空，如果有飞机靠近，就快速反射出信号光。但这种光线可能会使营救人员目眩，所以一旦确定自己已被发现，应立刻停止。

（5）留下信息

当离开危险地时，要留下一些信号物，以便让救援人员发现。地面信号物使营救者能了解你的位置或者过去的位置，方向指示标有助于他们寻找你的行动路径。一路上要不断留下指示标，这样做不仅可以让救援人员追寻而至，也可以使自己在有希望返回时不致迷路——如果迷失了方向，找不到想走的路线，它就可以成为一个向导。

2. 方向指示器

野外常用的方向指示器包括以下几种。

①将岩石或碎石片摆成箭头形。

②将棍棒支撑在树枝间，头顶部指向行动的方向。

③在卷草的中上部系上结，使其顶端弯曲指示行动方向。

④在地上放置一根分叉的树枝，用分叉点指向行动方向。

⑤用小石块垒成一个大石堆，在边上再放一个小石块指向行动方向。

⑥用一个深刻于树干的箭头形凹槽表示行动方向。

⑦两根交叉的木棒或石头意味着此路不通。

⑧用三块岩石、木棒或灌木丛传达的信号含义明显，它表示危险或紧急。

3. 求助常用单词

记住这几个单词：SOS（求救）；SEND（送出）；DOCTOR（医生）；HELP（帮助）；INJURY（受伤）；TRAPPED（被困）；LOST（迷失）；WATER（水）。

（二）户外绳结

1. 半结

简介：所有绳结的基本结。

用途：防止滑动或是在绳子末端绽开时暂时防止继续脱线。

缺点：当结打得太紧或弄湿时很难解开。

2. 八字结

简介：打法简单、易记。

用途：可作为一条绳子上的一个临时或简单的中止、制动点。

特征：即使两端拉得很紧，依然可以轻松解开。

3. 平结

用途：将同一条绳子的两端绑在一起，适用于连结同样粗细、同样材质的绳索；适用在较粗、表面光滑的绳索上。

特征：缠绕方法一旦发生错误，结果可能会变成个不完全的活结，用力一拉结目就会散开。其结目如果拉得太紧，就不太容易解开；不过如果双手握住绳头，朝两边用力一拉，就可轻松解开。

4. 双套结

简介：其他绳结的开头和结束之用。

用途：通常应用在两端施力均等的物品上，适用于水平拉力之下。

特征：具备极高的安全性，不过，如果只在绳索的一端使力，双套结的结目可能会乱或松开。

5. 渔人结

简介：此结十分容易打，但很难拆开。故应尽量避免用在一些质地好的绳子上，也不要用在会扯得很紧的绳子上，因为扯紧后很难解开。

用途：将两条绳子连接在一起——通常是一根硬绳子和一根软绳子。

6. 营钉结

简介：结位可在绳子上随时上下移动。

用途：用在各种斜拉绳的收尾。

特征：可随时调整绳子的松紧度。

7. 布林结

简介：被称为"绳结之王"，以世界上最受欢迎的结绳法而广为人知。

用途：当需要把绳子系在其他物体上或是需要在绳索的末端结成一个圈圈时使用。

特征：易结易解、安全性高、用途广泛、变化多端。

（三）旅游安全

1. 外出旅游中导致中毒的食物

这里所说的食物是指外出旅游时比较常见或较方便携带的食物。食物中毒是指食用了被致病细菌污染了的食品，如霉变食品等导致的中毒。常见的易因食用不当导致中毒的食品有螃蟹、蘑菇、野菜，以及肉类、淀粉类食物以及罐头类食品。

①螃蟹等水产品。螃蟹及其他各种水产品由于味道鲜美、蛋白质含量丰富而成为现时人们餐桌上的佳肴。但由于各种水产品尤其是淡水养殖的水产品，因养殖环境往往被饲料或其他人畜粪便所污染而携带大量病菌，在捕捞后，又往往不能及时冰冻致使病菌繁殖。人们食用这些水产品时，如果清洗不够、烹调时间不够或生食时，便可能中毒。螃蟹的胃里往往寄生着大量病菌，螃蟹一旦离水死亡，这些病菌便会迅速繁殖，人吃了这样的螃蟹自然会中毒致病。

②蘑菇。人工种植的蘑菇一般不会导致中毒，但采自山林的野蘑菇则要谨慎食用。没有吃过的蘑菇不要采用，那些颜色比较鲜艳或是带有各种斑点的蘑菇很可能有毒，有些常吃的蘑菇如棒磨、松蘑、黄蘑，一般情况下虽然比较安全，但由于自然环境下被其他致病菌类污染或吸收了土壤中的有毒物质，人类服用后也可能造成中毒，这点也应加以注意。

③野菜类。在采集野菜时，要注意采集吃过的野菜，并注意区别那些外形相近的野菜，以免中毒。有一些野菜虽可食用但如果食用过量也可能造成中毒，要特别注意。另外，不要生吃野菜，因为某些野菜里含有的有毒生物碱只有在高温加热后才能被破坏。

2. 外出旅游发生食物中毒时的自救与救助

食物中毒必然有一个过程，而且食物中毒时各个阶段的症状是不同的。因此对于食物中毒的救治也要有阶段性。

中毒初期，食物刚刚进入胃部，胃部一边对食物进行消化，一边将食糜排入肠道吸收，这时有毒食物刚刚被吸收，中毒症状刚刚表现出来，大部分有毒元素尚停留在胃内，所以这时进行救治应以催吐为主要手段——通过人工办法使中毒者呕吐，将有毒食物吐出来，达到消除毒素的目的。如无法吐出食物应尽快去医院。

方法：将手指、羽毛、筷子等物伸入中毒者口腔，刺激其咽喉部位，引起中毒者恶心进而呕吐。此方法可反复使用，直到中毒者将胃内食物吐尽为止。在进行催吐时还应根据食入有毒食品的种类采取辅助措施。水产品中毒可在催吐之前让中毒者喝几杯盐水或苏打水以利解毒和呕吐；如食用蘑菇中毒，可在催吐前多喝白开水或盐水；如野菜、马铃薯中毒，可喝茶水、醋水后催吐。

中毒后期，食物经胃消化后全部进入肠道，毒素已被肠道吸收较多，中毒症状较重，应立即送中毒者去医院。这时作为自救或他人救助手段应以导泻为主，即采用必要措施加速肠内残留食糜及粪便的排泄以减少吸收，排出毒素，减轻中毒。

3. 夏秋季节外出旅游易中暑

在夏秋季节，由于气温偏高，空气缺少流动，此时外出旅游若处于太阳直射下，会失去大量水分，使体内热量不能得到及时散发，便会发生中暑。中暑症状主要有：突然感到胸闷气短、呼吸困难、四肢无力、头晕头疼、恶心呕吐，继而昏迷昏睡。在酷暑季节应注意减少在阳光下暴晒的时间，外出旅游时要注意防护，并要控制活动量，及时补充水分。儿童应少吃冷饮，多喝白开水，多休息。

夏秋季节外出旅游时，一旦有中暑症状，应赶快避开阳光的直接照射，采取必要的解暑措施。首先，要敞开中暑者的衣服，使其身体内的热量尽快散发出来；可给中暑者扇风，也可用电扇的低挡吹风；有条件的可用毛巾沾温水擦中暑者的四肢及全身。其次，要让中暑者多喝水，最好为温盐水或西瓜汁，一方面可以补充水分，另一方面又可解毒消暑；有头疼头晕者，可服用人丹、十滴水等解暑药物。最后，如果中暑症状较重，患者发生昏迷、抽搐、说胡话、大小便失禁、呕吐等症状，要及时送医院救治，须知严重的中暑如果抢救不及时也会危及生命安全。

4. 山区旅游应注意的安全问题

去山区旅游可以领略峭壁绝顶之险，又可以享受鸟语花香之幽，可以让人忘却城市的喧嚣和生活的烦恼。但去山区旅游也要注意安全。

山区旅游有哪些危险呢？一是滚石。山区多岩石，尤其是土壤植被较少、岩体裸露较多的山脉地区，岩石经风雨腐蚀极易风化滑动，在外力作用下随时可能滚落。即使是很小的石块从高处滚落也会使人受伤。如果赶上较大岩体崩裂滚落，其后果更是不堪设想。二是洪水。山区夏日常常突降暴雨，大量的降水会在山凹处形成突发洪水，由于山势倾斜以及洪水加速汇集，会造成巨大的破坏力，不但身处下方的人员会被冲走，即使汽车、房屋往往也会被一扫而去。三是泥石流。泥石流一旦发生往往是大规模的——几吨几万吨泥土石块顷刻之间冲向低处，对公路、车辆、人畜的伤害力极大。我国西北、西南山区每年都有多次泥石流发生。

当然，在山区旅游还有其他危险，像毒蛇、野兽可能会伤人，也要格外小心；摔伤、中暑、车祸、缆车意外事故等都要加以防范。

5. 怎样防止迷路

在山区旅游，若没有导游服务，又被如诗如画的大自然美景所陶醉，旅游者就很可能会迷路，所以有必要掌握一些基本知识以备不时之需。

要防迷路就要学会辨别方向，在晴朗的白天或夜晚，太阳和北斗星可以帮助我们指引方向，但若在阴雨天气或茫茫林区，要辨方向也需学些窍门，一可观察树木，由于植物喜阳，故树木向阳的一面枝叶繁茂；二可观察石头，石头向阳的一面往往光滑裸露，而朝阴的一面则粗糙多苔类植被；三可观察土地，向阳一侧往往草木茂盛，而阴坡则植物稀疏。若在高原地区，即使在夏季，阴坡仍会有积雪或残冰。这样，凡阳面即南面，凡阴面即为北面，据此大致可以辨出方位。

迷路之后只要条件允许，要赶紧呼救，求得外援，切不可胡乱地摸索，以免浪费了时间，进而失去获救的机会。

案例选编

典型案例 1

2016 年 5 月 17 日下午 6 时许，微博上传来噩耗，大连市某高校一名大一男生在参加篮球比赛时，在没有任何身体接触情况下突然倒地，不省人事。校医先进行抢救，半小时后救护车到现场将男生送医，但男生当晚已经死亡。

【案例分析】

随着时代的变迁，心源性疾病已经不是老年人的专利，心脏性猝死发病年龄也在逐步低龄化。在日常生活中,大学生们也一定要注意劳逸结合,让身体适时的休息;时刻关注身体变化透露出的各种信号,定期进行健康体检,确保各项指标和身体各种机能保持正常水平。

典型案例2

2017年6月2日,马某在某企业员工宿舍楼前死亡。

死者马某为郑州市某学校2015级的学生。2017年5月由该校统一安排至某企业电器总装分厂实习。马某与某企业签订《应届毕业生实习协议》。某企业提供的证据显示,其于2017年5月23日通过电话与马某联系即已得知其身体不舒服的事实,并于2017年5月25日做出马某自离除名的决定。自此至马某死亡期间,某企业和郑州市某学校并没有将该情况及时向马某父母反映,未尽到有效的管理义务,致使其家属失去了第一时间救治马某的机会。

【案例分析】

学校、实习工厂和学生三方没有遵循教育部等部门共同颁布的《职业学校学生实习管理规定》规范签订三方实习协议,没有遵守无协议不实习的规定,致使各方责任不清,贻误了马某治疗的最佳时机,最终造成马某死亡的悲剧。

【思考与练习】

1. 参加学校内部大型活动前,你能正确评估自己的身体状况和个人能力水平吗?
2. 学校组织校外实习时,你重点考虑的因素是安全、待遇、福利还是其他因素?
3. 当个人或班集体活动遇到安全隐患时,你的处置方法是什么?

第十四章　突发事件与公共安全

【案例】

　　2008 年 5 月 12 日 14 时 28 分，四川汶川遭遇一场百年不遇的强震，阿坝师专是汶川震中唯一的大学，几乎所有的办学硬件设施都毁于一旦。地震发生几秒后，整个汶川县城黑雾笼罩，黄沙弥漫，一片昏天黑地，哭喊声此起彼伏。惊魂未定的师专学生开始毫无目的地四散奔逃，随即在领导和部分教师的组织下开始向相对安全的学校足球场靠拢。交通中断、通信瘫痪，成为一座孤岛，同学们处于恐惧和绝望之中，情绪异常低落。校领导和全体教师始终和同学们在一起，稳定和安抚他们，开展抗震自救活动，师生们利用建筑废料搭建帐篷，把家中存放的食品和水分发给学生，带领同学们清理垃圾，冲扫道路，掏挖便池，掩埋粪便，积极开展精神治疗和思想政治工作。直到 5 月 24 日，195 名学生全部安全撤出汶川。

　　5.12 地震发生后，面向岷江的原阿坝师范学校钟楼的时钟永远定格在 14 时 28 分，成为纪念汶川地震的重要标志。

　　2015 年，在风光秀丽的汶川县水磨镇，这所大学涅槃重生！

　　公共安全关系人们的生命、健康和公私财产的安全。我国每年因突发公共事件造成的损失非常巨大。从自然的角度看，我国地理环境多样，人口众多，是世界上受自然灾害影响最为严重的国家之一。2008 年的汶川地震、2018 年的台风"山竹"等，都给国家和人民带来了巨大损失。

　　从社会发展的角度看，我国正进入经济社会发展的重要阶段，国际政治经济格局也在不断变化，国际问题冲突动荡，各种突发事件频出。高校作为突发公共安全事件的发生地之一，大学生通过本章内容的学习，可提高应对突发公共事件的安全意识和自救能力。

【思考】

　　1.你经历过突发的安全事件吗？

　　2.你了解在危险面前如何做出及时、准确的自救吗？

第一节 突发公共安全事件及其应急机制

一、公共安全和突发公共事件的基本含义

(一)公共安全

公共安全是指不特定人或多数人的生命、健康或重大财产的安全。公共安全事件的共同特点就是对不特定人或多数人的生命、健康或重大财产带来了危害。

(二)突发公共事件

突发公共事件是指突然发生,造成或者可能造成重大人员伤亡、财产损失、生态环境破坏和严重社会危害,危及公共安全的紧急事件。

突发公共事件大都具有危机的特质,或者说具有向危机事件转化的潜质。

二、突发公共事件的类型和特征

(一)突发公共事件的类型

根据突发公共事件发生的过程、性质和机理,突发公共事件主要分为以下四类。

1. 自然灾害

自然灾害主要包括洪水灾害、气象灾害、地震灾害、地质灾害、海洋灾害、生物灾害和森林草原火灾等。如1998年长江洪灾、2010年玉树地震、2017年超强台风"天鸽"等。

2. 事故灾难

事故灾难主要包括工矿商贸等企业的各类安全事故、交通运输事故、公共设施和设备事故、环境污染和生态破坏事件等。如2015年,8·12天津滨海新区爆炸事故造成重大伤亡。

3. 公共卫生事件

公共卫生事件主要包括传染病疫情、群体性不明原因疾病、食品安全和职业危害、动物疫情,以及其他严重影响公众健康和生命安全的事件。比如"非典",还有食源性疾病和食物中毒引起的卫生事件,如2004年劣质奶粉事件等。

4. 社会安全事件

社会安全事件主要包括恐怖主义袭击事件、经济安全事件和涉外突发事件等。昆明火车站暴恐袭击事件给社会造成了极大影响。

(二)突发公共事件的特征

1. 突发性

突发公共事件爆发的时间、规模、具体态势和影响深度,以及事件的爆发过程没有明显

特征，让人们感觉非常突然。而且事件大多演变迅速，解决问题的机会稍纵即逝，如果不能及时采取应对措施，将会造成更大的危害和损失。

2. 不确定性

不确定性表现在发生的时间、地点难以确定，原因、变化方向、影响因素、后果方面都无规则，事件瞬息万变，难以准确预测和把握。不确定性和人类理性的有限性使得人们在事件面前往往无所适从，更增强了恐慌感和不安全感。

3. 威胁性

突发公共事件的负面影响主要包括公共利益的重大损失，群众生命和财产的重大损失，公共部门形象和信任度的下降，社会核心价值观念的重要改变等。威胁性是形成社会恐慌的主要原因，往往事件带来的恐惧超过了事件本身带来的损失。

4. 紧迫性

为了避免更大损失，迫切需要决策者依靠有限的信息，在有限的时间里，做出迅速的判断和决策，尽可能将损失降低到最小限度。

5. 共振性

公共安全事件一旦发生，往往会造成连锁反应。如洪灾不仅直接影响农业，而且影响教育、交通运输、工商业等，还可能造成大面积的流行病疫情爆发，房屋和基础设施损毁影响建筑业等。

6. 广泛性

2009 年，全球性的 H1N1 疫情造成几千人死亡，全球绝大多数国家和地区都有感染者。

三、突发公共事件的应急预案

2006 年 1 月 8 日，国务院发布了《国家突发公共事件总体应急预案》和专项预案。2007 年 8 月 30 日，《中华人民共和国突发公共事件应对法》经第十届全国人民代表大会常务委员会第二十九次会议通过并颁布，并于 2007 年 11 月 1 日起施行。我国应急管理工作正在纳入经常化、制度化、法制化的轨道。

（一）突发公共事件的应急预案

我国突发公共事件应急预案体系包括：①国家总体预案；②中央专项应急预案；③国务院部门应急预案；④地方省（自治区、直辖市）政府总体应急预案、专项应急预案和部门应急预案，各市（地）和县（市、区）人民政府及基层政权组织的突发公共事件应急预案；⑤企事业单位根据有关法律法规制订的应急预案；⑥举办大型会展和文化体育等重大活动的主办单位制订的应急预案。

（二）突发公共事件的等级

各类突发公共事件按照其性质、严重程度、可控性和影响范围等因素一般可以分为四级，即特别重大（Ⅰ级）、重大（Ⅱ级）、较大（Ⅲ级）和一般（Ⅳ级）。依次用红色、橙色、黄色和蓝色表示。

四、大学生突发公共事件

学生突发事件是指由学校内外的自然灾害、人为因素、社会事件或政治因素引发的，对在校大学生正常的学习生活秩序和财产甚至生命安全产生影响、冲击或危害的事件。主要包括以下几类。

（一）社会安全事件

这主要包括校园内外涉及学生的各种非法集会、游行、示威、请愿以及集体罢课、上访、聚众闹事等群体性事件，各种非法传教活动、政治性活动、学生非正常死亡、失踪等可能引发影响校园和社会稳定的事件等。

（二）事故灾难事件

这主要包括重大火灾安全事故、重大交通安全事故、外出大型活动安全事故、外来暴力侵害事故、楼梯间拥挤踩踏事故，以及影响安全与稳定的其他突发灾难事故等。

（三）公共卫生事件

这主要包括集体食物中毒、传染性疾病、群发性疾病以及其他严重影响学生健康的事件。

（四）自然灾害事件

这主要包括山体崩塌、滑坡、地面塌陷等地质灾害；水灾、台风、冰雹等气象灾害；地震灾害等。

（五）网络信息安全事件

这主要包括利用网络发送有害信息，进行反动、色情、迷信等宣传活动；窃取国家及教育行政部门保密信息，可能造成严重后果的事件；各种破坏网络运行的事件。

五、突发公共安全事件处置先后次序

遭遇突发公共安全事件和紧急事故时，应以下列先后次序应变。

①保护个人安全，即本身安全及他人安全。

②保护公共财物。

③保护重要资料。

重要电话号码：除牢记110、119、122、120等报警电话外，还要牢牢记住所在学校保卫部门的紧急求助电话。致电求援时，应说明：意外发生地点；意外的性质及严重程度，例如多少人受伤、伤势、财物损毁程度，是否泄漏气体等；你的姓名和所在位置。

六、防范突发公共事件准备

（一）平时准备

预防是避免发生意外的关键，也是安全训练的要点。然而，意外有时不能避免。严重意外可能引发紧急事故，危害到人的生命安全和学校的财物。"平时准备"就是协助所有人为紧急事故做好准备，把个人损伤和财物损失的程度减少到最低。

（二）人人有责

在一切有危险性的工作中，各学院应负责订立安全程序，并提供所需的保护器具、安全训练和有关资料。各学院必须向其下属及学生说明各项潜在危险、安全措施，以及发生意外时应采取的应变步骤。采取的步骤包括一般程序，以及为特殊工作区域或工作而特别制定的程序。各学院必须举行演练，使师生熟悉紧急应变程序。

师生要学习和认识工作和生活中涉及的潜在危险，并遵从一切防御措施，并及时向学院及学校安全管理部门报告工作、学习地点的任何不安全或危险情况。若发生未预知的失常运作、损毁或损伤，师生应采取行动，保护自己及在场人员等。

（三）为火灾做准备

（1）切勿乱动任何火警探测或灭火装置。
（2）切勿堵塞应急疏散通道。
（3）保持所有防烟门关闭。
（4）熟悉周围的应急疏散通道和安全出口位置。
（5）熟悉火灾报警按钮及灭火器具的位置，确保可迅速使用。
（6）学会使用灭火器具。
（7）在实验室或特殊工作地点，为无人看护下可能造成危险的运行制定紧急关闭程序。

（四）为损伤做准备

（1）学会急救或懂得一些急救知识。
（2）确保急救药物、器具准备充足，包括特别的解毒剂。
（3）使用实验室人员应熟悉紧急的冲身和洗眼地点，并且此地点应设在明显且容易抵达的位置。

（五）为实验室紧急事故做准备

（1）认识所使用的化学品，方法是参考化学品安全数据说明书（MSDS）。化学品安全数据说明书列出了化学品的物理、化学和毒理特质，以及在处理、泄漏、着火和弃置方面的程序。如制造商的化学品安全数据说明书没有列出所使用化学品的安全使用数据，可要求实验室安全管理部门协助。

（2）要谨慎地按程序操作或实验，高度关注使用物品的潜在危险性。此外，须制定突发事件应急处置措施。事前要准备适当的泄漏控制物品、个人保护器具、急救物品等。

（3）接受适当训练。应采取某些行动，或者不要采取某些行动等，都需要当事人正确判断。大量低毒性的物品或许能安全地处理，而少量高毒性的物品或许具很高的危险性。为了能够做出适当的判断，师生必须事前认识所使用物品的潜在危险性、操作程序和正确的控制措施；必须参加实际的安全训练和紧急演练，要对自己的知识和训练深具信心，以便做出明智的判断。

（4）熟知实验室内火灾报警按钮、灭火器具、泄漏控制物品、个人保护器具、急救箱等的所在位置。

（5）采取保守做法。倘若对某种做法是否安全有怀疑或保留，最好采取保守做法。比如响起警报，离开实验室，并把清理实验室或其他应变工作留给应急工作队伍。

第二节　自然灾害与意外事件的安全防护

面对突发的自然灾害或者意外事件，掌握自救与互救的常识，将大大减少损失的发生。"自救"就是发生意外灾变事故时，在灾区或受灾变影响区域的每个人进行避灾和保护自己的方法。"互救"则是在有效地自救前提下妥善地救护他人。自救与互救的成效如何取决于自救方法的正确性。

一、常见自然灾害

我国容易发生的常见自然灾害主要有雷电、沙尘暴、地震、洪涝等。

（一）雷电天气防护措施

雷电是伴有闪电和雷鸣的一种自然界的放电现象，常常伴随强烈的阵风和雷雨。雷电会带来强大的电流冲击，产生强烈的电磁辐射，具有极强的瞬间破坏力。

1. 避开雷击易发生地

易发生雷击的地方主要有以下几处。

（1）缺少避雷设备或避雷设备不合格的高大建筑物、储罐等。

（2）缺乏良好接地的金属屋顶。

（3）潮湿或空旷地区的建筑物、树木等。

2. 预防雷电的措施

（1）留在室内，尽量不要靠近门窗、炉子、暖气炉等有金属的部位。

（2）外出行走不要赤脚，不要与路灯杆、信号灯及落地广告牌的金属部分接触。

（3）躲避雷雨时不能站在空旷的高地上，切勿靠近高压电室、烟囱、电杆、大树、旗杆等。不要停留在山顶、开阔地、海滩或船只上。

（4）勿穿潮湿的衣服靠近或站在露天金属物品的建筑上。

（5）拔掉室内电视、电冰箱以及天线电源的插头，防止空间电磁波干扰造成不必要的损失。

（6）不要打手机，尽可能关闭手机。远离开阔地带的金属物品（拖拉机、农具、摩托车、自行车、高尔夫球车及高尔夫球棒等）。

（7）不要认为安装了避雷针的建筑就是安全的，不要靠近避雷针的任何部位。

（二）暴雨、洪水、泥石流、山体滑坡的防护措施

暴雨灾害指的是一次短时的或者连续的强降水过程，造成农田积水、城乡交通受阻、居民财产生命危险，有时会引起山洪暴发、江河决堤、山体滑坡等次生灾害。

暴雨预警信号分为四级，分别以蓝色（广东省除外）、黄色、橙色、红色表示。红暴雨预警信号为最高级，即3小时内降雨量将达100毫米以上，或者已达100毫米以上且雨可能持续。

1. 暴雨防护措施

（1）在路上遇到暴雨，一定要找地方躲雨，如亭子或者商店等。

（2）在旅游途中遇到暴雨，找就近旅馆安定下来，不要冒雨前行。

（3）在家中遇到暴雨，要关好门窗，关闭电源，尽量避免出门。

（4）在学校遇到暴雨，应安心待在教室，不要随意走动。

2. 洪水防护措施

（1）关注天气预警，备足食品、干净饮用水。

（2）遇洪水时，应该迅速登上山岗，爬上屋顶、楼房高屋、大树、高墙，做暂时避险，在城市应向高层建筑的平坦楼顶等处转移。

（3）不要单身游水转移。发现高压线铁塔倾倒、电线低垂或断折，要远离避险，不可触摸或接近，防止触电。

（4）注意收集使用各种漂浮物如木盆、门板、木桶等，不了解水情一定要在安全地带等待救援。

3. 泥石流与山体滑坡防护

（1）选择最短路径向沟谷两侧山坡或高地跑。

（2）遇到山体崩滑时要朝垂直于滚石前进的方向跑。切忌在逃离时朝着滑坡方向跑。

（3）避灾场地应选择在易滑坡两侧边界外围。当无法继续逃离时，应迅速抱住身边的树木等固定物体，应注意保护好头部，可利用身边的衣物裹住头部。

（4）滑坡停止后，不可返回，因为滑坡可能连续发生。

（5）救助被滑坡淹埋的人和物应先将滑坡体后缘的水排开，从滑坡体的侧面开始挖掘，先救人，后救物。

（三）地震防护

地震又称地动、地振动，是地壳快速释放能量过程中造成的振动，期间会产生地震波的一种自然现象。地震常常造成严重人员伤亡，能引起火灾、水灾、有毒气体泄漏，细菌及放射性物质扩散，还可能造成海啸、滑坡、崩塌、地裂缝等次生灾害。尽管地震尚且无法精准预报，但完全可以掌握地震灾难中的自救方法，尽可能减少伤亡。

多数专家认为，地震发生时，冷静判断最为重要。震时就近躲避，震后迅速撤离，是应急避震的基本原则。

1. 在家里的应急避震措施

(1)在楼房的避震措施。迅速躲在坚固的床沿旁边，卫生间、小厨房、小储藏间、内承重墙的墙角、墙根、已经固定好的大衣柜的旁边。躲避时，要用随手物件保护头部、捂住口鼻，以免砸伤大脑或被泥沙烟尘呛到。躲避的姿势：身体尽量蜷曲、卧倒或蹲下，随手用物件护住头部、捂住口鼻，另一手抓住一个固定物(墙角或桌角)。如果没有任何可抓的固定物和保护头部的物件，则应该采取自我保护的姿势，头尽量向胸部靠拢，闭口，双手交叉放在脖后，以保护头部和颈部。

震后应尽快疏散到空旷安全地带，不要乘电梯，不要到阳台上，也不要找衣物或贵重物品。

(2)在平房的避震措施。如果你的位置距离房门较近，并且通道畅通，应该立即逃出房外，最好头顶被子、枕头、安全帽。

如果你的位置距离房门较远，或者室内房间布局复杂，通道狭窄曲折，外逃困难时，应立即在室内避震。要迅速躲在桌子旁边、床旁边、炕沿下或其他理想的地方。在室内避震时，要远离窗户和房顶大梁，不要靠近碎砖墙体。

2. 在室外的应急避震措施

(1)最好将身边的皮包或柔软的物品顶在头上，无物品时可用手护头，快速转移到安全地带，远离建筑物。

(2)迅速离开电线杆、路灯、变压器、烟囱、高大建筑物等危险设施、设备和围墙、狭窄通道等。

(3)在过街桥或立交桥下的行人，要迅速远离桥下，跑到开阔的地方。

(4)行驶中的司机，要采取紧急制动措施，缓慢地逐渐刹车，停靠在路边或宽阔地，车上的乘客要抓住车中的座椅，或就地蹲下，抓住其他牢固的物件。

(5)地震中若引发火灾，此时人们要趴在地上，用湿毛巾捂住口鼻，待地震停止后，逆风向(或垂直风向)匍匐前进，转移到安全地方。

(6)在山区的人们，要远离陡崖，注意山崩、滑坡、泥石流，并横向撤离。

3. 学校人员避震

(1)认真学习避震知识，了解转移、撤离的路线和场地，有秩序地撤离。

(2)在比较坚固、安全的房屋里，可以躲避在课桌下、讲台旁，也可以到开间小有管道支撑的房间里，决不可乱跑或跳楼。

4. 震后自救

(1)地震时如被埋压在废墟下，尽可能控制自己的情绪，保持体力，用石块敲击能发出声响的物体，向外发出呼救信号，等待救援。

(2)保护呼吸畅通，挪开头部、胸部的杂物，闻到煤气、毒气时，用湿衣服等物捂住口鼻。

(3)避开身体上方不结实的倒塌物和其他容易引起掉落的物体；扩大和稳定生存空间，用砖块、木棍等支撑残垣断壁，以防余震发生后环境进一步恶化。

(4)尽量寻找食品和饮用水，必要时自己的尿液也能起到解渴作用。

5. 震后互救

积极投入互救，是减轻人员伤亡最及时、最有效的办法。据有关资料显示，震后 20 分钟获救的救活率达 98% 以上，震后一小时获救的救活率下降到 63%，震后 2 小时还无法获救的人员中，窒息死亡人数占死亡人数的 58%。

（四）台风防护

（1）切勿随意外出。关紧门窗，紧固易被吹动的搭建物，妥善处置花盆等。检查电路、炉火、煤气等设施是否安全。为防止窗玻璃被强风震碎伤人，可在窗户玻璃上贴膜或用胶布、纸条贴成"米"字形状。

（2）及时收听、收看或上网查阅台风预警信息，了解政府的行动对策，不要到台风经过的地区旅游或到海滩游泳，更不要乘船出海。

（3）露天集体活动或室内大型集会应及时取消，并做好人员疏散工作。

（五）沙尘暴防护

（1）出门戴口罩、纱巾等。

（2）关好门窗，屋外搭建物要紧固。

（3）多喝水，吃清淡食物。

（4）尽量减少外出，暂停户外活动，尽可能停留在安全的地方。

（5）骑车、开车要减速慢行，远离树木和广告牌。

（六）高温防护

（1）关注政府发布的高温预警信息，做好必要的防护准备。

（2）尽量留在室内，并避免阳光直射。必须外出时要打遮阳伞、穿浅色衣服、戴宽檐帽。暂停户外或室内大型集会。

（3）安装空调、电扇，以改善室内闷热环境，但不要长时间待在空调房内，以防止产生头疼头昏等所谓"空调病"；电扇不能直接对着头部或身体的某一部位长时间吹；室内空调温度不要过低，空调无法使用时，选择其他降温方法，比如向地面洒水等。

（4）浑身大汗时，不宜立即用冷水洗澡，以防寒气侵入肌肤而患病，应先擦干汗水，稍事休息后再用温水洗澡。

（5）汽车驾驶员要趁夜间气温低时休息好，保证睡眠时间，以防因疲劳引发交通事故。

（6）高温天气以清淡饮食为主，多饮凉茶、绿豆汤等。

（7）适度进行体育锻炼，以增强人体的耐热功能，提高适应高温环境的能力。

（七）雾霾防护

（1）少开窗，最好不出门或晨练，尤其是有呼吸道疾病和心血管疾病的人。

（2）外出佩戴专业防尘口罩。只有 KN90、KN95、N95 级别的防尘口罩才能有效过滤这类细颗粒物。外出归来，应立即清洗面部及裸露的肌肤。

（3）饮食宜选择清淡易消化且富含维生素的食物，多饮水，多吃新鲜蔬菜和水果。

（4）尽量减少吸烟甚至不吸烟。烟雾中有大量 PM2.5，会对人体有着直接和间接的危害。

如果无法阻止周边的人吸烟，那么应该尽量远离烟雾。

二、防灾准备

防灾准备就是指人们为了保障生命财产安全及生活环境、根据灾害可能带来的冲击所从事的各项准备工作，如可能灾害的评估、应急计划的研拟、应急人员训练、应急避难所的准备及储存救灾物资等，以期将灾害的影响程度降至最低。

防灾准备层面有很多，包括由政府、社区、单位和家庭所做的各种防范准备。这里主要讲的是由各级政府和单位所做的防灾准备。

(一) 防灾准备的行动

防灾准备的行动是指除了规划应急事态行动预案之外的其他防灾准备落实过程，一般包括对应急事态行动预案的演习和检验、人员招募与培训、确定资源和供给以及家庭的防灾准备等。

1. 应急事态行动预案演习

应急事态行动预案是应急事态发生之后，应急和重建的全部行动蓝图，需要不折不扣地实施和执行，因此，判断它的可行性、可靠性和功效性如何，最有效的方法是通过对它的演习来评定，演习应该分别在桌面、功能系统、现场和全面等不同的层面上进行。

(1) 桌面演习。桌面演习的做法是：所有行动预案涉及的各方，都围坐在一个大桌子旁，依据行动预案的内容，合练行动预案规定的步骤和过程，它可以使参加者熟悉在行动预案中所形成的应急事态管理系统，认识自己在其中起的作用和扮演的角色，掌握自己的工作程序，清楚自己的责任。

这种演习是行动预案的第一层次，即初级层次的演习。一方面是培养参与者相互配合的协同性；另一方面是检验行动预案的合理性、系统性和完整性。

(2) 功能演习。功能演习是对行动预案的指挥、协调功能运转实施的演习。该类演习一般在应急事态行动中心举行，行动预案所涉及的所有重要人物，如各相关部门的负责人都应参加。它模仿应急事态发生时应急事态行动中心中出现的真实情景：大量文字的、电话的和无线电的一线信息接踵而来，报告了灾害现场的各种复杂情况，形势十分紧张。应急事态行动中心人员应该依据行动预案的安排，在紧急形势下履行自己的职责，做出快速而正确的决策，然后下发到第一线。参与者同时又是行动预案的规划者或者批准者，通过这种演习，检验了行动预案程序的组织机构、任务分配和政府官员之间必需的相互联络等方面的合理性，培养了在应急事态发生时的沉着冷静的应急能力。当然，通过功能演习，常会发现行动预案在职权部门责任分派方面的矛盾，需要实时地修正预案。

(3) 现场演练。现场演练考验的是行动预案的前线运作功能，所以，需要第一线的应急事态应急部门和人员参与。它是为全面演习所做的必要准备。在实施全面演习之前，首先应该验证每一个功能或系统都能够运转良好。如举行一场警报传递演练，验证从预警发出到警报传输全过程的各个程序，看其是否能够达到行动预案规定的目标；演练也可以验证某些特别机构的工作程序和效率，如应急事态行动中心及通信中心等。

(4) 全面演习。全面演习是应急事态行动预案的最高层次演习，它是将功能演习和现场演练结合在一起的全面性演习。所以，演习设计的越逼真、越接近真实的应急事态形势，就越能发现行动预案的不足，也越能培养所有参与者实施行动预案的能力，让其在真正的应急事态发生时，可以从容应对，减少损失。

2. 人员与资源准备

在防灾准备中，除了编制应急事态行动预案之外，还需要做好人员和资源的准备。事实上，应急事态行动就是把人员和资源按照一定的机制组织起来，是落实行动预案的具体行动。

（1）人员准备。人员准备包括两个内容，一是在应急事态行动预案中承担责任人员的招募与培训；二是对广大的社区居民进行组织和应急事态意识的教育。

①责任人的准备。责任人是指在应急事态行动预案中承担具体责任的人员。这些人有的是专职人员，如消防和警察人员；有的虽然是非专职的，却只需要跟进行动预案的要求给予明确即可。这些非专职人员必须在应急事态发生前，对其进行岗位职责要求的正规培训，以确保其能承担指定的工作。

②志愿者的准备。志愿者志愿在应急事态发生时，为被害者提供无偿的救助和服务。各个国家的志愿者都有自己的组织，经过专门培训，在应急事态发生时承担固定的责任。

③大众应急事态意识与一般技能教育。大众的应急事态意识与一般技能教育是防灾准备的重要内容。美国联邦应急事态管理总署、红十字会以及各州的应急事态管理部门，都设置了许多对大众免费开放的应急事态意识和技能教育课程，既可在指定的培训地点参加学习，也可以通过互联网的交互式教育方式学习。我国一般通过加强公民应急意识的学习，不定期地做应急演练等形式对大众进行应急事态意识与一般技能的教育。

（2）资源准备。资源准备是为落实应急事态行动预案提供物质基础的，在行动预案中，对人员、防灾准备和材料的需求都有具体的要求，资源准备就是满足这些要求的过程。它包括两个内容：确认资源和物资，以及指派应急事态使用的设施。

①确认资源和物资。一般而言，包括以下几项：一是本级政府资产和本级政府持有的上级政府资产。最重要的是政府资产，不管它归属政府的哪一部门、哪一系统，它们是行动预案所需资源的核心，构成了应急的第一线资源。二是社区中的资产。社区资源绝大多数是指人力资源。三是相连行政区划中的资产。相邻行政区划中的资源一般不是通过购买获得，而是通过相邻地区政府之间签订相互援助协议的方式，在各自辖区内的资源不敷使用情况下，在应急事态中实现资源共享。四是私人部门可用的资产。私人部门的资源则包括人员及防灾准备。

②指派应急事态使用的设施。应急事态中使用的设施在规划行动预案时也要加以确认，在这些设施中，最重要的是应急事态行动中心，其他如帐篷、分发中心和物品库区等。

应急事态行动中心是应急事态的指挥部，指挥着全部应急行动。此外，它不仅要保证现场对各种资源的需求，而且要协调各个部门，并承担应急者与上级政府之间的联络任务。

分发中心是指在发生应急事态之后，为大众分发食品和其他生活数据的机构和场所，在防灾准备中应做专门的规划。

物品库区是存放应急事态应急所需的各类设备的地方，包括库房、场地等。一般应该选择在既安全（即不易受到灾害影响）又交通便利的地方。

（二）躲避灾难

躲避灾难简称避难，即在危险、灾难来临前或发生后怎样有效地保护自己和他人的安全，不受伤害。为此，政府为应对突发灾害，建立了一系列的应急避难场所。它是应对突发公共事件的一项灾民安置措施，是现代化大城市用于民众躲避火灾、爆炸、洪水、地震、疫情等重大突发公共事件的安全避难场所。

1. 避难的准备

首先确认所处位置的状况，是否有发生灾害的可能，是否有应急避难指示。其次确认有可能发生灾难时，直接前往应急避难场所(一般是较大的公园或广场)，待灾害威胁解除后，再回到家中，最后确认自己家中是否受灾，如果未受灾并安全，回到家中；如果家中受灾无法生活，应继续留在应急避难所。

(1)选择避难服装。戴安全帽或防灾头巾；穿着易于活动的服装；穿着舒服的厚底鞋子；戴工作手套。

(2)判断避难时机。对于避难的判断，有时会决定生死。在是否避难的问题上，不要依赖别人，要听从广播、电视或官方发布的信息，用眼睛和耳朵亲自对信息确认之后，再参考以上流程做出判断。如果能够确认自己家中是安全的，那么尽量在家中避难。当家人比较分散时，应在自己家中留下报平安的留言，或者使用电话公司提供的灾害用留言服务等联系家人，确定汇合地点。

2. 避难期间的行为及原则

(1)获取正确的信息。灾难发生时，如果误听错误的信息并以此来采取行动是十分危险的。行动前必须获取正确的信息。在停电时，使用干电池式收音机或电视获取信息；使用智能手机的收音机或电视功能获取信息；登录官方网站获取信息；使用 SNS 等工具获取信息。但是，在灾害发生时，这些信息源中会流出许多以讹传讹的谣言或信息，不要轻信传言，要仔细辨认筛选出正确信息。

(2)确认家人的状况。发生灾难时，人往往只能顾着自己保命，而对自己的手脚流血或周围人受伤情况可能都顾不上去留心。一旦有机会，要及时确认在一起的家人朋友是否受伤，家中是否有危险。

(3)观察家内外的情况。确认了在一起的家人的状况后，就要做好家中情况的检查。火源是否处理妥当？避难通道是否畅通？仔细聆听收音机等播放的信息，同时认真观察周围的情况。

(4)不要盲目行动。如果惊慌失措的从家里冲出来，就有可能被坠落物砸伤，正确的做法是，要保持冷静并确认一下家人和家中的安全；要用眼睛、耳朵亲自确认周围是否有危险物品或危险建筑物，是否可能发生火灾。

(5)确认邻居的安全情况。在确认了家人的安全情况之后，要把注意力投向邻居和小区居民。确认一下周围是否有人需要你的帮助来避难，在意外发生的时候，互帮互助是非常重要的。

(6)留在安全的地方。地震等灾难发生后，有可能发生大规模的火灾、建筑物的倒塌等二次灾害，有可能受伤甚至丧命。如果确定所处的位置是安全的，不要马上离开，停留在那里观察情况；要事先和家人商量好，万一发生地震等灾害之后的联系方法和行动方法。

3. 避难时注意的问题

（1）杜绝火灾隐患。发现火灾时，要趁火势尚小的时候用灭火器或水桶等进行灭火。但是一定要在灭火行动中首先保证自己的安全，如果火势较为严重，会对人身造成威胁，那么应当停止灭火行动避难。

①拉下电闸。如果灾难发生，电器处于开启状态，非常容易造成火灾，此时应拉下所处位置的电闸，切断电源。

②关闭煤气总阀，如果煤气管或煤气灶损坏，当重新恢复煤气时，就有可能因煤气泄漏而造成爆炸，因此，一定要关闭煤气总阀，确保安全。

（2）向家人报平安

①留下报平安的留言。避难时，要留下写有自己和家人是否平安的留言，门窗锁好后再离开。

②利用留言板或 SNS 进行联络。要预想到电话打不通的情况，事先准备多种其他联络方法，也可以充分利用 SNS 工具。

4. 在家避难

如果情况允许你继续在家居住，那么就在家避难，这是最佳行为。事先你要对住宅进行防灾改造，平时储备好食物和水等必要的物品，尽可能地做好在家避难的充分准备，这是很重要的。

（1）煤气、电和自来水的替代品。如果事先准备好能确保生命的替代品，那就可以放心了；煤气可以用便携燃气具代替，而干电池提供能量的帽灯可以代替电灯；平时尽量多地准备好瓶装水，并且事先找好附近的"紧急供水点"。

（2）储备食物和日用品。平时就购买较多的食物和日用品，在日常生活中进行使用，如果是日常储备，那么就可以合理地进行持续储备了。

（3）下水道的使用方法。检查一下自己家中的下水道是否通畅，排水设施是否有损坏等情况。当路上的下水道溢出，无法使用下水管道时，可以使用可携带式（紧急时用）厕所或官方提供的厕所。

5. 在应急避难所避难

在应急避难所生活需要遵守规则，在避难者力所能及的范围内承担自己能做的工作，互帮互助；随意进入其他人的居住空间、窥视他人的生活、大声喧哗，在限定地点之外吸烟都是违反规定的。另外，在避难所也很有必要对需要照料的人多加关心。

（1）到应急避难所的流程

①申报联系方式，到达应急避难所之后，要将自己的地址、姓名以及联系方式上报给应急避难所的负责人，家中受损严重无法回家的人要把自己的情况上报给应急避难所。

②确认家人等是否安全。确认家人和邻居是否安全。在硬纸板等上面张贴指南等，以便有听觉障碍的人也能获得信息。

③分担工作。要认真地去做接待、做饭等被分派的工作。许多事情如果没有众人的相互合作是无法进行的。

（2）注意事项

①隐私保护。应急避难所的居住空间就等同于一个个"家"，应当为需要关心的人们多考虑一下，尤其是有女性、幼儿或儿童的家庭，彻底保护个人的隐私。

②厕所的使用方法。应急避难设施里的厕所有许多人在用，所以有可能会被卫生纸堵塞。要按照设施中规定的方法来使用厕所。

③确保饮用水的供应。无法使用水管时，要听从设施的管理负责人的指示，确保饮用水和生活用水的供应。如果要饮用开水，则必须先过滤后再煮沸。

④预防犯罪。应急避难所不是一个完美的居住环境。要注意保护自己的安全，如果发现有可疑的人，应立即和警察或设施的负责人联系。

⑤注意避免环境变化导致的体质下降。急剧的环境变化容易使人生病，一定要留心。夏天应注意补充适量的水分，冬天应有效保暖。

⑥保持卫生。禁止穿鞋进入室内，铺被子的地方和通行的道路要有明显区分，定点丢弃垃圾，垃圾必须密封好，防止滋生苍蝇和蟑螂。

⑦吸烟的规定。吸烟时应遵守应急避难所的规定，不要影响到周围的人，避免让别人吸二手烟，还要注意防火。

⑧宠物的照顾。遵守应急避难所的规定，由宠物的主人负起照顾宠物的责任。

⑨物资的分配。领取物资时不要争先恐后，要排队领取。根据情况，有可能会把一人份的食物或物资分给好几个人。在分配物资的时候，还应考虑到没有来排队的需要照料的人。

⑩烧饭赈灾时要保持卫生。在烧饭和盛饭之前、接触食材之后、上厕所之后都要用肥皂把手洗干净。烧饭用的炊具在使用后或每次改变用途时都要洗干净并消毒。

⑪预防食物中毒。食物中毒在一年当中的任何时间都有可能发生，防止食物中毒最有效的方法就是洗手。餐具的卫生也需要充分注意。水不用的时候，可以用薄膜封在一次性容器中待用。

⑫预防传染病。地震时风寒、流行性感冒等传染病容易大行其道。经常洗手、漱口是很不错的预防办法。水源不足时，如果可能的话，可以准备一些消毒用酒精，这样就可以放心了。

⑬睡眠和关灯。许多人不适应在应急避难所的生活，并且会睡眠不足，从而有可能会生病。有些人在暗的地方睡不着，有些人睡觉时却见不得一点亮光，所以一天关灯一天开灯是个不错的办法。

⑭预防中暑。夏天在应急避难所要预防中暑（尤其是孩子和老人）。即使没有到口渴，也要经常补充水分和盐分，穿着透气性好、吸湿速干的衣服以避免中暑。

（3）关心需要照料的人

①女性和孕妇。女性对更衣的问题以及孕妇对哺乳等抱有不安。另外，怀孕中的女性和刚生产过的新妈妈们也需要健康和隐私方面的关照。

②孩子。孩子们是用嬉戏来消除压力的。因此要确保他们有足够的空间和时间等，让他们能充分地发泄自己的情绪，调整心情和状态。

③老人。老人即使有不方便的地方，自己也可能说不出口。要经常大声和他们谈话，尽量不让他们感到孤单或不安。

④外国人。外国人的生活文化不同，语言也不通，因此在异国他乡遇到地震时很有可能会陷入不安。让懂外语的人通过翻译向他们传达正确的信息是很重要的。

三、灾难后的自我心理调节

（1）避免、减少或调整压力源。比如少接触道听途说或刺激的信息。

（2）降低紧张度，积极自我暗示。调整呼吸，最好是用胸腹式联合呼吸，每次呼吸的间歇中口中念出"我能行，我帮你"。

（3）安排些可轻松应对的事务给自己，一件一件地逐次完成事情。

（4）尽量多地和朋友、亲戚、邻居、同事或心理辅导团体的成员保持联系，建立情感支持体系，交流中尽量用正面语言。

（5）规律运动，清淡饮食（多吃青菜、水果），规律作息，照顾好身体，保持体力。

（6）学习放松技巧。如听音乐、打坐、做瑜伽、打太极拳或学习肌肉放松技巧（可请教心理专业人员）。

对自己，对家人、朋友和对社会、政府拥有信心，在全社会汇聚形成一股积极乐观的精神力量。

第三节　防范恐怖活动

一、恐怖活动概述

（一）恐怖活动的定义

《关于加强反恐怖工作有关问题的决定（草案）》规定："恐怖活动是指以制造社会恐慌、胁迫国家机关或者国际组织为目的，采取暴力、破坏、恐吓或者其他手段，造成或者意图造成人员伤亡、重大财产损失、公共设施损坏、社会秩序混乱等严重社会危害的行为。煽动、资助或者以其他方式协助实施上述活动的，也属于恐怖活动。"

与恐怖活动相关的事件通常称为"恐怖事件""恐怖袭击"等。全球化的时代，恐怖主义已成为国际社会的公敌，共同打击恐怖主义已成为全人类的目标。

（二）近年重大恐怖袭击事件

（1）2001年9月11日上午，两架被恐怖分子劫持的民航客机分别撞向美国纽约世界贸易中心一号楼和世界贸易中心二号楼，造成两座大楼倒塌，遇难者总数高达2996人，至今仍有下落不明的失踪者。"9·11事件"是发生在美国本土的最为严重的恐怖袭击行动。此次恐怖袭击给美国造成的经济损失达200亿美元，对全球经济造成的损害甚至达到1万亿美元左右，对民众造成的心理影响极为深远。

（2）2015年11月13日巴黎恐怖袭击事件。当日21时20分至次日0时20分，法国巴黎多个地方共遭到至少4次来自"伊斯兰国"组织的炸弹爆炸袭击以及多次持枪射击。其中，来自巴塔克兰音乐厅的现场持枪扫射，造成的伤亡人数众多，至少89人遇难；同时，恐怖分子身着内部装有预制破片的自爆背心冲入正在举行法德足球友谊赛的法兰西体育馆，造成伤亡；在巴黎市第10区的佩蒂特风味餐馆和卡里伦酒吧，恐怖分子使用AK系列自动步枪扫射，造成 15 人遇难，10 人受伤。

（3）2016 年 3 月 22 日，比利时首都布鲁塞尔市郊的扎芬特姆机场和市内欧盟总部附近地铁站先后发生爆炸，恐怖分子制造自杀式恐怖袭击，造成至少 31 人遇难、300 余人受伤。

（三）恐怖主义给中国带来的危害

（1）影响民族团结。恐怖分子受境外势力指使，实施暴力恐怖袭击，目的是用暴力的方式散布恐怖，在民族之间制造怀疑和隔阂，进而动摇民族团结的根基，实现分裂国家的阴谋。

（2）威胁人民生命、财产安全。恐怖主义无视人类的任何道德规范，用血腥恐怖活动方式威胁着人们的生命、财产安全，对人民的身心造成了巨大伤害。

（3）不利于社会的和谐稳定

二、大学生如何防范和应对恐怖活动

纵观世界上发生的恐怖活动，主要方式有爆炸、绑架与人质劫持、暗杀、投毒、破坏计算机信息系统等。大学生应加强反恐意识，掌握一定的自救措施。

（一）爆炸袭击的防范与应对

1. 关于恐怖爆炸活动

爆炸作为一种简单实用、杀伤力大、攻击目标无限制、社会影响力巨大的恐怖活动形式，已成为当今恐怖分子最常用、最普遍与最主要的恐怖活动方式。

爆炸对人员造成伤害的主要因素是空气冲击波和破片。冲击波能引起血管破裂致使皮下或内脏出血、内脏器官破裂、肌纤维撕裂，破坏中枢神经系统，伤害呼吸及消化系统，震破耳膜等。此外，炸弹爆炸后，破坏周围建筑物，并形成高速飞散的破片，对人体具有巨大杀伤作用。

2. 如何防范爆炸袭击

大学生在日常生活中，对某些异常情况要有足够的警惕。某一物品在不该出现的环境中出现，一般要引起注意，特别是在人员密集场所出现，如学校的阶梯教室、食堂、礼堂等。一旦发现可疑爆炸装置，应掌握如下应对措施。

（1）保持冷静，切勿翻动可疑物品，保持其原状。

（2）迅速远离可疑物品，确保自身安全，并将有关情况立即报告有关部门，请公安机关派人前来处理。

（3）在有关人员处理过程中，要听从指挥，不要围观及大声喧哗，制造紧张气氛。在没有确认的情况下，不要散布不属实的信息。

（4）如果恐怖分子扔的是手雷，在它爆炸前（一般为 2~4 秒内）应当找到掩体，比如桌子或椅子，尤其注意保护好头部及重要部位。如果没有掩体，倒地远离它，尽量让自己缩成一团且重要器官背对它，双手捂住耳朵，这可以减少被炸伤的面积。

（5）遭遇爆炸袭击时，俯下身体尽量呼吸离地面比较近的新鲜空气。爆炸后产生的雾常常是致死原因。寻找简易防护物，如衣服、纸巾等捂鼻，采用低姿势撤离。视线不清时手摸墙壁撤离，不要盲目跟从人流相互拥挤、乱冲乱摸，要注意朝明亮处迎着新鲜空气跑；身上着火不要奔跑，就地打滚或用厚重衣物压灭。

（二）防范恐怖邮包袭击

恐怖信件一般包括邮件炸弹或生化病毒信件。邮件炸弹通常是由恐怖分子用信件或包裹把炸弹或者燃烧装置送至目标处，制造爆炸。邮件炸弹的破坏威力相对较小，其目的是伤害特定人员和引起人们精神层面的不安定。要防范恐怖邮件袭击可做以下措施。

首先，一般的邮件炸弹都是由松发式开关作为引爆装置的，所以尽量避免开启或剧烈晃动。在收到陌生或者可疑邮件时，应仔细核对寄件人的姓名和地址以及邮政邮戳，对于邮寄地址及署名模糊的可疑邮件要有警惕性，避免因好奇而轻易打开，可用手指摸、对光照，但不要嗅、舔。不能确定时，应立即报有关部门处理。

其次，如发现有粉末状异物时，应立即停止操作，用塑料袋密封好并不要移动然后立即报告学校相关部门及公安、卫生防疫等应急部门。

最后，要对双手及接触邮件的部位进行消毒。

（三）遭遇恐怖分子劫持的应对

（1）遭遇劫持时，务必保持冷静，不要反抗，不可大喊大叫，激怒对方。相信营救人员；不对视，不对话，趴在地上，动作要缓慢，尽量不引起劫持者注意，服从其要求。

（2）如在飞机上，机组人员一般都接受过应对劫机的训练，应积极配合其开展工作。必要时，要协助机组人员与劫机者进行搏斗。

（3）尽可能保留和隐藏自己的通信工具，及时把手机改为静音，适时用短信等方式向警方求救，短信主要内容有自己所在位置、人质人数、恐怖分子人数等。在警方发起突击的瞬间，尽可能趴在地上，在警方掩护下脱离现场。

（四）生物、化学恐怖袭击及应对

（1）生物恐怖袭击。生物恐怖袭击是使用生物制剂诱导人类、动物及植物疾病或导致其死亡。事件发生后，会发现不明粉末或液体、遗弃的容器和面具以及大量的昆虫；现场也会出现大量相同的临床病例或极其罕见异常的疾病。

（2）化学恐怖袭击。化学恐怖袭击是利用空气为传播介质，使人在呼吸空气时中毒，遭遇化学恐怖袭击一般会有以下几种异常。出现异常的气味：如大蒜味、辛辣味、苦杏仁味。出现异常现象：如大量昆虫死亡，异常烟雾，植物异常变化等。出现异常感觉，一般受到化学毒剂、毒物侵害后，身体会出现不同程度的不适感觉，如恶心、胸闷、皮疹等。

遇到生物、化学恐怖袭击时，应尽量保持镇静，不要惊慌，判明情况；要尽快掩蔽，利用环境设施和随身携带的物品掩蔽身体和口鼻，避免或减少毒物的侵袭和吸入；尽快寻找窗口，迅速离开污染源或污染区域，尽量逆风撤离。撤离后要及时报警，请求救助。

（五）遇到恐怖枪击时如何应对

（1）如果没有掩体，加速跑 S 形，降低被击中的概率。

（2）尽量按照以下方法寻找掩蔽物。

①掩蔽物体最好处于自己与恐怖分子之间。

②选择密度质地不易被穿透的掩蔽物。如墙体、立柱、大树干、汽车前部发动机及轮胎等；但木门、玻璃门、垃圾桶、灌木丛、花篮、柜台、场馆内座椅、汽车门和尾部等不能够挡住子弹，虽不能作为掩蔽体，但能够提供隐蔽作用，使恐怖分子在第一时间不能够发现，为下一步逃生提供了时间。

③选择能够挡住自己身体的掩蔽物。有些物体质地密度大，但体积过小，不足以完全挡住自己身体，就起不到掩蔽目的。如路灯杆、小树干、消防栓等。

④选择形状、规则易于隐藏身体的掩蔽物，如立柱；不规则物体容易产生跳弹，掩蔽其后容易被跳弹伤及，如假山、观赏石等。

知识链接

什么是恐怖主义

为了防范和惩治恐怖活动，加强反恐怖主义工作，维护国家安全、公共安全和人民生命财产安全，我国根据《宪法》制定了《中华人民共和国反恐怖主义法》。2015 年 12 月 27 日，由中华人民共和国主席习近平发布，2016 年 1 月 1 日起施行。《中华人民共和国反恐怖主义法》规定：

第三条　本法所称恐怖主义，是指通过暴力、破坏、恐吓等手段，制造社会恐慌、危害公共安全、侵犯人身财产，或者胁迫国家机关、国际组织，以实现其政治、意识形态等目的的主张和行为。

本法所称恐怖活动，是指恐怖主义性质的下列行为。

（一）组织、策划、准备实施、实施造成或者意图造成人员伤亡、重大财产损失、公共设施损坏、社会秩序混乱等严重社会危害的活动的；

（二）宣扬恐怖主义，煽动实施恐怖活动，或者非法持有宣扬恐怖主义的物品，强制他人在公共场所穿戴宣扬恐怖主义的服饰、标志的；

（三）组织、领导、参加恐怖活动组织的；

（四）为恐怖活动组织、恐怖活动人员、实施恐怖活动或者恐怖活动培训提供信息、资金、物资、劳务、技术、场所等支持、协助、便利的；

（五）其他恐怖活动。

本法所称恐怖活动组织，是指三人以上为实施恐怖活动而组成的犯罪组织。

本法所称恐怖活动人员，是指实施恐怖活动的人和恐怖活动组织的成员。

本法所称恐怖事件，是指正在发生或者已经发生的造成或者可能造成重大社会危害的恐怖活动。

案例选编

2008 年 5 月 12 日 14 时 28 分，四川汶川发生里氏 8.0 级特大地震，最大烈度达 11 度。汶川地震波及面积大，几乎整个东南亚和东亚地区都有震感。

【案例分析】

地震的次生灾害一般是指强烈地震发生后，由震动的破坏后果而引起的一系列灾害，例如火灾、水灾、海啸、滑坡、泥石流和毒气、细菌、放射性污染等。诱发灾害是地震所引发的社会性灾害，主要是瘟疫、冻害和饥荒等。

【思考与练习】

1.大学生在寝室和教室如何防震？地震发生时如何正确逃生？

2.请搜集你所了解的紧急自救方法，制作 PPT，进行小组交流。

第十五章 求助与医药常识

【案例】

2014年暑假，先后有四名女大学生遇险，罪恶的魔爪缘何频频伸向女大学生？

浙江21岁女大学生王某某从家中出门办事，随后失联，当晚被确认遇害；江苏19岁女大学生高某某失联半个月后确认被杀害；21岁的女大学生小金在济南被"黑车"司机绑架、囚禁4天并惨遭殴打、性虐；20岁的女大学生高某在重庆"搭错车"不幸遇害。其中，受害者小金是独自乘火车抵达济南火车站，要到济南西站转车，出站后被一中年男子搭讪，由于打不上出租车，便坐上了他的"黑车"。重庆的受害者高某，8月9日从重庆市家中出发，如约去同学家。哥哥为她联系了一辆车，当天下午司机赶到约定地点时，发现高某已经离开。司机打电话给高某才知道，高某搭错车，上了一辆陌生人的车离开。

山东大学社会学教授王忠武在接受采访时表示，当代一些女大学生因涉世未深，缺乏防范意识和自保自救意识，很容易被骗。此外，个别人因人格出现偏差，也容易做出图谋不轨或报复社会的行为。中国人民公安大学教授李玫瑾分析，个别女性外出独行时爱贪小便宜、爱计较，所以遇险的概率陡增。通过对本章内容的学习，大学生可掌握一些求助的方法和一些基本的医药常识。

【思考】

大部分大学生离开家门在外求学，要独自面对各种各样的风险。假如遇到骗子的人是你，你会怎样应对或自救呢？

第一节 报警和求助

一、应急报警常识

高校和社会日益紧密结合在一起，相互影响、相互作用。一些影响高校校园安全的不安全、不稳定因素也日益增加，威胁着师生的学习、工作和生活安全。所以，大学生们必须掌握各种遇险处理知识，在危险发生时保障自身安全。自己或他人身处险境，要懂得报警求助，这是脱离危险和处置险情的最便捷也是最有效的途径。发现刑事、治安案件，以及危及公共安全、人身安全、社会秩序、校园生活的案件、事故时，及时报警是每一个人的义务和责任。

报警求助电话免费打，任何电话拨打"110""119""120""122"等报警、求救电话，均免收电话费；任何投币、磁卡电话，在没投币和无磁卡的情况下，都可直接拨打这些电话；手机在欠费状态下也可拨打这些电话。

特别提醒：切忌随便拨打报警电话。"110""119""120""122"等报警电话是应急服务的特种专用电话，应该在遇到紧急情况时拨打，不能随意拨打。对于故意报假警或干扰报警服务台工作的，公安机关将依法处理。

（一）"110"报警电话

发生危及公共安全与个人人身、财产安全的突发事件时，及时报警是每个社会成员应尽的义务。

有危难就打"110"。公安机关"110""119""122"报警服务电话已实行"三台合一"，发现治安、刑事案件，发生火灾、交通事故，以及水、电、气、热等公共设施出现危及人身、财产安全的重大险情时，都可拨打"110"；发现有人溺水、坠楼、自杀、走失以及个人处于危险状态时，也可拨打"110"。"110"与各职能部门已建立联动机制，对各种险情都能提供救助。

报警常识如下：

（1）及时报警。发生险情，应立即报警。若情况危急，无法立即报警，应在脱险后迅速报警。

（2）保护现场。报警后，注意保护现场，以利于警方收集线索。

（3）地点讲清。应讲清险情发生的时间、地点。若地形、地貌复杂，应告知周围标志比较明显的建筑物、公交站位名称、门牌号或明显的地貌特征等。

（4）说明险情。应简要说明出险的原因及需要提供何种帮助。

（5）留下姓名。报警人应留下自己的姓名、联系方式等。

（6）迎候指引。了解救援人员到达的大致时间，提前到附近标志比较明显的地点，如路口或巷口，等候并指引救援人员。

（二）"119"火警电话

发现火灾，尽快拨打"119"。除火灾外，"119"还参加其他事故灾害的抢险救援工作，如地震、洪灾、空难、建筑物倒塌、危险化学品泄漏，以及群众在生活中遭遇的其他险情。

报警常识如下。

（1）及时报警。

（2）地点讲清。

（3）说明火因。拨打"119"火警电话时，应特别说明起火原因，如电路起火、煤气起火、汽油起火，或其他原因引起的火灾，以利于消防人员携带相应的灭火装备与物资。

（4）留下姓名。

（5）迎候指引。

比如：在××路××学校×栋楼发生火灾，请速赶来。我会在××路，×门口等候，我的电话是……

(三)"122"交通事故报警电话

发生交通事故或交通纠纷时，情节轻微，可友好协商解决；若需报警，可拨打122"或"110"报警电话。

报警常识如下。

(1)及时报警。

(2)地点讲清。

(3)说明险情。应简要报告事故原因与人员、车辆伤损情况。

(4)留下姓名。

(5)保护现场。交通事故发生后，肇事者及周围群众应尽可能保护现场原貌，以利于事故处理时民警收集物证，判断事故性质；同时注意尽可能不妨碍交通秩序。因妨碍交通不得不变动现场的，先标明事故现场位置，或用手机、相机拍下事故现场位置，再将车辆移至不妨碍交通的地点。

(6)警示标志。发生交通事故，应在车辆周围放置警示标志，以免造成二次事故。

(7)记下车牌。若肇事车辆逃逸，应记下该车的车牌号、车型、颜色等主要特征。

比如：在××路发生一起交通事故，一辆货车与一辆摩托车相撞，×人受伤，事故车牌号为……

提示：救护伤者。交通事故造成人员受伤时，应及时救护伤者，并立即拨打"120"医疗急救电话。如在高速路发生交通事故或车辆故障，应迅速远离事故或故障发生地点，到高速公路路肩外报警。

(四)"120"医疗急救电话

"120"是医疗急救求助电话，当身边有人突发疾病或受到意外伤害时，应及时报警。

报警常识如下。

(1)及时报警。

(2)地点讲清。

(3)说清病情。应说明患者的年龄、性别、患病时间和典型症状，如胸痛、意识不清、呕血、呕吐不止、呼吸困难等。若是意外伤害，应说明受伤原因，如触电、溺水、火灾、中毒等，并讲清伤者的伤势。

(4)留下姓名。

(5)迎候指引。

提示：在等待的同时，要积极施救。如遇心脏骤停的患者，4分钟内进行心脏复苏者可能有半数患者能被救活，又称"黄金4分钟"。所以，要立即施行胸外按压，进行心肺复苏。灾难、事故发生后，不要轻易搬动患者，以免造成二次伤害。应在确保不造成进一步伤害的情况下，采取有效措施对伤者进行急救，直至医务人员到来。

二、其他报警求助常识

(一)短信求救

不便用电话以通话方式报警时，可通过手机短信的方式报警求助。一些地方公安机关已开通短信报警功能。

(二)网上报警

一些地方公安机关在各重点网站设置有"报警"栏目，在重点论坛建有"虚拟警察"栏目，可通过这些栏目在网上报警求助。

(三)声响求救

可通过喊叫，吹哨子，敲击盆、桶或其他物品的方式发出求救信号。喊叫时应注意停顿、休息，以保存体力。

(四)光线求救

可用灯光、手电筒照射发出光亮，或用镜子反射灯光、阳光等方法发出光亮。3 次一组，停顿片刻，再重复进行。

(五)抛物求救

在高处遇到危险时，可向下抛掷枕头、书本、空塑料瓶等，以引起他人注意。但不宜抛掷笨重物品及玻璃制品等以免伤人。

(六)烟火求救

在野外遇到危险时，白天可燃烧树枝、树叶、动物粪便等发出烟雾；晚上可燃烧干柴等发出明亮的火光，向外界发出求救信号。轮胎、弹簧垫、橡胶封盖、动物脂肪油、泥炭等都可作替代燃料。

在野外用烟火求救时，一定要采取切实措施，防止引发火灾。

(七)摆字求救

用石块、树枝、衣物、帐篷等物品，在空地上摆出"SOS"或其他求救字样，字母要尽可能大一些。字母长度超过 6 米，更便于空中搜救人员识别。

(八)旗语求救

将旗子或鲜艳的布料系在木棒上，持棒做"∞"字形运动，左侧长划，右侧短划。

(九)电码求救

莫尔斯电码的 SOS 求救信号，是国际通用的紧急求救方式，用"三短，三长，三短"信号表示，长信号的时长是短信号的三倍。每发送一组信号，停顿片刻后再发下一组。

提示：三次一组，不断重复，意在求救。几乎任何反复的行为都意味着寻求援助。如：点燃三堆火制造三股浓烟，发出三声口哨或三声枪响，发送三组声音或灯光信号灯。应以三次为一组传递求救信号，每组间隔一分钟，不断重复。

另外，可利用光线发出求救信号，如开关手电筒、室内照明灯、应急灯、汽车灯、矿灯等；也可利用声音发出求救信号，如吹哨子、按汽车喇叭以及敲击等。

第二节　医药常识

一、药品的基本概念

（一）药品的定义

《中华人民共和国药品管理法》（以下简称《药品管理法》）中明确规定，药品指用于预防、治疗、诊断人的疾病、有目的地调节人的生理机能，并规定有适应证或者功能主治、用法和用量的物质，包括中药材、中药饮片、中成药、化学原料药及其制剂、抗生素、生化药品、放射性药品、血清、疫苗、血液制品和诊断药品等。

（二）药品的特殊性

药品是以治病救人为目的，所以是一种特殊商品。其主要特殊性表现在以下几方面。

（1）医药商品是直接关系到人体健康和生命安危的特殊商品。俗话说：好药治病，坏药致命，因而其商品质量具有非常重要的地位。

（2）医药商品的消费方式绝大部分是被动消费，病患者买药的品种、数量由医生指定，消费者没有自由选择余地。

（3）药品的质量难以用一般方式来鉴别，即使是专家，不借助于仪器也不能区别药品质量的优劣。人民群众不可能像选择食品、服装那样凭感官评价药品质量，只能把药品质量的信任寄托在政府，寄托在药品生产、经营、使用单位。

（三）药品分类

药品分为一般药品（中药、中药材、中药饮片、化学药品、抗生素、仿制药品、生物制品）和特殊管理药品。

1. 一般药品

（1）化学药品（西药）：主要指以化学合成的方法或以天然产物中提取的有效成分而制成的药物。

（2）中药：指中药材、中药饮片和中成药的总称。

①中药材：指中医药学基本理论指导下用以防治疾病的药物，包括植物药、动物药和矿物药三大类。

②中药饮片：指凡是直接供中医临床调配处方用的所有中药。

（3）抗生素：是某些细菌、放线菌、真菌等微生物在代谢过程中产生的，对其他病原微生物具有抑制或杀灭作用的物质。如青霉素、四环素等。

（4）仿制药品：指国家已批准正式生产，并收藏于国家药品标准的品种，试行标准的药品及受国家药品监督管理部门保护的品种不得仿制。

（5）生物制品：指应用普通的或以基因工程、细胞工程、蛋白质工程、发酵工程等生物技术获得的微生物、细胞及各种动物和人源的组织和液体等生物材料制备，用于人类疾病防治、治疗和诊断的药品。如菌苗、疫苗等。

2. 特殊管理药品

麻醉药品、医疗用毒性药品、精神药品和放射性药品都属于特殊管理药品。

（1）麻醉药品：指连续使用后易产生依赖性，能成瘾癖的药品。它与麻醉药有本质的区别，麻醉药指使人失去知觉尤其是痛觉，而有利于外科治疗的药品，麻醉药不产生瘾癖。

（2）精神药品：指直接作用于中枢神经系统，使之兴奋或抑制，连续使用能产生依赖性但不产生瘾癖的药品。

（3）医疗用毒性药品：指毒性剧烈、治疗剂量与中毒剂量相近，使用不当会致人中毒或死亡的药品。

（4）放射性药品：指用于临床诊断或者治疗的放射性核素制剂或其标记药物。

（四）药品的批号

用来表示药品生产日期的一种编号，生产批号包括两个内容：一是生产药品的时间，目前我国的药厂常以六位数字来表示，即前两位表示年份，中间两位数字表示月份，末两位数字表示日期，另一内容是生产药品的批次。

药品批准文号：是药品的生产合法性的标志，《药品管理法》规定，生产药品"须经国家药品监督管理部门批准，并发给药品批准文号"。

批准文号格式：国药准（试）字 +1 位字母 +8 位数字

其中不同的字母代表不同的含义。H：化学药品；Z：中成药；S：生物制品；B：通过国家药品监督管理局整顿的保健品；J：进口分包装药品；T：体外化学诊断试剂；F：药用辅料。

（五）药品的有效期

药品有效期的计算是从药品的生产日期（以生产批号为准）算起，药品标签应列有效期的终止日期。根据《药品管理法》第三十四条的规定，过期药品不得使用。

二、处方药与非处方药

（一）处方药

必须凭执业医师或执业助理医师处方才可调配、购买和使用。

处方药警示语：

处方药凭医师处方销售、购买和使用。

（二）非处方药

不需要医生处方，在药店或药房即可买到。在美国称为"可在柜台上买到的药（Over-

TheCounter)"。它是根据患者对病情的自我判断，或借助药品说明书，或医师对消费者所购药品的性能提供咨询，可自行判断、购买和使用的药品（OTC）。

甲类非处方药标识为红色，乙类非处方药标识为绿色。

甲类非处方药：须在药店由执业药师指导下购买使用。乙类非处方药：不需要凭医生处方即可自行判断、购买和使用的药品。

（三）双跨药品

在已公布的 1000 余种化学药品、3400 余种中成药中，有既可以作处方药又可以作非处方药的品种存在，就是"双跨"品种。

某些药作为处方药时有多个适应证，有些适应证适合自我判断和自我药疗。于是在限适应证、限剂量、限疗程的规定下，将此部分适应证作为 OTC，而患者难以判断的部分仍作为处方药。例如阿司匹林作为 OTC 品种，其适应证仅为解热镇痛，并限短期使用。具有这种双重身份的 OTC 药品还有不少，如大部分消化系统用药、解热镇痛类药都是如此。

三、安全使用药品

（一）药品的储存要求

绝大多数药品对于存储条件的要求都是：干燥、阴凉而且避光。这是因为如果放在潮湿、高温且受到阳光直射的地方，药品就很容易发生变性或变质，降低或失去药性。这也就是为什么很多装药的玻璃瓶都是深褐色的原因。如果说明书上面有特别要求存放条件的，比如某些蛋白质类的药品如疫苗，是需要低于常温贮存，就必须要密封后放在家里冰箱的冷藏室中。

（二）药品的放置位置

除了温度、阳光等会引起药品的变质变性外，像热辐射、电磁等也会对药物产生影响，所以要远离电脑、微波炉等家电存放。如果家里有尚未懂事的孩子，或者是患有痴呆症的病人，一定要记得把药品放在他们没有办法拿到的地方，或者是将存放的抽屉、柜子随时上锁，避免误食造成不必要的意外。

（三）仔细阅读说明书

很多人拿到药以后，最关心的是一天吃几次、一次吃几粒，除此之外就几乎不在意了。其实这种做法对自己身体是很不负责任的。说明书上除了介绍服药的频率、剂量外，还会标注着很详细的禁忌、不良反应、药物相互作用及注意事项。假如是从医生那里开的药，那么医生多数都是事先询问了你的身体状况、平时是否在服药之后再决定开给你什么药。假如是直接从药店买回来的非处方药，那么就一定要将说明书通读一遍再服用。这是因为如果你平时有在吃别的药，而这种药很有可能与你新买的药会产生拮抗作用，两者药效会相互抵触甚至抵消；或者你患有某种慢性疾病，而这病恰恰是新购买药物的绝对禁忌证，万一服用有可能诱发慢性疾病的发作。所以，千万不要小看这一张说明书。说明书由以下内容组成：品名、成分、性状、药理作用、吸收、分布、消除、适应证、用法与用量、不良反应、禁忌证、注意事项、制剂与规格、储存条件、包装、有效期、批准文号、制造单位、条形码。

（四）服药的时间

许多的常见药物都是一天服三次，很多人就将它和一日三餐联系在一起，把服药的时间都定在每顿饭后一个小时，觉得这样不太容易漏服。但其实所谓的一天三次，指的是将一天24小时三等分，也就是说每两次服药的间隔均为8小时。同理，一天服两次就是间隔12小时，一天服一次就是次日的同一个时间。如果担心掌握不好时间，用手机设置一下备忘录，或是买一个带有到点提醒功能的药盒都是不错的主意。

（五）药的用量

药物的每次摄入量并不是随心所欲、凭空想象的，它是按照实验了药物的半衰期、药效等指标所决定的，不能轻易改动。有的人可能大意错过了一次服药的时间，就想着在下一次加倍服用，以希望能够补上之前的遗漏。这样的话有可能会在加大药性的同时也更容易引起副作用的产生，完全是得不偿失的做法。

（六）药的用法

每一种药在生产的时候，都是根据能够最大程度被人体吸收、最大限度发挥药性的特点来设计成胶囊、颗粒、粉剂等剂型，不能任意改变。比如胶囊的外壳，就是为了防止药物在吞咽时尚未进入肠胃就已经被食道吸收了，如果因为觉得胶囊难以吞服就将其拆开，直接服食里面的药物，就完全违背了该药物生产设计的初衷，药效也基本被浪费了，甚至还有可能会对食道造成伤害。又比如硝酸甘油，心绞痛发作的时候只需舌下含服，就能在短时间内缓解症状，因为药力是直接通过舌下的毛细血管被吸收进血液后发挥作用的。如果按照其他药物吞服的方式服用，那么药物必然要经过肝脏的首过作用降低其利用度，使得药效大打折扣。因此，千万不能任意改变药物的服用方法，必须要按照说明或是遵医嘱服用。

（七）同种药

比如红霉素和乙酰螺旋霉素同属于大环内酯类的抗生素，基本的作用机制和应用对象是差不多的，但是并不代表任何人都可以随意用其中的一种来代替另一种。有的人对乙酰螺旋霉素不过敏，却不代表对红霉素不过敏。或者同样是青霉素，但是是由不同厂家生产的，假如对A厂的产品不过敏，未必适用于B厂；即使同样是A厂的产品，批次不同也不能一概而论。

（八）非处方药

可能是因为非处方药可以不用经由医生开具处方，直接就能从药店购得这一特点让很多人产生了"非处方药一定是很安全、可以放心服用"的错误观念。当然了，非处方药之所以可以不凭处方随意购买，的确是与其相比处方药效果更稳定、毒副作用相对更少有关，但并没有"绝对安全"这一说。即便是非处方药，如果不按照说明书的指导服用，或是过量服用，同样会对人体造成损害。比如长期服食过的维生素C，有可能会导致结石、溶血等情况发生。

(九) 过期药品

有的药属于家常备用的,并不需要天天服用,很可能已经过期了才只吃过一两颗。药品和食物不一样,有的食物标注的保质期,其实代表的是最佳赏味期限,超过一小段时间还能吃,也并没有变质腐败,只是口味会差一点。药品就不行了,过期就是过期、若仅仅是药效减少或消失还好,倘若是变质变性就糟糕了。因此,对于过期药品,千万不要有"扔掉可惜"的想法。处理过期药品也有讲究,不要随随便便把瓶子扔到垃圾桶里,液体类的如糖浆、眼药水要倒进下水道,片剂要敲碎、胶囊要把壳去掉后将里面的药物用水化开后再倒掉。

案例选编

典型案例 1

2018 年 7 月 30 日,西安某大学 5 名师生,在新疆阿克苏温宿县开展野外地质考察途中,突遇泥石流,带队老师及 3 名研究生不幸遇难。幸存者胡某生命体征平稳。5 名师生所在的南疆塔里木盆地四周坡陡山峻,植被覆盖少,天气"两极分化"大,一旦下大雨,很容易引发泥石流。

【案例分析】

遇险的原因各种各样,但核心因素相同,主要有以下几个方面:一是很多人遇险都是对自己身体素质的盲目自信,当自己体力不支的时候却为时已晚;二是对探险区域不熟悉。对周边自然状况、山石水文、植被覆盖、近期天气不熟悉,对可能发生的自然灾害预防准备不到位;三是不能辨别自身方位,没有合适的通信工具,错失了最佳求救时机。

【思考与练习】

1. 报警求救电话有哪些?
2. 我们应如何安全使用药品?

第十六章　规范操作与实验安全

【案例】

2011 年 12 月 7 日上午 11 时左右，天津某大学一名女生在做化学实验时发生了意外，手部严重受伤。

2013 年 4 月 30 日上午 9 时左右，南京某大学校内一废弃实验室拆迁施工发生意外爆炸，现场施工的 4 名工人 2 名重伤、2 名轻伤，其中 1 名重伤人员经抢救无效死亡。

2015 年 12 月 8 日上午 10 时 10 分左右，北京某大学化学系某楼二层的一间实验室发生爆炸火灾事故，一名正在做实验的博士后当场死亡。

2016 年 1 月 10 日中午，北京某大学科技大厦一间实验室内突然着火，幸运的是无人员伤亡。

2017 年 3 月 27 日 19 时许，上海某大学化学西楼一实验室发生烟雾报警，同时有学生报告称在楼内听到疑似轻微爆炸声。安保队员和院系老师第一时间赶到现场，发现有学生在实验中手部受伤，立即将其送医院治疗，所幸该学生无生命危险。

实验室是高校科研和实验教学活动的重要场所，也是许多重大实验成果的诞生地。随着我国高等教育的发展，国家对实验建设的投入也逐年增加，科研水平逐步提高，在某些领域已处于国际领先水平。高校实验室数量的不断增加，也带来了与之相关的安全事故也呈现出逐渐增多的趋势。通过对本章内容的学习，大学生可学会和掌握实验操作与实验室安全管理的方法和技能，保障师生人身安全和实验室科研仪器财产安全。

【思考】

作为大学生，进入实验室之前，你是否懂得实验室安全的重要性？是否懂得实验基本操作要领？

第一节　实验室基本安全操作

实验室是科研、教学与生产的重要场所，也是易发生火灾爆炸危险的地方。在各类实验室中，使用易燃易爆化学品的实验室由于危险物品数量大、种类多、实验条件复杂，火灾危险性也最大。所以，应把使用危险化学品的实验室作为实验室防火工作的重点。

一、实验室用电安全操作

在实验室安全用电是必不可少的，要保证实验室用电安全，必须进行正确的操作。

1. 实验室常见用电错误及注意事项

实验室中常用电器如烘箱、恒温水箱、离心机、电炉等，在使用这些电器时应严防触电，绝不可用湿手或在眼睛旁视时开关电闸和电器开关。用试电笔检查电器设备是否漏电，凡是漏电的仪器，一律不能使用。

（1）使用烘箱和高温炉时，须确认内动控温装置可靠，同时还需人工定时检测温度，以免温度过高；不得把含有大量易燃易爆溶剂的物品送入烘箱和高温炉中加热。

（2）变压器及加热设备电线接头裸露或冒火花。电源线接头应用绝缘胶布包住；禁止用湿手接触带电开关；禁止用湿、带油污或有机溶剂的手拔、插电源插头。

（3）液体进入吹风机机壳内。在使用吹风机吹干玻璃仪器时，需注意不要让液体滴入吹风机；吹风机不宜离瓶口太近。

（4）旋转蒸发仪、电炉、高压灭菌锅等用电设备在使用中，应有人看守，以防所旋蒸的物料爆沸冲料；断电时防止水泵中的水倒吸。

（5）使用完机械搅拌器和恒温磁力搅拌器后，在关闭仪器时需将转速调至零后再关闭电源，防止下次操作时搅拌桨快速搅拌，使溶剂溅出，还可能打断水银温度计；油浴加热时，温度传感器一定要置于控温体系中，防止无限制的加热引起危险。

2. 实验室用电安全措施

（1）经常检测电器外壳是否带电。用测电笔检测时先要确认测电笔完好，因为电笔氖管损坏时，就会将有电误判为无电。

（2）电器设备应可靠的接地，以便电器设备发生碰壳接地时漏电保护器能迅速切除，同时也是预防剩余电荷触电、感应电压触电、静电触电的好方法。

（3）电器在使用时，人员不能离开电器并注意电器运行状况，一旦有异常声响、冒烟等现象出现时，就要立即关机停止使用，待查明原因、排除故障后再使用。

（4）进实验室要穿绝缘鞋，电器的周围要铺绝缘垫，特别是经常使用的或容易漏电的电器，以防止触电。

（5）电器使用完毕要随手切断电源，拔下电源插头，禁止用拉导线的方法拔下电源插头。

（6）搬动或维修电器时一定要先拔掉电源插头后，方可进行。

（7）做好电器设备的超前维修工作。要定期检修电器设备，从中发现问题及时处理，把一切事故隐患消灭在萌芽状态。

（8）教育学生养成不用手掌触摸电器的好习惯，更不能用湿手去接触电器、电线。平时要注意电器防潮、防霉、防热、防尘，尤其是暑假后一定要在使用前对各类电器做检查和干燥处理。

（9）实验室要配置不导电的灭火剂，如喷粉灭火机使用的二氧化碳、四氯化碳或干灭火剂等，以防带电灭火时触电。在学生出入拥挤的楼道及有险情的地方要安装应急灯。

二、实验室用水安全操作

（一）实验室用水分类

我国实验室用水分为下列三级。

（1）三级水用于一般化学分析实验，可用蒸馏或离子交换等方法制取。

（2）二级水用于分析实验室用水 GB/T 6682—2008 级水应用；食品微生物学检验 GB/T 4789 系列的应用；缓冲液、微生物培养、滴定实验、水质分析实验、化学合成、组织培养、动物饮用水、颗粒分析用水以及紫外光谱分析。可通过多次蒸馏或离子交换制得。

（3）一级水用于仪器分析实验：液相色谱/质谱、原子吸收、ICP/MS、离子色谱；生命科学实验：细胞培养、流式细胞仪、分子生物学实验用水等。

实验中的用水，由于实验目的不同对水质各有一定的要求，如冷凝作用、仪器洗涤、溶液的配制以及大量的化学反应和分析及生物组织培养，对水质的要求都有所不同。因此需要把水提纯，纯水常用蒸馏法、离子交换法、反渗透法、电渗析法等方法获得。了解实验室用水安全，首先要清楚实验室用水的种类，用蒸馏方法制得的纯水叫作蒸馏水，用离子交换法等制得的纯水叫去离子水。

（二）实验室中用水注意事项

（1）实验室的上、下水道必须保持通畅。应让师生员工了解实验楼自来水总闸的位置，当发生水患时，立即关闭总阀。

（2）实验室要杜绝自来水龙头打开而无人监管的现象，要定期检查上下水管路、化学冷却冷凝系统的橡胶管等，避免发生因管路老化等情况所造成的漏水事故。

（3）冬季做好水管的保暖和放空工作，防止水管受冻爆裂。

三、实验室用气安全操作

在实验室一般使用气体钢瓶直接获得各种气体。气体钢瓶是储存压缩气体的特制的耐压钢瓶。使用时，通过减压阀(气压表)有控制地放出气体。由于钢瓶的内压很大(有的高达 15 MPa)，而且有些气体易燃或有毒，所以在使用钢瓶时要注意安全。

（一）常用气体的常识和安全知识

1. 高压气体的种类

（1）压缩气体：氧、氢、氮、氩、氨、氦等。

（2）溶解气体：乙炔(溶于丙酮中，加有活性炭)。

（3）液化气体：二氧化碳、一氧化氮、丙烷、石油气等。

（4）低温液化气体：液态氧、液态氮、液态氩等。

2. 高压气体的性质

（1）乙炔：无色、无嗅（不纯净时，因混有 H_2S、PH_3 等杂质，具有大蒜臭）。比空气轻，易燃、易爆，禁止接触火源，呼吸有麻醉作用。

（2）一氧化二氮（N_2O）：又称笑气，无色，带芳香甜味，比空气重，助燃，有麻醉性。

（3）氧：无色、无嗅，比空气略重，助燃，助呼吸，阀门及管道禁油。

（4）氢：无色、无嗅，比空气轻，易燃、易爆，禁止接触火源。

（5）氨：无色、有刺激性气味，比空气轻，易液化，极易溶于水。

（6）氩：无色、无嗅的惰性气体，对人体无直接危害，但在高浓度时有窒息作用。

（7）氮：无色、无嗅，不可燃气体，在空气中不会发生爆炸和燃烧，但在高浓度时有窒息作用。

（8）氦：无色、无嗅，比空气稍轻，难溶于水。

3. 高压气体的容器与色标

（1）容器

①氧、氩、氯、一氧化二氮应用无缝钢制造钢瓶。乙炔、丙烷可用一般焊接钢制造的钢瓶。

②各类高压容器必须附有证明书，此证明书应随高压容器作为技术档案保存。

③在钢瓶肩部，用钢印打出下述标记：制造厂、制造日期、气瓶型号、工作压力、气压试验压力、气压试验日期及下次送验日期、气体容积、气瓶重量。

④为了避免各种钢瓶使用时发生混淆，常将钢瓶上漆上不同颜色，写明瓶内气体名称。

⑤应经常检验（如三年一次），在钢瓶上标上试验日前，有问题的应及时更换。

（2）色标

常用高压气瓶颜色标志如表 16-1 所示。

4. 几种特殊气体的性质和安全

（1）乙炔。是极易燃烧、容易爆炸的气体。电石制的乙炔因混有硫化氢、磷化氢或砷化氢而带有特殊的臭味。其熔点为 -84℃、沸点为 -80.8℃，闪点为 -17.78℃，自燃点为 305℃。在空气中的爆炸极限（体积分数）为 2.3% ~72.3%。在液态和固态下或在气态和一定压力下有猛烈爆炸的危险，受热、震动、电火花等因素都可以引发爆炸。含有 7% ~13% 乙炔的乙炔和空气混合气，或含有 30% 乙炔的乙炔和氧气混合气最易发生爆炸。乙炔与氯、次氯酸盐等强氧化性化合物混合也会发生燃烧和爆炸。

使用乙炔时的注意事项如下。

①乙炔气瓶在使用、运输、贮存时，环境温度不得超过 40℃。

②乙炔瓶的漆色必须保持完好，不得任意涂改。

③乙炔气瓶在使用时必须装设专用减压器、回火防止器，工作前必须检查是否好用，否则禁止使用。开启时，操作者应站在阀门的侧后方，动作要轻缓。

④使用压力不超过 0.05 MPa，输气流不应超过 1.5 ~2.0 m^3/h。

⑤使用时要注意固定，防止倾倒，严禁卧倒使用，对已卧倒的乙炔瓶，不准直接开气使用，使用前必须先立牢静止 15 分钟后，再接减压器使用，否则危险。

⑥禁止敲击、碰撞等粗暴行为。

⑦存放乙炔气瓶的地方，要求通风良好。使用时应装上回闪阻止器，还要注意防止气体回缩。如发现乙炔气瓶有发热现象，说明乙炔已发生分解，应立即关闭气阀，并用水冷却瓶体，同时最好将气瓶移至远离人员的安全处加以妥善处理。

⑧发生乙炔燃烧时，绝对禁止用四氯化碳灭火。

泄漏应急处理：迅速撤离泄漏污染区人员至上风处，并进行隔离，严格限制出入，切断火源。建议应急处理人员戴自给正压式呼吸器，穿防静电工作服。尽可能切断泄漏源。合理通风，加速扩散，用喷雾状水稀释、溶解。构筑围堤或挖坑以收容产生的大量废水。如有可能，将漏出气用排风机送至空旷地带或装设适当喷头烧掉。漏气容器要妥善处理、修复、检验后再用。

表 16 - 1　我国常用高压气瓶颜色标志分类表

序号	介质名称	化学式	瓶色	字样	字色	充装系数 千克/升不大于
1	氢	H_2	淡绿	氢	大红	
2	氧	O_2	淡酞蓝	氧	黑	
3	氨	NH_3	淡黄	液氨	黑	0.53
4	氯	Cl_2	深绿	液氨	白	1.25
5	空气	Air	黑	空气	白	
6	氦	He	银灰	氦	深绿	
7	碳酰二氯	$COCl_2$	白	液化光气	黑	1.25
8	硫化氢	H_2S	白	液化硫化氢	大红	0.66
9	乙炔	C_2H_2	白	乙炔不可近火	大红	
10	二氧化碳	CO_2	铝白	液化二氧化碳	黑	
11	二氟二氯甲烷	CCl_2F_2	铝白	液化二氟二氯甲烷 R - 12	黑	1.14
12	三氟氯甲烷	CF_3Cl	铝白	液化三氟氯甲烷 R - 13	黑	
13	四氟甲烷	CF_4	铝白	氟氯烷 R - 14	黑	
14	二氯氟甲烷	$CHCL_2F$	铝白	液化氟氯烷 R - 21	黑	
15	二氟氯甲烷	$CHClF_2$	铝白	液化氟氯烷 R - 22	黑	1.02
16	三氟甲烷	CHF_3	铝白	液化氟氯烷 R - 23	黑	
17	四氯四氟乙烷	$C_2Cl_2F_4$	铝白	液化氟氯烷 R - 114	黑	
18	六氟乙烷	C_2F_6	铝白	液化氟氯烷 R - 116	黑	
19	二氟溴氯甲烷	$CBrClF_2$	铝白	液化二氟溴氯甲烷 R - 12B1	黑	1.62
20	三氟溴甲烷	$CBrF_3$	铝白	液化氟氯烷 R - 13B1	黑	
21	偏二氟乙烷	CF_2CH_4	铝白	液化偏二氟乙烷 R - 152a	大红	
22	甲烷	CH_4	棕	甲烷	白	

续表 16－1

序号	介质名称	化学式	瓶色	字样	字色	充装系数 千克/升不大于
23	乙烷	C_2H_6	棕	液化乙烷	白	
24	丙烷	C_3H_8	棕	液化丙烷	白	0.41
25	环丙烷	C_3H_6	棕	液化环丙烷	白	0.53
26	正丁烷	C_4H_{10}	棕	液化正丁烷	白	0.51
27	异丁烷	C_4H_{10}	棕	液化异丁烷	白	0.49
28	乙烯	C_2H_4	棕	液化乙烯	淡黄	

（2）氢气。密度小，易泄漏，扩散速度很快，易和其他气体混合。氢气与空气混合气的爆炸极限为 4.0%～75.6%（体积比），此时，极易引起自燃自爆，燃烧速度约为 2.7 m/s。

使用氢气时的注意事项如下。

①室内必须通风良好，保证空气中氢气最高含量不超过体积比的 1%。室内换气次数每小时不得少于 3 次，局部通风每小时换气次数不得少于 7 次。

②与明火或普通电器设备间距不应小于 10 米，工具要用无火花工具，能够防止静电积累并有良好静电导除措施，着装要以不产生静电为原则。现场应配备足够的消防器材。

③氢气瓶与盛有易燃、易爆物质及氧化性气体的容器和气瓶间距不应小于 8 米。最好放置在室外专用的小屋内，旋紧气瓶开关阀，以确保安全。

④禁止敲击、碰撞，不得靠近热源。

⑤必须使用专用的氢气减压阀，开启气瓶时，操作者应站在阀口的侧后方，动作要轻缓。

⑥阀门或减压阀泄漏时，不得继续使用；阀门损坏时，严禁在瓶内有压力的情况更换阀门。

⑦瓶内气体严禁用尽，应保留 2 MPa 以上的余压。

（3）氧气。氧气是强烈的助燃烧气体，高温下，纯氧十分活泼；温度不变而压力增加时，可以和油类发生急剧的化学反应，并引起发热自燃，进而产生强烈爆炸。

氧气瓶一定要防止与油类接触，并绝对避免让其他可燃性气体混入氧气瓶；禁止用（或误用）盛其他可燃性气体的气瓶来充灌氧气。氧气瓶禁止放于阳光曝晒的地方。

（4）氧化亚氮（笑气），具有麻醉兴奋作用，受热时可分解成为氧和氮的混合物，如遇可燃性气体即可与此混合物中的氧化合燃烧。

5. 气体检漏方法

（1）感官法：即采取耳听、鼻嗅的方法。如听到钢瓶有"嘶嘶"的声音或者嗅到有强烈刺激性臭味或异味，即可定为漏气。这种方法很简便，但有局限性，对剧毒性气体和某些易燃气体不适合。

（2）涂抹法：把肥皂水抹在气瓶检漏处，若有气泡产生，则能判定为漏气。此法使用较普遍、准确，但注意对氧气瓶检漏时则严禁使用，以防肥皂水中的油脂与氧接触发生剧烈的氧化。

（3）气球膨胀法：用软胶管套在气瓶的出气口上，另一端连接气球，如气球膨胀，则说明有漏气现象。此法最适用于剧毒气体和易燃气体检漏。

（4）化学法：该方法的原理是将事先准备好的某些化学药品与检漏点处的气体接触，如发生化学反应，并出现某种外观特征，则断定为漏气。如检查液氨钢瓶，则可用湿润的石蕊试纸接近气瓶漏气点，若试纸由红色变成蓝色，则说明漏气。此法仅用于某些剧毒气体检漏。

（5）气体报警装置：气瓶集中存放能减少空间、成本，可以在实验室的角落安装一个气体泄漏报警或易燃气体探头。如果气瓶房气体发生泄漏的话，感应探头会即刻将信号传至中心实验室的液晶显示屏上，并发出预警的声音，这样就可以及时维修。另外还可以安装低压报警，这样能知道气体是否快要用尽，气瓶压力是否足够，这对实验室实现不间断气体供应是很重要的。

（二）钢瓶使用的注意事项

（1）在搬动存放气瓶时，应装上防震垫圈，旋紧安全帽，以保护开关阀，防止其外转动和减少碰撞。搬运充装有气体的气瓶时，最好用特制的担架或小推车。也可以用手平抬或垂直转动，但绝不允许用手执着开关阀移动。

（2）钢瓶应存放在阴凉、干燥、远离热源（如阳光、暖气、炉火）处。高压气体容器最好存放在室外，并防止太阳直射。可燃性气体钢瓶必须与氧气钢瓶分开存放。互相接触后可引起燃烧、爆炸气体的气瓶（如氢气瓶和氧气瓶），不能同存一处，也不能与其他易燃易爆物品混合存放。钢瓶直立放置时要固定稳妥；钢瓶要远离热源，避免曝晒和强烈振动；一般实验室内存放气瓶量不得超过两瓶。

（3）绝不可使油或其他易燃性有机物沾在气瓶上（特别是气门嘴和减压阀），也不得用棉、麻等物堵漏，以防燃烧引起事故。

（4）使用钢瓶中的气体时，要用减压阀（气压表）。减压阀（气压表）中易燃气体一般是左旋开启，其他为右旋开启。各种气体的减压阀（气压表）、导管不得混用，以防爆炸。不可将钢瓶内的气体全部用完，一定要保留 0.05 MPa 以上的残留压力（减压阀表压）。可燃性气体如 C_2H_2，应剩余 0.2～0.3 MPa（约 2～3 kg/cm² 表压）。乙炔压力低于 0.5 MPa 时就应更换，否则钢瓶中丙酮会沿管路流进火焰，致使火焰不稳，噪声加大，并造成乙炔管路污染堵塞。H_2 应保留 2 MPa，以防重新充气时发生危险，不可用完用尽。

（5）乙炔管道禁止用紫铜材料制作，否则会形成乙炔铜，乙炔铜是一种引爆剂。

（6）开、关减压器和开关阀时，动作必须缓慢；使用时应先旋动开关阀，后开减压器；用完后，先关闭开关阀，放尽余气后，再关减压器。切不可只关减压器，不关开关阀。开瓶时阀门不要充分打开，乙炔瓶旋开不应超过 1.5 转，要防止流出。

（7）使用高压气瓶时，操作人员应站在与气瓶接口处垂直的位置上。操作时严禁敲打撞击，并经常检查有无漏气，应注意压力表读数。

（8）氧气瓶或氢气瓶等，应配备专用工具，并严禁与油类接触。操作人员不能穿戴沾有各种油脂或易产生静电的服装、手套操作，以免引起燃烧或爆炸。可燃性气体和助燃气体气瓶，与明火的距离应大于 10 米（确难达到时，可采取隔离等措施）。

（9）为了避免各种气瓶混淆而用错气体，通常在气瓶外面涂以特定的颜色以便区别，并在瓶上写明瓶内气体的名称。

（10）各种气瓶必须定期进行技术检查。充装一般气体的气瓶三年检验一次；如在使用中发现有严重腐蚀或严重损伤的，应提前进行检验。气瓶瓶体有缺陷、安全附件不全或已损坏，不能保证安全使用的，切不可再送去充装气体，应送交有关单位检查合格后方可使用。

四、实验室用火安全操作

（一）实验室引起火灾的原因

1. 易燃易爆危险品引起火灾

在化学实验中，各种化学危险物品使用极为普遍，种类繁多。这些物品性质活泼，稳定性差，有的易燃，有的易爆，有的自燃，有的性质抵触，相互接触即能发生着火或爆炸。在储存和使用中，稍有不慎，就可能酿成火灾事故。

2. 加热设备引起火灾

实验室里常使用煤气灯、酒精灯或酒精喷灯、电烘箱、电炉、电烙铁等加热设备和器具，增大了实验室的火灾危险性。煤气灯加热过程中，若煤气漏气，易与空气形成爆炸性混合物。酒精则易挥发、易燃，其蒸气在空气中能爆炸，电烘箱若运行时间长，易出现控制系统故障，发热量增多，温度升高，造成被烘烤物质或烘箱附近可燃物自燃。

加热电炉的火灾原因在于：被加热物料外溢的可燃蒸气接触热电阻丝，容器破裂后可燃物落在电阻丝上；绝缘破坏、受潮后线路短路或接点接触不良，产生电火花，引起可燃物着火。其中高温电炉的热源极易引燃周围的可燃物。

3. 违反操作规程引起火灾

化学实验室经常进行的蒸馏、回流、萃取、重结晶、化学反应等典型操作，都以危险性大为重要特点。若操作者没有经验，工作前没准备，操作不熟练或违反操作规则，不听劝阻或未经批准擅自操作等，均易诱发火灾爆炸事故。据 100 起实验室火灾事故的调查结果表明：因电气设备引起火灾的占 21%；因易燃溶剂使用不当的占 20%；因各种爆炸事件引起火灾的占 13%；因易燃气体或自燃所致的各占 7% 与 6%。其中 71% 的事故是由实验室工作人员工作不慎、操作失误所致；56% 的起火发生在下午 6 时至清晨 6 时；89% 的事故是由于没有必要的灭火器具，无法及时扑灭火源，从而酿成重大灾情的。

4. 电气火花

短路、过载、接触不良是产生电气火花的主要原因。

（1）电气设备、电气线路必须保证绝缘良好，特别是防止工作场所高温管道烫伤电缆绝缘外层，防止发生短路；电缆线应穿管保护防止破损；工作现场电器检修时应断开电源，防止发生短路。

（2）合理配置负载，禁止乱接、乱拉电源线。保持机械设备润滑、消除运转故障，防止电机过载现象发生。

（3）经常检查导线连接、开关、触点，发现松动、发热应及时紧固或修理。

（4）使用易燃溶剂的场所应按照危险特性使用防爆电器（含仪表），防爆电器应符合规定级别，防爆电器安装应符合要求。有时防爆电器密封件松动、绝缘层腐蚀或破损等，仍存在不易被发现的电气火花，这常常是有机溶剂、可燃气体火灾、爆炸事故的明火原因。

5.静电火花

当电阻率较高的有机溶剂在流动中与器壁发生摩擦或溶剂的各流动层之间相互摩擦，由于存在电子得失产生静电积聚，当积聚的电量形成一定的高压时就会放电产生火花。有机溶剂输送流动中流速过快可能产生静电积聚和高压放电；反应设备内部有机溶剂及物料搅拌转速过快、过激烈，易产生静电积聚和高压放电；有机溶剂与有机绝缘材质的管道、容器、设备之间特别容易发生静电积聚和高压放电；有机溶剂进料时从上口进入容器设备冲击容器底部或液面时很容易发生静电积聚和高压放电；含有机溶剂的物料采用化纤材料过滤时施压过大易发生静电积聚和高压放电；皮带传动设备的皮带上容易发生静电积聚和高压放电；离心机刹车制动过猛可能发生静电积聚和高压放电；作业人员穿化纤、羊毛、丝绸类服装容易发生静电积聚和高压放电。

预防静电的措施如下。

（1）首先是尽可能选择不易产生静电的溶剂，从源头上解决问题。

（2）采用增加溶剂的含水量或增添抗静电添加剂如无机盐表面活性剂等方法，使溶剂的电阻率降低到 $106 \sim 108 \Omega \cdot m$，有利于将产生的静电导出。

（3）采用静电接地的方法是化工生产普遍采用的重要防静电措施。所有金属设备、容器、管道、构架都可以通过静电接地措施及时消除带电导体表面的静电积聚，但是这种方法对非导电体是无效的。

（4）在容易引起火灾、爆炸的危险场所，人体产生的静电不可忽视。操作者工作时不应穿化纤服装、毛衣和丝绸，应穿防静电工作服、工作鞋，戴帽子、手套，工作场所也不能穿脱衣物。场所应设人体接地棒，工作前应赤手接触人体接地棒以导出人体静电。人体在行动中产生的静电需要通过场所地面导出，因此场所地面应具有一定的导电性，或洒水使地面湿润以增加导电性。工作场所一般不能做成环氧树脂地面，如防腐需要则应添加导电物质成分。

化学实验室经常处理具有潜在危险的物质，化学试验中的有机溶剂几乎都是易燃易爆物质。在实验室的多发事故中，火灾的发生率最高。因此，实验室必须采取必要的防火安全措施，以防止火灾的发生。

（二）一级试剂的管理

一级试剂是指闪点不大于25℃的试剂，如醚、苯、甲醇、丙酮、石油醚、乙酸乙酯等（闪点是指可燃液体的蒸气与空气形成混合物后和火焰接触时闪火的最低温度）。实验室的火焰口装置应远离一级试剂，若实验室中存有较大量上述试剂时，应贴有"严禁火种""严禁吸烟"等醒目标志。放置这类物品的房间内不能有煤气灯、酒精灯及有电火花产生的任何电气设备，室内应有通风装置。使用一级试剂或进行产生有毒有害气体的实验时，应远离火源，应在通风橱内进行，通风橱应由防火阻燃材料制成。储存一级试剂时，必须将容器口密封，置阴凉通风处保存。

（三）危险品库的管理

实验操作室内仅能存放少量实验需要的试剂或有机溶剂，不可贮存大量的化学危险品，化学危险品应存放在危险品库内；危险品库内不准进行实验工作，不得穿带钉子的鞋入内；危险品库应由专人保管，保管人员须经常检查在库危险品储存情况，发现泄漏及时处理；库

211

内严禁吸烟，禁止明火照明；废旧包装不得在库内存放。搬运危险品时严禁滚动，撞击。

（四）实验过程中的防火安全

实验室内必须避免产生电火花；所有电气开关、电插座等必须密封，使电火花与外部空气隔绝；冰箱内不准存放无盖的试剂，实验室内严禁吸烟；自燃物质应存放在防火、防爆贮存室内；日光能直射进房间的实验室必须备有窗帘，日光能照射的区域内不放置加热时易挥发、燃烧的一切物质。

（五）消防设施管理

灭火器等消防设施应存放在实验室门口附近，便于取用，实验室内应备有紧急淋浴装置、救火用的石棉毯子等设施。实验室所有人员应掌握各种消防设施的使用方法、发生火灾时的应急措施、实验室紧急出口等。

（六）实验室灭火法

实验中一旦发生了火灾切不可惊慌失措，应保持镇静。首先立即切断室内一切火源和电源，然后根据具体情况积极正确地进行抢救和灭火。常用的方法有如下几种。

(1)在可燃液体燃着时，应立刻拿开着火区域内的一切可燃物质，关闭通风器，防止扩大燃烧。若着火面积较小，可用石棉布、湿布、铁片或沙土覆盖，隔绝空气使之熄灭。但覆盖时要轻，避免碰坏或打翻盛有易燃溶剂的玻璃器皿，导致更多的溶剂流出而再着火。

(2)酒精及其他可溶于水的液体着火时，可用水灭火。

(3)汽油、乙醚、甲苯等有机溶剂着火时，应用石棉布或土扑灭。绝对不能用水，否则会扩大燃烧面积。

(4)金属钠着火时，可用沙子扑灭。

(5)导线着火时不能用水及二氧化碳灭火器，应切断电源或用四氯化碳灭火器。

(6)衣服被烧着时切不要奔走，可用衣服、大衣等包裹身体或躺在地上滚动。

(7)发生火灾时注意保护现场。较大的着火事故应立即报警。

五、实验室试剂安全管理与使用

（一）实验室药品试剂管理普遍存在的问题

(1)无试剂专库。试剂储藏室与实验准备在同一房间内，致使室内空气的相对湿度过大，药品试剂易变质失效。

(2)保管环境不良。缺乏良好的通风设备，既影响药品试剂的质量，也影响工作人员的身体健康。

(3)无清库制度。某些试剂库存时间过长、库存过多，造成浪费。

(4)缺乏规范分类知识与措施。药品试剂分类不科学，使用不方便。

(5)环保意识差。过期药品试剂不经过无害处理就随意丢弃。

（二）实验室药品贮存管理

化学试剂和药品是实验室必备的物品，如果保存管理不当就会对人的健康造成威胁，妥善管理这些物品以规范实验室化学品的管理，需做到以下几点。

1. 化学试剂、药品的贮存

（1）化学药品贮存室应符合有关安全规定，有防火、防爆等安全措施，室内应干燥、通风良好，温度一般不超过 28℃，照明应是防爆型。

（2）化学药品贮存室应由专人看管，并有严格的账目和管理制度。

（3）室内应备有消防器材；各储存柜应装有排气装置。

（4）化学药品应按类存放，特别是化学危险品按其特性单独存放。

（5）库房底层地面应为水泥或枕木地板，以利防潮；顶层板面须设隔热装置；堆放的试剂与墙四周要有通风道或设置墙距、屋顶距。

2. 化学试液的管理

（1）装有试液的试剂瓶应放在药品柜内，放在架上的试剂和溶液要避光、避热。

（2）试液瓶附近勿放置发热设备，如电炉等。

（3）试液瓶内液面上的内壁凝聚水珠的，使用前要震摇均匀。

（4）每次取用试液后要随手盖好瓶塞，切不可长时间让瓶口敞开。

（5）吸取试液的吸管应预先清洗干净并晾干，同时取用相同容器盛装的几种试液，防止瓶塞盖错造成交叉污染。

（6）已经变质、污染或失效的试液应该随即倒掉，重新配制。

3. 危险品安全保管

（1）实验用化学危险药品必须储存在专用室或柜内，不得和普通试剂混存或随意乱放。还要按各自的危险特性，分别存放。

（2）化学危险药品室、柜，必须有专人管理。管理人员要有高度的责任感，懂得各种化学药品的危险特性，具有一定的防护知识。

（3）化学危险品室要配备相应的消防设施，如灭火器等，专管人员要定期检查。

（4）定期对化学危险品的包装、标签、状态进行认真检查，并核对库存量，务使账物一致。

（5）对实验中有危险药品的遗弃废液、废渣要及时收集，妥善处理，不得在实验室存留，更不得随意倒在下水道。

（6）危险试剂的管理和使用方面如出现问题，除采取措施迅速排除外，必须及时向领导如实报告，不得隐瞒。

（三）实验室应实施七项管理原则

实验室应实施的七项管理原则为：专人、专库、专柜原则；分类保管原则；先出先用原则；定期查、报原则；出入库登记原则；危险品"五双管"原则；注意环保原则。

1. 专人、专库、专柜管理原则

设定具有相应专业水平、管理水平和高度责任心的专职管理人员，从事药品试剂的保管工作，管理人员必须熟悉药品试剂的性能、用途、保存期、贮存条件等；设立独立、朝北的房间作为储藏室，并挂窗帘，避免阳光直射（室温过高易导致试剂分解失效）；室内安装通风换气设备，不设水池，以保证室内空气干燥；将试剂柜架制成阶梯状，并从上到下依次编序，试剂柜应安装有色玻璃。特殊试剂的试剂柜，应选用耐腐蚀或具有屏蔽作用材料做成的各小柜的组合体,各小柜之间密封性要好,有利于特殊试剂的隔离存放。

2. 分类保管原则

合理的系统分类,是良好的规范化管理的必要保证。将所有试剂分类依其名称、规格、厂家、批号、包装、储存量以及储存位置一一登记造册、编号,并建立查找方式。药品柜贴上本柜贮存的药品目录,方便取用。试剂的一般分类、存放方法如表 16 – 2 所示。

表 16 – 2 试剂的分类和存放

分 类		存放、排列方法
无机物	盐及氧化物:钠盐、钾盐、钙盐等	一般按元素周期表排列
	碱类:氢氧化钠、氢氧化钾等	
	酸类:硫酸、盐酸、硝酸等	
有机物	烃类、醇类、酚类、醛类、酮类等	按官能团分类摆放
	酸碱指示剂、氧化还原类指示剂、络合滴定指示剂、荧光指示剂、染料等	依序摆放
	有机试剂	按测定对象或官能团分类
	生物染色素	按红、橙、黄、绿、青、蓝、紫顺序摆放

液体试剂和固体试剂应分柜存放;强酸与强碱、氨水分开存放;过氧化氢及过氧化物应存放在阴凉的地方;液体试剂多是具有强氧化性或强腐蚀性、易燃的危险品,应严格按照危险品储存与管理规定执行。常见危险品分类及保存条件要求如表 16 – 3 所示,其中,针对化学品的详细分类和管理参照国家安监总局等多部门联合颁发的《危险化学品名录(2015 版)》和早期颁布的《剧毒化学品名录(2012 版)》。

表 16 – 3 常见危险品分类及保存条件要求

分类	常见品种	保存条件要求
易燃易爆品	苯、乙醚、氯酸钾、苦味酸、乙酸丙酯、硝酸甘油、丙酮	远离热源、氧化剂及氧化酸类,室温不得超过 28℃,将试剂柜铺上干燥的黄沙
剧毒化学品	氰化物、碘甲烷、硫酸二甲酯、铊、硫酸三乙基锡	严格遵守《五双管理制度》
强腐蚀剂	硝酸、硫酸、盐酸、氢氧化钠、二乙醇胺、酚类、五氧化二磷等	贮存容器按不同腐蚀性合理选用,存入用耐腐蚀材料制成的试剂柜;遇水易分解的副食品包装必需严密,并存储在干燥的储藏室内;酸类应与氰化物、遇水燃烧品、氯化剂远离

续表 16 - 3

分类	常见品种	保存条件要求
放射性物品	夜光粉、铈钠复盐、发光剂、医用同位素 P - 32、硝酸钍	储藏室应平坦；存入用具具有屏蔽作用支撑的试剂柜；远离其他危险物品；包装不得破损、不得有放射性污染；存放过放射性物品的地方应在专业人员的监督指导下进行彻底清洁，否则不得存放其他物品

3. 先出先用原则

根据出厂日期和保质期，先出厂的或保质期快到的药品、试剂应先用，以免过期失效，造成浪费。

4. 定期查、报原则

查看储藏室内试剂保存环境的条件是否合格，如有变化，立刻采取措施；查看试剂的瓶签，如被腐蚀应立即重新补写，写明试剂名称、规格、分子式、分子量等，还可只写名称；查包装，如有破损，立即采取弥补措施；查试剂质量，如有失效，应立刻清理出柜；查库存量，决定采购与否。

5. 出入库登记原则

设立试剂入账本和出账本，做好领用登记。

6. 危险品"五双管"原则

双人保管；双人收发；双人领料；双本账；双锁。

7. 注意环保原则

管理人员应具有强烈的环保意识以及相应的环保知识，对失效、变质的试剂应集中存放，小心保管，尽快由专业人员或在专业人员指导下进行无害处理。切不可将未经处理的药品试剂，随意丢入垃圾箱或冲入下水道，避免造成对环境的污染或意外事故的发生。

（四）生物化学实验中常用有毒物质

1. 溴化乙锭

"DNA 的琼脂糖凝胶电泳"是生物化学实验中的基础型实验。"质粒 DNA 的分离、纯化和鉴定"属综合性实验。上述实验均涉及 DNA 的提纯及鉴定，实验中会使用高度灵敏的荧光染色剂溴化乙锭（Ethidium Bromide，EB）对 DNA 进行染色。EB 是强诱变剂，具有高致癌性，会在 60℃ ~70℃ 蒸发，所以在实验中要特别注意其安全使用，严禁随便丢弃。在实验中使用及实验结束后处理应注意以下事项。

（1）使用中的注意事项。实验室涉及 EB 的操作应统一固定在实验室的某一角落，称量固体时要戴面罩和手套，使用含有 EB 的溶液务必戴上手套。同时不要在胶太热的时候加 EB，以防止因蒸发被吸入。接触到 EB 的玻璃器皿应集中放置并专门使用，污染到 EB 的枪头、抹布、手套及 EB 染色跑完的胶，应回收至棕色的玻璃瓶中，定期进行焚烧处理。桌面或物体表面污染到 EB 时，可用活性炭进行处理。

（2）废 EB 溶液处理

①EB 浓溶液（浓度大于 0.5 mg/mL）的净化处理。先将 EB 溶液用水稀释至浓度低于 0.5 mg/mL，加入 1 倍体积的 5% 次高锰酸钾，小心混匀后再加 1 倍体积的 2.5 mol/L 盐酸。小心混匀，于室温放置数小时；加入 1 倍体积的 2.5 mol/L 氢氧化钠，小心混匀后可丢弃该溶液，统一处理。

②EB 稀溶液（浓度小于 0.5 mg/mL）的净化处理按 1 mg/mL 的量加入活性炭，不时轻摇混匀，室温放置 1 小时；用 Whatman 1 号滤纸过滤溶液，丢弃滤液并将活性炭与滤纸密封后丢弃，统一处理。

（3）EB 替代试剂。现在已有替代 EB 的核酸染料，如 SYBR Green I 核酸染料，它耐高温，可以在化胶时加入；GoodView™核酸染料使用方法与 EB 完全相同，在紫外透射光下双链 DNA 呈现绿色荧光，而单链 DNA 呈红色荧光。这些新型核酸染料虽然比 EB 毒性低，但价格高，有条件的实验室可以考虑替代 EB 使用。

2. 聚丙烯酰胺凝胶电泳与有毒、有害物质

聚丙烯酰胺凝胶电泳在生物化学实验中是常用的实验手段，涉及蛋白质分离纯化及鉴定、蛋白质分子量及等电点测定的实验都会使用到该电泳方法，如"聚丙烯酰胺凝胶电泳分离蛋白质""聚丙烯酰胺凝胶电泳法测定蛋白质的相对分子量""聚丙烯酰胺凝胶等电聚焦法测定蛋白质等电点"等常开设的基础实验。在聚丙烯酰胺凝胶制备过程中会用到以下有毒、有害物质。

（1）丙烯酰胺。丙烯酰胺具有很强的神经毒性，同时还有生殖、发育毒性。神经毒性作用表现为周围神经退行性变化和脑中涉及学习、记忆和其他认知功能部位的退行性变化。实验还显示丙烯酰胺是一种可能致癌物。丙烯酰胺可通过皮肤吸收及呼吸道进入人体，且累积毒性，不容易排毒。因此，称量固体丙烯酰胺粉末和处理它们的溶液时必须戴手套和口罩。当丙烯酰胺聚合为聚丙烯酰胺凝胶时则为无毒的，但操作时仍要小心，凝胶内可能有少量未聚合的丙烯酰胺。

（2）亚甲基双丙烯酰胺。它是丙烯酰胺形成凝胶的交联剂，因有取代基丙烯酰胺，因此具有一定的毒性，能轻微刺激眼睛、皮肤和黏膜。称量固体粉末和处理它们的溶液时需戴手套和口罩，应避免与人体长时间直接接触，误碰触时应用清水洗净。

（3）四甲基乙二胺，简称 TEMED。它是形成凝胶反应所用的加速剂，也具有强神经毒性，应防止误吸，操作时快速，存放时密封。

（4）过硫酸铵。它是丙烯酰胺与亚甲基双丙烯酰胺进行化学聚合的引发剂，对黏膜和上呼吸道组织、眼睛和皮肤有极大危害性，吸入可致命。操作时需戴合适手套、安全眼镜和面罩，始终在通风橱里操作，操作完后彻底洗手。

（5）十二烷基硫酸钠（SDS）。它是一种阴离子表面活性剂，与蛋白形成复合物，用于测定蛋白质分子量。SDS 有毒，是一种刺激物，能对眼睛造成严重损伤，可因吸入、咽下或皮肤吸收而损害健康。称量及配溶液时不要吸入其粉末，需戴合适的手套、面罩和护目镜。

（6）巯基乙醇。它在测定蛋白质分子量时用于处理样品，吸入、摄入或经吸收后会中毒。其中毒表现有发绀、呕吐、震颤、头痛、惊厥、昏迷，甚至死亡。对眼、皮肤有强烈刺激性；

对环境有危害；对水体可造成污染。应在通风橱里操作，佩戴面罩，戴乳胶手套。

3. RNA 提取与有毒、有害溶剂

"动物肝脏 RNA 的制备和纯度测定"是生物化学实验课中必开的基础实验。RNA 的提取过程需要用到溶剂去除蛋白质，这些溶剂对人体具有一定的毒性。

（1）氯仿。它对皮肤、眼睛、黏膜和呼吸道有刺激作用，是一种致癌剂，可损害肝和肾。它也易挥发，应避免吸入挥发的气体；操作时需戴合适的手套和安全眼镜并始终在化学通风橱里进行。

（2）异戊醇。它被吸入、口服或经皮肤吸收有麻醉作用。其蒸气或雾对眼睛、皮肤、黏膜和呼吸道有刺激作用，可引起神经系统功能紊乱，长时间接触有麻醉作用。操作时应戴合适的手套和安全眼镜并始终在化学通风橱里进行。

（3）含水酚液。它含有苯酚，对皮肤、黏膜有强烈的腐蚀作用，可抑制中枢神经或损害肝、肾功能。吸入高浓度苯酚蒸气可致头痛、头晕、乏力、视物模糊、肺水肿等疾病。其慢性中毒可引起头痛、头晕、咳嗽、恶心、呕吐。称量苯酚时应佩戴防尘口罩，操作溶液时戴合适的手套和安全眼镜，并始终在化学通风橱里进行。它一旦接触皮肤，应立即用大量流动清水冲洗，至少15分钟。实验结束后产生的含酚废液可加入次氯酸钠或漂白粉煮一下，使酚分解为二氧化碳和水再进行排放。

有机溶剂及实验废液等实验完成后应倒入盛放废液的容器中，然后统一回收，集中处理。

（4）其他有毒、有害物质。"氨基酸分离与鉴定"也是生物化学的基础实验，茚三酮是氨基酸的显色剂，一般是配成溶液在喷雾器中喷雾使用。茚三酮经消化道摄入和吸入都有害，对眼、呼吸系统和皮肤有刺激作用；皮肤反复接触能引起皮肤过敏。使用中应避免吸入雾滴或蒸气；避免与眼接触；使用橡胶或塑料手套、面罩以及护目镜。

生物化学实验中除上述有毒、有害物质外，还有一些物质也有一定的毒性，在使用中应注意防护，如在蛋白质染色过程中用到的考马斯亮蓝，脂肪提取中用到的乙醚，鸡卵黏蛋白分离中使用的三氯乙酸等。

六、实验室废弃物的安全处理

实验室是科研实验的场所，在其中进行各种各样的实验，会产生各种各样的废弃物。实验室产生的废弃物种类与所进行的实验有关，具有种类繁多、组分复杂、集中处理不便等特点。实验室废弃物，特别是化学实验及生物实验产生的废弃物，不仅会危害人们的健康，而且未经处理排放会对环境造成污染。因而，各实验室要根据废弃物的性质，尽可能对其进行无害化处理，避免排出有害物质危害自身或者危及他人。

（一）废弃物的种类

实验室废弃物分为固体废弃物、液体废弃物和气体废弃物三类。

1. 固体废弃物

固体废弃物分为有害和无害两种。有害固体废弃物，指的是存在一定安全隐患的有毒、有害固体废试剂；无害固体废弃物，指的是无害的固体实验室垃圾及空试剂瓶等。

2. 液体废弃物

液体废弃物分为有机和无机液体废弃物两种。有机液体废弃物主要包括有机废溶液、废试剂；无机液体废弃物主要有无机重金属溶液、无机酸、碱溶液。

3. 气体废弃物

气体废弃物指的是在化学实验过程中产生的有机、无机有害物，特别是对人体有强刺激作用的有害气体。

（二）废弃物处理原则

废弃物处理就是通过有效的方法对其中可再利用的部分进行回收，使废弃物可以再资源化，变废为宝，对无法利用或回收成本过高的废弃物进行无害化处理，达到国家相关标准后排放。以下是普通废弃物的处理原则。

（1）实验室要严格遵守国家环境保护工作的有关规定，不随意排放废气、废液、固体废弃物，不得污染环境。

（2）处理废弃物的过程中尽量不产生新的废弃物，能回收利用的废弃物在合理的成本条件下回收，不浪费，循环使用。

（3）对于量少或浓度不大的废弃物，可以在经过无害化的处理以后排入或倒入专门的废液缸中统一处理，如不超过环境中的最高允许值，可以随下水道排出。

（4）对于量大或浓度较大的废弃物可以进行回收处理，达到废弃物的资源化利用的目的。

（5）对特殊的废弃物则要进行单独的收集，例如贵重金属废液或废渣，单独收集可便于对其进行回收处理。

（6）不能混合的废弃物或者是混合后会不利于处理的废弃物，要分类并且及时地采取措施处理。

（7）无论液体或固体，凡能安全焚烧者则焚烧，但是数量不宜太大，焚烧时不能产生有害气体或焚烧残余物；如不能焚烧时，要选择安全场所，按照要求填埋，不使其裸露在地面上。

（8）废液处理前可尽量浓缩，进行减量化处理，减少贮存体积以及后续处理量。

（9）对具有放射性的废弃物，放射性水平极低的废液可采取排入海洋、河流和湖泊等水域的方法，利用水体的稀释及扩散作用将其放射性水平降至安全无害的水平；而对于其他放射性水平的放射性废液需要采取将其与人类的生活环境长期隔离，让其自然衰变，等待放射性废液的放射性水平降至最低限度。

（三）废弃物处理时的注意事项

（1）不同的废弃物要分类收集、贮存，并制定相应的处理方法。实验室废弃物处理时，要根据废弃物的物性、组成、浓度、有害性、易燃易爆性、感染性、放射性等进行不同的处理。不同的废弃物应有不同的处理方法，不能随意倒入下水道，也不能随意丢弃在垃圾桶。尤其针对具有危害性、污染性、感染性、易燃易爆性废弃物的处理，应制定相应的处理措施，在实验室预处理的基础上，进行统一收集处理，并有一定的规范记录。

（2）废弃物的物性、组成不同，在处理过程中，可能会有产生有毒有害气体、大量放热、爆炸等危险发生。因此，处理前必须充分了解废弃物的性质，分析处理过程中可能出现的状况，避免发生或提前做好应对措施，然后再进行处理。在处理过程中，必须边操作边注意观察，一定要有安全意识。

（3）在收集贮存前要了解各废弃物之间的相容性，不同废弃物在混合放置之前要检测其相容性，禁止将不相容的废液混装在同一废液桶内，以防发生化学反应出现爆炸、有毒气体释放等危险情况。同时废弃物盛装容器上要有显著的标签，按标签指示分门别类倒入相应的废液收集桶中，且要及时密封，防止有害物质挥发出来。

（4）要选择没有破损以及不会被废液腐蚀的容器进行收集。将所收集的废液的成分及含量标于明显的标签，并置于安全的地点保存。特别是量大的废液尤其要十分注意。

（5）不能随意掩埋、丢弃有害、有毒废渣、废弃化学品，须放入专门的收集桶中。危险物品的空器皿、包装物等，必须完全消除危害后，才能改为他用或弃用。

（6）对浓度较小或者量少的废物，经无害化处理后可以排放或倒入废液缸中统一处理。对浓度较高或者量大的废物应及时回收处理，或定期统一处理。

（7）有些废液不能互相混合，如过氧化物与有机物；氰化物、硫化物、次氯酸盐与酸；盐酸、氢氟酸等挥发性酸与不挥发性酸；浓硫酸、磺酸、羟基酸、聚磷酸等酸类与其他的酸；铵盐、挥发性胺与碱。

（8）对有臭味的废弃物（如硫醇）、会释放出有毒有害气体的废弃物及易燃的废气物要进行适当的处理，防止泄漏出来，并尽快处理掉。

（9）对含有过氧化物、硝化甘油之类爆炸性物质的废弃物，要谨慎地处理，远离热源，避免碰撞摩擦，并应尽快处理。

（10）在实验过程中，由于操作不慎、容器破损等原因，造成危险物质撒泼或倾翻在地上，要及时快速进行处理，降低人员在危害物中的暴露。首先是要用药剂与危害进行中和、氧化或还原等反应，破坏或减弱其危害性；再用大量水喷射冲洗。如为固体污染物，可先扫除再用水冲；如为黏稠状污染物、油漆等不易冲洗，可用沙揉搓和铲除；如为渗透性污物，如联苯胺、煤焦油等，经洗刷后再用蒸气促其蒸发来清除污染。

第二节　实验室常用安全防护装备

高校实验室在教学实验、科研实验活动中会使用各种易燃易爆及有毒有害危险化学品，会使用各种机械加工和电气测量设备，还会用到各种压力容器及起重机械等特种设备。实验过程中存在着各种安全风险，稍有不慎就会酿成事故，轻则造成财产损失，重则导致人员伤亡。为了减少安全事故的发生，在采取各种安全防护措施的同时必须配齐配全实验室安全防护装备。

一、实验室安全装备

一般实验室安全设施设备大致有环境安全、消防安全、通风排风、消毒洁净、废弃物处理、用气安全及防爆、防盗和喷淋装置等。

（一）环境安全

（1）吸收桌垫、一次性保护垫，用于保护玻璃器皿、实验台，吸收液体。

（2）吸油棉，用于吸收油、水和冷却剂，可放置于任何地方吸收溢漏。

（3）擦拭纸，用于无尘室的擦拭和设备维护，无尘室内水、溶剂的控制与吸收。

（4）防溅挡板。由高透明材料制作，用于抵挡实验中的意外飞溅，保护面部和颈部。

（5）防辐射挡板。透明丙烯酸树脂制造，阻挡32P和35Sβ–放射性同位素，保护实验操作者免受辐射伤害。

（6）防辐射盒子，用于放射性物质存放、处置。

（二）消防安全

消防安全设施包括各类灭火器、高压水龙头等。

（三）用电安全

用电安全设施包括电源插座、接地保护装置、稳压稳流装置等。

（四）通风排风

通风排风设备包含通风橱、排风罩、排风管等。

（五）消毒洁净

消毒洁净设施包括风淋装置、紫外线杀菌装置、烘箱、高压灭菌锅、生物安全柜、灭菌袋等。

（六）废弃物处理

废弃物处理设施主要是安全废液储存器，用于实验台、安全柜临时废液存放。

（七）用气安全及防爆

用气安全及防爆设施包括：钢瓶要固定的支架，或放置安全柜；气体检测报警设备；实验室安全防爆照明灯和电器开关；安全存放靠近工作区域的易燃易爆物品柜等。

（八）防盗

防盗设施包括保险柜、报警器、监控设备等。

（九）喷淋装置

喷淋装置主要是流水喷淋装置、清洗瓶等。

二、实验室个人防护装备

个体防护装备是从业人员为防御物理、化学、生物等外界因素伤害所穿戴、配备和使用的各种护品的总称，也称为个人防护用品、劳动防护用品、劳动保护用品等。实验室个体防护装备主要涉及劳动防护装备和卫生防护装备。按照所涉及的防护部位分类，可分为以下七大类。

（一）头部防护装备

头部防护装备是用来保护人体头部，使其免受冲击、刺穿、挤压、绞碾、擦伤和脏污等伤害的各种防护装备，包括工作帽、安全帽、安全头盔等。

（二）呼吸防护装备

呼吸防护装备是防御空气缺氧和空气污染物进入呼吸道，从而保护呼吸系统免受伤害的防护装备，包括防尘口罩、空气呼吸器、防毒面具等。

（三）眼面部防护装备

眼面部防护装备是防御电磁辐射、紫外线及有害光线、烟雾、化学物质、金属火花和飞屑、尘粒，抗机械和运动冲击等伤害眼睛、面部和颈部的防护装备，包括太阳镜、安全眼镜、护目镜和面罩等。

（四）听力防护装备

听力防护装备是保护听觉，使人耳免受噪声过度刺激的防护装备，包括耳罩、耳塞等护耳器。

（五）手部防护装备

手部防护装备是保护手部位免受伤害的防护装备，主要是各种防护手套。

（六）足部防护装备

足部防护装备是保护穿用者的小腿及脚部免受物理、化学和生物等外界因素伤害的装备，主要是各种防护鞋、靴。

（七）躯体防护装备

躯体防护装备是保护穿用者躯干部位免受物理、化学和生物等有害元素伤害的防护装备，主要有工作服和各种功能的防护服等。

案例选编

典型案例1

2015年9月22日7时25分许，北京某大学一实验室起火。据悉，起火地点位于化学楼一实验室内，疑似实验室内氢气着火。8时左右，师生已将明火扑灭，只有一名男生手被烫伤，并无大碍。9时40分许，记者在事发现场看到，明火已被扑灭，起火的七楼实验室外放着几个灭火器，室内多名师生正在清理实验室内的物品。仍在实验楼内的学生称，起火原因疑为实验室一氢气瓶起火，"连接着氢气瓶的气管喷火了，我们就赶快把气关了"。北京某大学保卫部工作人员也表示，疑似实验室内氢气着火。

【案例分析】

实验室用电、用气安全至关重要，违规或不当操作极易诱发安全事故，此起事故发生后现场师生及时关闭了氢气瓶开关并扑灭了明火，这是一起典型的不当操作引发的安全事故。师生火灾初起阶段处置方法得当，避免了更大事故的发生。

典型案例2

某职业学校，为节省资金，实验室设备有些简陋，加之安装的通风设备运行效果一般，导致室内空气循环不畅通。一天，高护班学生上实验课时，通风设备出现故障，停止运转。一名同学有不良反应，感觉不适，但并没有引起大家的注意。继而，又有几名同学有同样的反应，直到最后，共有10名学生身体反应强烈，出现头晕等现象，多名学生和教师轻微呼吸困难。这时，他们才意识到是有害气体中毒了。事情发生后，他们被及时送往医院抢救、治疗，中毒学生和老师全部脱离危险。经过有关人员的检查，导致这起化学实验中毒事故发生的原因，是由于室内空气不畅通，有毒气体不能及时排除到室外，滞留于室内造成的。

【案例分析】

学校要保证校舍和教育教学设施安全、标准。一定要经常检查和维修校舍和教育教学设施，发动全校师生查找安全隐患，发现安全隐患要及时排除，不能拖延。现实中，有些伤害事件是有制度但落实不到位，发现安全隐患没有及时处理，或者由于种种熟人关系施工不标准，存在侥幸心理，留有很大安全隐患。

典型案例3

2018年，北京某大学一实验室在进行垃圾渗滤液处理科研实验。在使用搅拌机对镁粉和磷酸搅拌、反应过程中，料斗内产生的氢气被搅拌机转轴处金属摩擦、碰撞产生的火花点燃爆炸，继而引发镁粉粉尘云爆炸，爆炸引起周边镁粉和其他可燃物燃烧，造成严重安全事故。

【案例分析】

事发科研项目负责人违反《北京某大学实验室技术安全管理办法》等规定，未采取有效安全防护措施；未告知试验的危险性，明知危险仍冒险作业等也促成了悲剧的发生。

1. 实验室或生活中比较常见的有毒气体有哪些？如何辨别这些有毒气体并进行针对性防护？

2. 你认为对于实验过程中使用过或产生的废水、废气、废渣应该如何处理才妥当？

3. 有时穿戴实验防护装置可能不方便做实验或工作效率不高，你会不会选择不穿戴实验防护装置？

第十七章　安全检查与事故预防

【案例】

为营造一个安全稳定的育人环境，消除学生宿舍的各种安全隐患，2017 年 11 月，云南某职业学院社区管理中心组织社区管理员对学生宿舍进行了大功率用电器和违规用电专项检查活动。活动开始前，各社区区长就各自社区组织了本区域管理员会议，对检查工作提出了明确的要求和强调注意的问题：本次排查主要查看学生宿舍是否使用或存放电磁炉、电饭煲、电磁杯、电水壶、热得快、电热毯、取暖器等大功率电器；是否收藏管制刀具、易燃易爆物品等；是否有私自拉线、改线、乱接插座等违规用电行为。排查过程中，各人员应做到认真、仔细，耐心做好学生的说服教育工作等。

通过检查，虽然未发现正在使用大功率电器的情况，但收缴了一大批电饭煲、电磁杯、电水壶等大功率电器，说明同学们对宿舍安全认识的意识还不够强，还抱有侥幸心理。本次对社区各宿舍大功率电器的突击检查，有利于加强同学们的纪律意识和安全意识，规范日常行为，从而全面提高同学们的综合素质。希望通过检查促进学生充分认识宿舍违规使用、存放大功率电器和私自拉接线等所带来的危害，切实增强安全意识，主动消除安全隐患。社区管理中心也将定期、不定期地对宿舍进行各种安全检查，发现一起严肃查处一起，确保学生在社区的生活安全。

学生宿舍内多多少少都有一些生活电器，这些电器的不当使用和超标使用往往是火灾发生的隐患。学校定期开展安全检查活动，不但能够消除学生宿舍的安全隐患，还能宣传安全知识，提高安全意识，以确保学生的人身和财产安全。通过本章内容的学习，大学生在日常工作、学习和生活中，就会懂得怎样发现和整改身边的安全隐患避免发生事故，从而更好地保护自己和他人不受伤害。

【思考】

是不是为了一时方便，某些同学在宿舍也使用过学校禁止的大功率电器？你会漠视身边的不安全行为吗？

第一节　安全检查概述

安全检查是安全管理的重要手段，也是行之有效、应用广泛的管理方法。如果运用得当，不仅可以提高安全管理效率，而且能够及时发现工作中存在的不安全因素和事故隐患，减少和避免事故的发生，确保人民群众生命和财产安全。

一、安全检查的定义

安全检查是指对工作过程及安全管理中可能存在的人的不安全行为、物的不安全状况和管理上的缺陷等进行检查，以便制定整改措施，消除隐患和有害与危险因素，确保安全。

二、安全检查的目的

安全检查可以分为监督检查和单位内部开展的安全自查。监督检查的主要目的是了解单位执行有关安全法律、法规、规章和国家标准或者行业标准的情况；安全自查的目的是查找工作过程及安全管理中可能存在的隐患、有害与危险因素、缺陷，以便制定整改措施，消除隐患和有害与危险因素。两者的最终目的都是防止事故发生，确保安全。

三、安全检查的类型

（一）定期安全检查

定期检查一般是通过有计划、有组织、有目的的形式来实现的。单位可以根据实际情况具体制定检查频次。定期检查的面广，有深度，能及时发现并解决问题。

（二）经常性安全检查

经常性检查则是采取个别的、日常的巡视方式来实现的，一般分为有安全管理人员的日常检查，专业人员的日常检查等。

（三）季节性及节假日前安全检查

由安全监督管理部门或单位根据季节变化，按事故发生的规律，突出重点进行季节性安全检查。如冬季防冻保温、防火；夏季防暑降温、防汛、防雷电等检查等。由于节假日特别是重大节日前后，各类人员应酬较多，从业人员情绪波动较大，容易发生事故，因而应进行有针对性的安全检查。

（四）专项安全检查

专项安全检查是由安全监督管理部门或单位对某个专项问题或存在的普遍性安全问题进行的单项定性检查。如防火安全检查、防毒气泄漏安全检查、电气安全检查等专项检查具有较强的针对性和专业要求，用于检查难度较大的项目。

（五）综合性安全检查

一般是由主管部门或安全监督管理部门对各单位进行的全面综合性检查，必要时可组织进行系统的安全性评价。

四、安全检查的方法

（一）安全监督检查的方法和职权

1. 安全监督检查的方法

审查安全监督检查的方法归结起来主要有"听、问、查、验"四种。

（1）"听"，主要是听有关管理人员、工作人员等对安全情况的介绍和汇报。要善于听取多方面的意见，去伪存真，分清是非。

（2）"问"，是验证所获得的检查信息、查证现场所观察到的情况是否属实和了解法律、法规、规章、标准是否贯彻执行的主要手段。询问分为有针对性询问和随机询问两种形式。

①有针对性询问。对于安全违法行为的调查，应该依据事先制定的询问提纲有针对性地选取询问对象。

②随机询问。对于一般性了解的问题可以随机询问。随机询问主要是由检查人员随机指定相关人员对有关安全知识和安全状况进行询问，听他们反映安全管理中存在的问题，了解他们对有关安全知识和技能的熟练程度等。

（3）"查"，主要查看资料、记录、操作证、现场安全标志以及工作现场环境情况、各类设备设施的防护情况、工作人员防护用品的使用情况、工作人员是否有违章行为等。

（4）"验"，就是检验。这是安全检查中所采用的重要辅助手段，也是获取物证的直接方式。

安全检查时，一般应综合运用各种方法。通过听取单位的工作汇报和情况介绍，询问其安全管理工作的开展情况，查阅安全管理档案资料，巡查操作人员的作业情况和现场安全设施情况，以及了解应急预案现场演练等情况，对该单位的安全管理工作进行全面检查了解。检查中还要配合使用各种仪器、工具，及时发现存在的问题和隐患。

2. 监督管理的职能部门的职权

负有安全监督管理的职能部门对单位执行有关安全的法律、法规和国家标准或者行业标准的情况进行监督检查，可以行使以下职权。

（1）进入单位进行检查，调阅有关资料，向有关单位和人员了解情况。

（2）对检查中发现的违规行为，当场予以纠正或者要求限期改正。

（3）对检查中发现的事故隐患，应当责令立即排除；重大事故隐患排除前或者排除过程中无法保证安全的，应当责令从危险区域内撤出工作人员，责令暂时停产、停业或者停止使用；重大事故隐患排除后，经审查同意，方可恢复工作和使用。

（4）对有根据认为不符合保障安全国家标准或者行业标准的设施、设备、器材应当予以查封或责令停止使用。

安全检查不得影响被检查单位的正常工作。单位不得拒绝、阻挠监管部门的检查，应当予以积极配合。检查人员应当忠于职守，坚持原则，秉公检查。并且，应当将检查的时间、地点、内容、发现的问题及其处理情况，做出书面记录，由检查人员和被检查单位的负责人签字；被检查单位的负责人拒绝签字的，检查人员应当将情况记录在案，并向相关领导和部门报告。

(二)单位内部开展的安全检查

单位内部开展的安全检查常用的方法主要包括常规检查、安全检查表法和仪器检查法三种。

1.常规检查

常规检查是常见的一种检查方法。通常是由安全管理人员作为检查工作的主体，到作业场所的现场，通过感观或辅助一定的简单工具、仪表等，对工作人员的行为、工作场所的环境条件、设备设施等进行的定性检查。安全检查人员通过这一手段，及时发现现场存在的安全隐患并采取措施予以消除，纠正工作人员的不安全行为。

这种方法完全依靠安全检查人员的经验和能力，检查的结果直接受安全检查人员个人素质的影响。因此，对安全检查人员要求较高。

2.安全检查表法

(1)安全检查表法是安全系统工程的方法，就是一份目的明确的检查清单。安全检查表是进行安全检查、发现和查明各种危险和隐患、监督各项安全规章制度的实施，及时发现并制止违章行为的一个有力工具。安全检查表是最早开发的一种系统安全性分析方法，是取得第一手资料的直接而简便的手段。

(2)安全检查表的内容包括所有能导致死亡事故的不安全状态和不安全行为。目前各行业有很多安全检查表。安全检查表可按基本类型分类，可按检查内容分类，也可按使用范围分类。

按照基本类型分类，安全检查表主要有3种：定性检查表、半定量检查表和否决型检查表。定性检查表是列出检查要点逐项检查，检查结果以"对"与"否"表示，检查结果不能量化；半定量检查表是给每个检查要点赋以分值，检查结果以总分表示，有了量的概念。这样，不同的检查对象也可以相互比较，但缺点是检查要点的准确赋值比较困难，而且个别十分突出的危险不能被充分地表现出来；否决型检查表是给一些特别重要的检查要点做出标记，这些检查要点如不满足，检查结果视为不合格，即具一票否决的作用，这样可以做到重点突出。

(3)编制安全检查表的主要依据：有关标准、规程、规范及规定；国内外事故案例及本单位在安全管理及生产中的有关经验；通过系统分析，确定的危险部位及防范措施，都是安全检查表的内容；新知识、新成果、新方法、新技术、新法规和新标准。

3.仪器检查法

机器、设备内部的缺陷及工作环境条件的真实信息或定量数据，只能通过仪器检查法来进行定量化的检验与测量，从而发现安全隐患，为后续整改提供信息，因此必要时需要实施仪器检查。由于被检查对象不同，检查所用的仪器和手段也不同。

五、安全检查程序

安全检查的工作程序一般包括准备、实施、分析和处置四个步骤。

（一）安全检查准备

安全检查的准备内容包括以下几点。

（1）确定检查对象、目的、任务。

（2）查阅、掌握有关法规、标准、规程的要求。

（3）了解检查对象的工艺流程、生产情况、可能发生危险危害的情况。

（4）制定检查计划，安排检查内容、方法、步骤。

（5）编写安全检查表或检查提纲。

（6）准备必要的检测工具、仪器、书写表格或记录本。

（7）挑选和训练检查人员，并进行必要的分工等。

（二）实施安全检查

实施安全检查就是通过应用上述检查方法开展安全检查。

（三）分析

对检查获取的各种信息进行分析、判断和检验，从而得出正确的检查结论。

（四）处置

根据检查结论，采取针对性的措施，如下达隐患整改通知等。同时要注意复查整改措施落实情况，获得整改效果的信息，以实现安全检查工作的效果。

六、安全检查的内容

不同的检查对象、不同的检查要求，其检查的内容也不同。要针对各种不同的检查对象、检查要求，确定检查的主要项目和内容。一般应围绕以下四个方面开展安全检查。

（一）人的缺陷

人的缺陷是指人的失误，人的失误则是人的行为偏离了预定的标准，即人的不安全行为。人的不安全行为可能直接触发危险源转化而引起能量逸散失控，如检修设备时，误合开关致使检修中线路带电；高空作业忘带安全带、误入危险区、违章作业等。

（二）物的缺陷

物的缺陷是指物的不稳定状态，如电器绝缘损坏，导致漏电；由于泄压装置故障，致使压力容器破裂；防护用品绝缘失效引起触电；安全帽承压抗冲击能力差等。

（三）环境因素

环境因素指环境不安全因素。工作环境包括温度、湿度、照明、空气质量、噪声及振动

227

等。如潮湿引起设备腐蚀；噪声影响人的情绪、伤害人体；通风不良引起爆炸性物质聚集等。

(四)管理缺陷

管理缺陷是造成事故隐患的间接原因，包括管理制度、管理机制、管理措施、教育训练等。

第二节　事故隐患与整改

一、事故隐患的定义与分类

2007 年 12 月 22 日国家安全生产监督管理总局局长办公会议审议通过，2007 年 12 月 28 日国家安全生产监督管理总局令第 16 号公布了《安全生产事故隐患排查治理暂行规定》。该规定第三条："本规定所称安全生产事故隐患(以下简称事故隐患)，是指生产经营单位违反安全生产法律、法规、规章、标准、规程和安全生产管理制度的规定，或者因其他因素在生产经营活动中存在可能导致事故发生的物的危险状态、人的不安全行为和管理上的缺陷。"

综上所述，事故隐患是指作业场所、设备及设施的不安全状态，人的不安全行为和管理上的缺陷，是引发安全事故的直接原因。重大事故隐患是指可能导致重大人身伤亡或者重大经济损失的事故隐患。

事故隐患按照危害和整改难度分为一般事故隐患和重大事故隐患。一般事故隐患，是指危害和整改难度较小，发现后能够立即整改排除的隐患。重大事故隐患，是指危害和整改难度较大，应当全部或者局部停产停业，并经过一定时间整改治理方能排除的隐患，或者因外部因素影响致使生产经营单位自身难以排除的隐患。

二、事故隐患的特征

事故隐患有十大特征。

(一)隐蔽性

隐患是潜藏的祸患，它具有隐蔽、藏匿、潜伏的特点，是不可明见的灾祸，是埋藏在生产过程中的隐形炸弹。它在一定的时间、一定的范围、一定的条件下，显现出好似静止、不变的状态，往往使人一时看不清楚，意识不到，感觉不出它的存在。

(二)危险性

俗话说："蝼蚁之穴，可以溃堤千里。"在安全工作中小小的隐患往往引发巨大的灾害，哪怕一个烟头、一盏灯、一颗螺丝钉、一个小小的疏忽，都有可能发生危险。

(三)突发性

任何事都存在量变到质变、渐变到突变的过程，隐患也不例外。集小变而为大变，集小患而为大患是一条基本规律，稍不留意，随时都有可能造成事故的突然发生。

（四）因果性

某些事故的突然发生是会有先兆的，正如"燕子低飞鸡晚归，蚂蚁搬家蛇过道"是雷雨到达的先兆一样。隐患是事故发生的先兆，而事故则是隐患存在和发展的必然结果。

（五）连续性

实践中，常常遇到一种隐患掩盖另一种隐患，一种隐患与其他隐患相联系而存在的现象。

（六）重复性

事故隐患治理过一次或若干次后，并不等于隐患从此销声匿迹，永不发生了，也不会因为发生一两次事故，就不再重复发生类似隐患和重演历史的悲剧。只要影响因素未改变，同一隐患就会重复发生。甚至在同一区域、同一地点发生与历史惊人相似的隐患、事故，这种重复性也是事故隐患的重要特征之一。

（七）意外性

这里所指的意外性不是天灾人祸，而是指未超出现有安全、卫生标准的要求和规定以外的事故隐患。这些隐患潜伏于人—机系统中，有些隐患超出人们认识范围，或在短期内很难为人们所辨认，但由于它具有很大的巧合性，因而容易导致一些意想不到的事故的发生。

（八）时效性

尽管隐患具有偶然性、意外性一面，但如果从发现到消除过程中，讲求时效，是可以避免隐患演变成事故的。反之，"见善而怠，时至而疑，知非而处"，不能有效地把隐患治理在初期，必然会导致严重后果。

（九）特殊性

隐患具有普遍性，同时又具有特殊性。由于人员、机器、材料、方法、环境的本质安全水平不同，其隐患属性、特征是不尽相同的。在不同的行业、不同的企业、不同的岗位，其表现形式和变化过程，更是千差万别的。即使同一种隐患，在使用相同的设备、相同的工具从事相同性质的作业时，其隐患存在也会有差异。

（十）季节性

某些隐患带有明显的季节性特点，它随着季节的变化而变化。比如，夏天由于天气炎热、气温高、雷雨多、食物易腐烂变质等情况的出现，必然会带来人员中暑、洪涝、雷击、食物中毒等灾害或人员伤亡事故发生。使用、维修电器的人员又会因为汗水过多而产生触电等事故隐患；冬季又会由于天寒地冻、风干物燥，而极易产生火灾、冻伤、煤气中毒等事故隐患。

三、事故隐患的整改

（一）一般事故隐患整改

一般事故隐患，由单位负责人或者有关人员立即组织整改。

（二）重大事故隐患

对于重大事故隐患，由单位主要负责人组织制定并实施事故隐患治理方案。重大事故隐患治理方案应当包括以下内容。

（1）整改的目标和任务。

（2）采取的方法和措施。

（3）经费和物资的落实。

（4）负责整改的机构和人员。

（5）整改的时限和要求。

（6）安全措施和应急预案。

（三）整改原则

发现事故隐患应严格按"三定三不推"原则进行整改。就高校发现事故隐患而言，"三定"就是整改定责任人、定措施、定期限；"三不推"就是个人能整改的不推向组织，下级系组织能整改的不推向上级组织，今天能整改的不推向明天。

（四）整改要求

（1）单位在事故隐患整改过程中，应当采取相应的安全防范措施，防止事故发生。事故隐患排除前或者排除过程中无法保证安全的，应当从危险区域内撤出工作人员，并疏散可能危及的其他人员，设置警戒标志，暂时停产停业或者停止使用；对暂时难以停产或者停止使用的相关装置、设施、设备，应当加强维护和保养，防止事故发生。

（2）单位应当加强对自然灾害的预防。对于因自然灾害可能导致事故灾难的隐患，应当按照有关法律、法规、标准和《安全生产事故隐患排查治理暂行规定》的要求排查整改，采取可靠的预防措施，制定应急预案。在接到有关自然灾害预报时，应当及时发出预警通知；发生自然灾害可能危及单位和人员安全的情况时，应当采取撤离人员、停止工作、加强监测等安全措施，并及时向当地人民政府及其有关部门报告。

（3）政府或上级挂牌督办并责令全部或者局部停产停业整改的重大事故隐患，整改工作结束后，应当组织本单位的技术人员和专家对重大事故隐患的整改情况进行评估；或委托具备相应资质的安全评价机构对重大事故隐患的整改情况进行评估。

（4）经整改后符合安全条件的，应当提出恢复工作的书面申请，经政府有关部门上级监管部门等审查同意后，方可恢复工作。申请报告应当包括整改方案的内容、项目和安全评价机构出具的评价报告等。

案例选编

典型案例 1

2018 年 4 月 10 日 21 时许，华南某大学某女生宿舍起火，火势猛烈，从阳台烧出大门。消防人员迅速到场，及时将火扑灭。好在起火时，该宿舍无人在内。据了解，是该院校有同学在宿舍内违规使用电器，而且未关闭电源就离开了宿舍，引发了这起火灾。火灾未造成人员伤亡。

【案例分析】

手机、电脑、电动自行车、充电宝设备等每次充电都要几个小时，同学们经常插好充电器后就转身去上课，甚至外出也忘记切断电源。充电器长期蓄热，很容易引发火灾。学校应把防火安全教育作为一项经常性工作常抓不懈，经常对学生进行消防安全知识讲座，开展消防警示教育等，使学生懂得宿舍火灾隐患的危险性，明白火灾的严重性和防火的重要性，从思想上真正筑起安全防线。

典型案例 2

2018 年 11 月 14 日早晨 6 时 10 分许，上海某学生宿舍楼发生火灾，过火面积达 20 平方米左右，因室内火势过大，4 名女大学生从 6 楼寝室阳台跳楼逃生，不幸当场死亡。

14 日早晨 6 时 12 分，上海市公安局 110 指挥中心接到报警后迅速派员前往处置。女生寝室失火未殃及周边寝室，火被及时扑灭，火灾原因警方正在进一步调查中。

【案例分析】

学校应定期组织师生进行防火演练，制定灭火和应急疏散预案，让学生掌握一定的自防自救的知识和技能。在每幢宿舍楼组建学生消防安全小组，加强学生的自我管理和自我保护。应对宿舍楼安全出口实行有效管理，严禁锁闭和堵塞出口，确保疏散通道的畅通。师生应当留心消防安全出口位置，发生火灾时便于逃生和疏散。学校应坚决杜绝或减少宿舍火灾事故，为学生创造良好的生活、学习环境。

【思考与练习】

1. 你平时有没有注意过宿舍楼、教学楼中消防器材存放的位置，都存放了哪些消防器材？

2. 购置宿舍电器的时候，你是否考虑过用电安全？

3. 你的手机充电器不管是否充电都插在电源插座上？正确的使用方法是什么呢？

下篇

高校安全文化建设

高校安全文化是近年来出现的一个全新的理念，是校园文化的重要组成部分。安全文化是人类自觉之为的产物，是追求安全、获得安全的结果。高校安全文化是指将学校安全理念和安全价值观表现在决策人和管理者的态度及行为中，落实在学校的管理制度中，将安全管理融入学校整个管理的实践中，将安全法规、制度落实在决策人、管理者和师生的行为方式中，将安全标准落实在教育教学过程中，由此构成一个良好的安全建设氛围。通过安全文化建设，影响学校各级管理人员和师生的安全自觉性，以文化的力量保障学校财产安全和师生人身安全。高校安全文化表现在学校的安全观念、安全行为、安全常规、安全制度、安全责任和安全的物质环境等方面。高校安全文化建设的目标就是一切为了师生的安全和为了师生的一切安全。

　　高校安全文化建设，这是一个重大而永恒的课题。可以从校园安全行为文化、校园安全物质文化、校园安全制度文化、校园安全精神文化几个层次加强学校的安全文化建设。高校安全文化是一个有机的整体，高校安全文化建设也是一个系统的工程。其中，安全文化中的精神文化是核心，物质文化是基础，制度文化是保障，行为文化是外现。我们要以完善安全文化的价值体系为重点，以强化安全管理和落实行为规范为突破口，不断地改善学校物质条件和内外环境。通过高校安全文化建设，使广大师生的安全素质得以提高，树立人人讲究安全、时时重视安全、事事注意安全、处处不忘安全的思想，让校园处处盛开"安全花"，时时奏响"和谐曲"。

第十八章 高校安全文化

上海大学首届安全文化节——和不安全行为 Say Byebye。

一、活动目的：为进一步提高师生的安全意识，更好地培育校园安全文化，共建平安上大。

二、活动主题：宣扬安全文化，共建平安上大。

三、活动时间：2018 年 5 月 21 日至 5 月 25 日

四、活动对象：全体师生员工

五、上海大学首届安全文化节主要活动

（一）安全文化讲堂

1. 高校安全状况：授课人 市教委后保处处长张旭。

2. 当前中美关系与我国周边安全形势：授课人 上海国防战略研究所教授、上海东方讲坛"最受欢迎的讲师"奚纪荣大校。

3. 消防安全讲座：授课人 市消防局参谋长朱建委。

（二）安全检查：检查重点实验室和学生宿舍，地点各校区。

（三）安全文化体验：①微型消防站器材展示；②消防器材使用体验；③校区乘车巡逻体验；④自卫防身术体验。

（四）安全倡议签名与安全资料发放（有礼品发放哦，期待你的到来）。

（五）防诈骗宣讲：授课人 文保分局"谢蜀黍"。

（六）治安、民防、防邪教宣传资料发放及展板展示。

（七）安全演练：消防安全逃生、特种设备演练。

（八）校园安全问题面对面：采取现场问答形式回答师生关注的安全热点问题。

（九）安全工作会议：通报学校稳定工作、信访工作、学校安全生产及校园综合治理工作情况；宣读 2016—2017 年度校园综合治理工作先进集体及个人名单并颁奖。

（十）安全文化节闭幕暨上海大学平安校园大学生志愿者行动支队成立仪式：首届安全文化节精彩内容视频回放；安全文化节体会交流；首届安全文化节活动总结；上海大学平安校园大学生志愿者行动支队授旗仪式。（来自上海大学官微，有删减）

高校是年轻大学生聚居地，他们对各种知识、技能和新鲜事物充满好奇心，充满朝气和

活力，但也有一些懵懂，适时适度的安全教育必不可少。各地高校一直把学生安全作为中心工作来抓，结合区域特征和办学特色开展形式多样、内容丰富多彩的安全教育，为在校大学生提供安全舒适的成长环境。

【思考】

安全关乎每个人的切身利益，学校进行各种安全教育活动的时候，你认真参与了吗？

第一节　高校安全文化的基本内涵

一、安全文化的概念

(一)安全的定义

安全是伴随着人类的生活及生产活动而产生的。在第一章第一节中对安全的概念做了充分的解读。我们在这里谈到的安全是广义的安全，即大安全，是"免除了不可接受的损害风险的状态"。

(二)文化的定义

众所周知，文化现象广泛地存在并贯穿于人类社会的发展之中，我们对"文化"一词并不陌生，但要给出一个严格的和普遍认可的定义却不容易，争议也较多。但其中有一点是大家都明确的，即文化的核心问题是人，有人才能有文化，不同种族、不同民族的人有不同的文化。以下是百度百科对文化的概念的描述。

"文化"(Culture)一词起源于拉丁文的动词 Colere，意思是耕作土地，后引申为培养一个人的兴趣、精神和智慧。

"文化"的概念最早是由美国人类学家爱德华·泰勒在 1871 年提出的。他将"文化"定义为"包括知识、信仰、艺术、法律、道德、风俗以及作为一个社会成员获得的能力与习惯的复杂整体"。

"文化"一词，《牛津现代词典》的解释是：文化是人类能力的高度发展，借训练与经验而促成的身心的发展、锻炼、修养，或者说是人类社会智力发展的证据、文明，如艺术、科学、历史的沉淀物。确切地说，文化是指一个国家或民族的历史、地理、风土人情、传统习惯、生活方式、文学艺术、行为规范、思维方式、价值观念等。

"文化"一词，百度百科的解释是：文化是一种社会现象，它是由人类长期创造形成的产物，同时又是一种历史现象，是人类社会与历史的积淀物。确切地说，文化是凝结在物质之中又游离于物质之外的，能够被传承的国家或民族的历史、地理、风土人情、传统习俗、生活方式、文学艺术、行为规范、思维方式、价值观念等，它是人类相互之间进行交流的、被普遍认可的一种能够传承的意识形态，是对客观世界感性上的知识与经验的升华。

1. 文化的内部结构

物态文化：是人类的物质生产活动方式和产品的总和，是可触知的具有物质实体的文化事物。它是体现一定生活方式的那些具体存在，如住宅、服饰等，它们是人的创造，也为人服务，看得见，摸得着，是一种表层次的文化。

制度文化：是指在哲学理论和意识形态的影响下，在历史发展过程中形成的各种制度，它们或历代相沿，或不断变化，或兴或废，或长或短，既没有具体的存在物，又不是抽象的看不见，是一种中层次的文化。

行为文化：是人类交往中约定俗成的以礼俗、民俗、风俗等形态表现出来的行为方式。

精神文化：是人类在社会意识活动中孕育出来的价值观念、审美情趣、思维方式等主管因素，相当于通常所说的基本信念、社会意识等概念。它既不同于哲学，也不同于意识形态，是介于两者之间而未上升为哲学理论的东西，是一种深层次的文化。

2. 文化的特性

简单来说，文化具有以下主要特性。

（1）普同性。文化的普同性表现为社会实践活动中普同的文化形式，其特点是各个不同民族的意识和行为具有共同的、同一的样式。世界文化的崇高理想自古以来一直使文化有可能超越边界和国界。文化的诸多领域，如哲学、道德、文学、艺术和教育等不但包含阶级的内容，而且包含全人类的、普同的原则。这些原则促成各国人民的相互接近，各民族文化的相互融合。目前，高新技术迅速普及，经济全球化进程加快，各民族生活方式的差距逐渐缩小，各地域独一无二的文化特征正在慢慢消融，民族特点正在淡化，整个世界文化更加趋向普同。

（2）多样性。不同的自然、历史和社会条件，形成了不同的文化种类和文化模式，使得世界文化从整体上呈现出多样性的特征。各民族文化各具特色，相互之间不可替代，它们都是全人类的共同财富。任何一个民族，即使是人数最少的民族，其文化成果如果遭到破坏都会是整个人类文化的损失。

（3）民族性。文化总是根植于民族之中，与民族的发展相伴相生的，一个民族有一个民族的文化，不同民族有不同的民族文化。民族文化是民族的表现形式之一，是各民族在长期的历史发展过程中自然创造和发展起来的，具有本民族特色的文化。民族文化就其内涵而言是极其丰富的，就其形式而言是多姿多彩的。常常是民族的社会生产力水平愈高，历史愈长，其文化内涵就愈丰富，文化精神就愈强烈，因而其民族性也就愈突出、愈鲜明。

（4）继承性。人类生息繁衍，向前发展，文化也连绵不断，世代相传。继承性是文化的基础，如果没有继承性，也就没有文化可言。在文化的历史发展进程中，每一个新的阶段在否定前一个阶段的同时，必须吸收它的所有进步内容，以及人类此前所取得的全部优秀成果。

（5）发展性。文化就其本质而言是不断发展变化的。19世纪的进化论人类学者认为，人类文化是由低级向高级、由简单到复杂不断进化的。从早期的茹毛饮血，到今天的时尚生活，从早期的刀耕火种，到今天的自动化、信息化，这些都是文化发展的结果。文化变迁是现存的社会秩序，包括组织、信仰、知识以及工具和消费者的目的，或多或少地发生改变的过程。总的来说，文化稳定是相对的，变化发展是绝对的。

（6）时代性。在人类发展的历史进程中，每一个时代都有自己典型的文化类型。例如，以生产力和科技水平为标志的石器时代的文化、青铜器时代的文化、铁器时代的文化、蒸汽时代的文化、电力时代的文化和信息时代的文化。又比如，作为文化的有机组成部分，赋、诗、词、曲分别成为我国汉、唐、宋、元各朝最具代表性的文学样式。时代的更迭必然导致文化类型的变异，新的类型取代旧的类型。但这并不否定文化的继承性，也并不意味着作为完整体系的文化发展的断裂。相反，人类演进的每一个新时代，都必须继承前人优秀的文化成果，将其纳入自己的社会体系，同时又创造出新的文化类型，作为这个时代的标志性特征。

3. 文化的体现

在现实生活中，文化常与具体学科、行业组织等相结合，呈现出明显的交叉特征。比如："企业文化""军营文化""校园文化""商业文化""乡村文化""社区文化"等。

个人文化：体现在一个人如何对待自己，如何对待他人，如何对待自己所处的自然环境。

企业文化：是企业在生产经营实践中逐步形成的，全体员工所认同并遵守的、带有本组织特点的使命、愿景、宗旨、精神、价值观和经营理念，以及这些理念在生产经营实践、管理制度、员工行为方式与企业对外形象中体现的总和。企业文化的本质是企业在一系列价值选择时进行价值排序的活动。

校园文化：校园文化是以学生为主体，以课外文化活动为主要内容，校园文化建设是以学生为主体，校园为主要空间，涵盖院校领导、教职工在内，以校园精神为主要特征的一种群体文化。校园文化是社会整体文化的一部分。校园文化一般取自该学校的精神文化的含义。校园文化的特性为互动性、渗透性和传承性。校园文化建设可以提升学校的文化品位。

（三）安全文化

安全文化就是文化与安全科学相结合的产物。从文化溯源的角度可以将其起源追溯到远古时代人类的防灾害活动。在现代作为一个概念，是1986年国际原子能机构召开"切尔诺贝利核电站事故后评审"会议提出的。人们认识到核能在取得巨大经济效益的同时，也能在事故发生时带来灾难性的后果。在会议上，核专家们认为，世界上所有的核电站都要建立以"防止泄漏事故而制订安全计划并付诸实施"为主要内容的"核安全文化"（Nuclear Safety Culture）。从此在世界范围内，安全文化的概念得以广泛传播。

我国将安全文化归纳为："安全文化是人类在社会发展过程中，为维护安全而创造的各类物态产品及形成的意识形态领域的总和；是人类在生产活动中所创造的安全生产、安全生活的精神、观念、行为与物态的总和；是安全价值观和安全行为标准的总和；是保护人的身心健康，尊重人的生命、实现人的价值的文化。"安全文化是客观存在的，只是对于不同性质的行业，具有不同的内涵与特点。

二、高校安全文化的概念、特征、功能和作用

（一）高校安全文化的概念

高校安全文化是校园文化的重要组成部分，是在高校教育教学过程中，创造出来的关于师生员工健康、生命、财产安全，并具有高校特色的安全物质财富和安全精神财富的总和。通过校园安全文化宣传安全思想，传播安全知识，培养安全情感，传授安全技能，使全体师

生员工在安全工作上有了统一的认识和价值观，共同的态度取向，一致的行动。高校安全文化的建设可以正确引导全校师生员工的安全思想意识、安全情感态度、安全舆论导向，达到提升师生员工的整体安全素质的目的。目的是保护师生的身心健康，使生命得到尊重，使人的存在价值得以实现。

（二）高校安全文化的特征

高校安全文化是"安全文化"范畴的一个方面，同时也是安全文化在高校校园中的一种特殊文化现象。它既具有"文化"的一般属性，也具有其特殊性。这种特殊性就在于高校安全文化具有目标指向性、包容开放性、高层次性、辐射渗透性、相对独立性和潜在持久性。

1. 目标指向性

"生命至上，安全第一"，生命需要安全，发展需要安全，安全是高校办学的底线，不能突破。同时，意识形态领域的安全也是我国高校把握社会主义办学方向的核心，是高校安全文化的基石，也只有把握了这个方向，建立起积极、健康、有益的高校安全文化，才能确保校园和谐平安，才能对学校的改革和发展起到积极的推进作用。这是高校安全文化的目标指向。

2. 包容开放性

包容、开放是大学的应有之义。大学之大，除具有学术渊博之含义外，在于它能包容、接纳多元的文化和学术思想，能容忍学生多元的生活方式，为科研工作者营造独立、自由的科研学术空间，以及为不同学科、学派的学术争鸣构建公平、开放的平台。同样，大学校园不可能脱离社会实际，高校安全文化也不可能脱离大学的包容开放而独立存在与发展，它也是自然科学、社会科学诸多领域价值观、思想意识等各方面的集中体现。

3. 高层次性

高校有众多的专家、教授，拥有雄厚的图书资料和先进的设备、仪器，是传授先进的科学知识的场所，是培养社会主义事业建设者和接班人的园地。校园中的广大师生是校园安全文化的主体，由于主体的总体知识水平高、法律意识强，决定了高校安全文化的高层次特点。

4. 辐射渗透性

高校安全文化在其形成的过程中，一方面向前人、向社会乃至向外来文化吸收；另一方面又对高校师生、对社会产生辐射渗透。高校安全文化通过一系列载体，将文化因素直接辐射到高校校园中所有成员和社会，使接受到影响的每一个都受到启迪，并进行广泛的宣传和传播。

5. 相对独立性

高校安全文化由于其特定的主体和环境，体现了它的相对独立性。校园是一个特殊的社区，在这里主要是实施教育和接受教育。这种相对独立性，也体现了各高校的风格和特色。

6. 潜在持久性

高校安全文化是根据社会人才培养的需求，按安全教育的目标设计和组织的，它以一种高度的观念形态和因此而形成的约束力，对大学生的安全素质教育起着指导性的作用。这种作用，既包括能动的理性因素，也包括被动的感性直觉因素，并以非理性因素为主。高校安全文化的持久性作用，不仅表现在对人才培养的影响，而且还表现在培养出来的人才走向社会后的发展方向。

（三）高校安全文化的功能

文化的功能是无形的，我们虽然只能看到其作用的结果，看不到作用的过程，但对人的影响和作用却是潜移默化的。要想深入持久地解决人的安全意识和素质问题，需要强有力的文化支持。校园安全文化的基本功能有如下几点。

1. 育人功能

高校安全文化以关心和维护学生的身体健康和生命安全，保护学校和个人的财产安全，创造和谐有序的工作、学习和生活环境为目标。学生在学校不仅仅要学习专业知识、专业技能，还要学会学习、学会生存、学会协作、学会竞争，提高自身综合素质，才能适应时代的要求。而安全知识、安全技能，都是学生走上社会所必须具备的。高校安全文化将学校的教育价值与人的生命价值和谐统一起来，对学生生命安全、财产安全、身体健康的关心和影响是长远的。

2. 导向功能

高校安全文化注重人的观念、道德、伦理、态度、情感、品行等深层次的人文因素。学校通过一系列的措施和手段，不断提高学生的安全修养，改进其安全意识和行为，从而使其树立"安全发展"的理念和"生命至上，安全第一"的思想；使其逐步提高对安全的理解和认识，提高其安全修养，改善其安全意识和行为并懂得什么是正确的安全态度和安全信念，从不得不服从管理制度的被动状态转变成自觉的行为。

3. 激励功能

高校安全文化借助群众效应和从众心理，引导高校学生自律，产生安全行为的自觉性。通过发挥人的主动性、创造性，使其树立正确的安全学习和生活的思想以及观念和行为的准则，使其形成强烈的安全使命感，激励每一个人形成持久的驱动力，在高校校园和各组织内部建立强大的安全文化氛围。

4. 约束功能

高校安全文化对每个学生的思想和行为具有约束和规范作用，它虽然有成文的硬制度约束，但是更重要的是不成文的文化的软约束。通过高校安全文化的建设，不仅使全校学生在思想上扎根安全观念、安全伦理道德、掌握安全知识和技能，而且也通过文化的功用使安全信念在学生心理深层形成一种定势，构造出一种响应机制。只要有诱导信号发生，即可得到积极响应，并迅速转化为预期安全行为，从而产生更强大、深刻、持久的安全约束效果。

5. 保护功能

大学生受到安全文化的熏陶，增强了安全意识，提高了安全素质，就能够自觉地遵守安全方面的法律法规及有关规章制度，就能够自觉地、潜意识地、安全地学习、工作、生活、生存，从而保护学生的生命安全、身心健康安全以及个人和学校的财产安全。

（四）高校安全文化的作用

1.陶冶作用

高校安全文化是一种精神环境和文化氛围，高校学生在这种环境中陶冶自己，通过高校安全文化无意识的辐射渗透性和影响功能，学生可实现自己人格和灵魂的升华。高校安全文化对学生的陶冶作用体现在安全思想的修养、安全心理素质的引导、安全情感的培育、安全规范行为的映射等方面。

2.能力作用

高校安全文化将社会对安全的要求和安全对社会的影响，通过各种方式作用于学生，促进学生学习与社会相适应的各种安全规范、安全知识、安全技能和安全生活方式，使学生在各方面得到协调发展，形成学生的综合安全能力。高校安全文化的能力作用最终体现在安全技能社会化、行为安全规范社会化、人身安全责任社会化。

3.创新作用

高校安全文化的创新作用是指在高校安全文化建设中能够孕育出新的安全思想、新的安全理念和新的安全科技成果。特别是产学研一体体制的形成，有力促进了高校安全文化创新作用，使高校安全文化真正成为安全文化的先导。这为培养新时代需要的创新型人才，提供了良好的氛围。

第二节　高校安全文化的结构和意义

一、高校安全文化的层次结构

（一）文化的层次结构

从哲学的角度分析，文化有广义和狭义之分。广义的文化是指人类社会历史实践中所创造的物质财富和精神财富的总和，其结构有"两层次"说，即分为物质文化和精神文化；有"三层次"说，即分为物质文化（物质层）、制度文化（制度层）和精神文化（精神层）；有"四层次"说，即分为物质文化（器物层）、制度文化（制度层）、行为文化（行为层）、精神文化（核心层）。还有"六大子系统"说，即分为物质、社会关系、精神、艺术、语言符号、风俗习惯。狭义的文化仅指精神文化，即广义文化的精神层，属于意识形态的范畴。在此，我们采用文化的"四层次"说。需要说明的是不同分法之间都没有本质区别，都是为了方便研究和利于实践。

1.物质文化（器物层）

物质文化，是由人类自然创制的各种器物，即"物化的知识力量"构成的。它是人类物质生产活动及其产品的总和，构成整个文化创造的基础。物质文化以满足人类最基本的生存需要——衣、食、住、行为目标，直接反映人与自然的关系，反映人类对自然界认识、把握、利用、改造的深入程度，反映社会生产力的发展水平。

2. 制度文化（制度层）

制度文化，是人类在社会活动中建立的各种规章制度、组织形式，是一种社会规范、社会秩序。制度文化范畴既包括物质生产经济方面，又包括精神、意识、思想方面和行为方面。制度文化规范物质、行为和精神心理，又以精神、意识为指导，结合社会实践而产生的文化层次；是规范约束人类社会各要素之间相互关系的行为准则，既服务于人类活动，又约束人类活动。

3. 行为文化（行为层）

行为文化，是人类在社会活动中约定成俗的风俗习惯，是一定的社会群体经过长期实践活动，共同创造、共同拥有的。它以民风民俗形态出现，见之于日常起居动作之中，是具有鲜明的民族、地域特色的行为规范。

4. 精神文化（核心层）

精神文化，是在人类长期社会实践和认识活动中逐步形成的精神、意识、心理和概念，是世界观、人生观和价值观。这一文化层包括社会心理和社会意识形态，社会心理是社会意识形态的基础，是浅层次文化；社会意识形态是社会心理的升华，是深层次文化，是文化的根源、核心。

在文化层次中，最容易发生变化的是物质文化，它会随社会生产力的发展而发展，随社会生产力的变革而变革。制度文化随着社会政治革命和改革发生或快或慢的变化。而行为文化和精神文化的变化最不容易，最为缓慢。

（二）安全文化的层次结构

与文化的层次结构相对应，安全文化从空间层次来说，自外而内也分为四层。

1. 物质层

物质层，属于表层，即安全物质文化，也称安全器物文化，是人类为满足自我各种生产与生活的安全需要而创造出的安全文化形态，它包括人们制造并使用的各种安全工具、器具和物品。它是安全文化的基础、实质和根本。

2. 制度层

制度层，属于第二层，即安全制度文化，是通过规范的安全准则或文字形式固定下来的，作为人们应当遵循的安全规则的安全文化成果。在体系中发挥着协调、保障、制约和促进的作用。它具有很大的层次性，有国家层面的、区域性的等。

3. 行为层

行为层，在制度层之下，属于第三层，即安全行为文化，是在日常的生产和生活中，与安全有关的各种行为方式进行表达的安全文化形态。它不以文字的形式记录，但它却是每一个生活于期间的个体必须习得的安全知识和技能。

4. 精神层

精神层，属于核心层，即安全精神文化，是安全文化的核心，是所有成员安全素质修养、安全价值取向的灵魂和源泉，在安全文化体系中起主导作用。很多情况下，安全精神文化决定了安全物质文化、安全制度文化和安全行为文化的创造形态和内容，有着其他安全文化形态不可替代的作用。它是安全文化的灵魂和中枢，决定并在一定程度上支配其他安全文化形态的存在。

（三）高校安全文化的层次结构

高校安全文化的层次结构的划分问题，实际上是对于高校安全文化的形态认知的问题。在此，我们也使用"四层次"说的逻辑思路探讨高校安全文化。

1. 安全物质文化

它是为保障师生安全生活和工作、学习而以物质形态存在的条件、环境和设施的总和，如安全工具、消防器材，它们是安全文化的物质载体，居于安全文化的表层或最外层。安全物质文化是衡量社会发展和人类文明的客观标准和尺度，是安全文化的根本保障和基础。具体包括以下四个方面的内容。

（1）硬件建设，主要是保障校园环境的安全。

（2）人防、技防、物防相结合的安全保障体系，能把人防、技防、物防功能和作用充分发挥出来，真正体现物质文化的内涵。

（3）高校安全保卫部门的建设，它是高校安全文化建设的主力。

（4）校园周边环境整改。积极与高校所在地相关部门配合，保障良好教育教学的外部物质环境。

2. 安全制度文化

它是高校协调工作关系、规范组织和个体行为的各项规章制度，居于安全物质文化和安全精神文化之间，是安全文化的中间层次，发挥着协调、保障、制约和促进的作用。它集中体现师生的合理要求，维护师生的合法权益。高校应不断充实完善各项安全规章制度，严格执行，自觉创建和推行校园安全文化建设。

3. 安全行为文化

它是在安全精神文化和安全制度文化指导下，师生借助于一定的安全物质文化，在生活和工作、学习过程中的安全行为表现，它也居于安全文化的中间层。它既是组成安全文化的一个重要方面，同时也是安全文化建设的一个主要目标。它分为个体安全行为、群体安全行为和领导安全行为三个方面。在实际工作中，应当以群体安全行为文化建设为主要方向，以强化大学生安全教育，培养大学生安全素质为主要目的。

4. 安全精神文化

它居于安全文化的内层或最里层，在高校教育和教学工作过程中形成，并得到学校全体成员认可，并能够自觉遵守的安全价值观、行为准则、思想作风等。它包括学校成员的安全价值观认识、安全行为准则、安全规章制度、进行的安全教育活动、安全管理活动以及一些有关安全的外在物质设施等，它是安全文化的核心和灵魂，对安全物质文化、管理文化和行为文化起着指导、统领作用，是师生在认识和实践安全问题过程中创造出来的物质和精神财富的总和。

二、高校安全文化的重要意义

(一)高校安全文化是校园文化的重要组成部分

所谓校园文化,是以校园形象为外部表现,以校园规范为活动平台,以校园精神为核心内容,为校园人所创造、所拥有、所认同的一种群体文化。它除了高校学科、专业教育的显性特征外,还有高校形象、价值观念、校风学风等隐性功能。校园文化是一所学校的灵魂所在,它是学校全体师生集体创造的先进的、富有正能量的文化总和。校园文化的作用,首先是促进师生员工科学文化素质和思想道德素质的不断提升;其次是塑造良好的道德情操;第三是营造一种生机勃勃,积极向上的文化氛围。

高校安全文化是"安全文化"和"校园文化"交叉组成的一种综合文化现象,它与校园社团文化、课堂文化、寝室文化等其他文化一样都是校园文化不可分割的组成部分。它的作用和目标与校园文化是一致的,对校园文化的发展起促进作用。它与校园文化一样都是为了不断提高学生的素质和情操,只是高校安全文化是为了培养学生的安全素质和安全素养,使其形成终身受益的安全价值观。高校安全文化,不仅是校园文化不可分割的组成部分,也是校园文化的基础之一。因为文化总是有层次特征的,作为较高层次的校园文化,总是以较低层次的文化作为基础的。如果没有校园安全文化的参与,校园文化就不全面,就缺少了色彩,在培养人、塑造人上就会缺少安全素质的培养和塑造。

(二)高校安全文化是高校立德树人的必然要求

习近平总书记在十九大报告中指出:"要全面贯彻党的教育方针,落实立德树人根本任务,发展素质教育,推进教育公平,培养德智体美全面发展的社会主义建设者和接班人。"习近平总书记一系列重要讲话中对我国教育"培养什么样的人、如何培养人以及为谁培养人"这个根本问题做了具体阐述,并进一步深化了立德树人的理论内涵,赋予了立德树人理论意蕴的新高度,对立德树人提出了更高的实践要求。

(1)高校立德树人的首要任务是大学生的德育培养。这是培养什么样的人、如何培养人、为谁培养人的根本问题。所以,高校在培养人才的过程中必须高度关注大学生意识形态领域的安全,这也是高校把握社会主义办学方向的核心。高效安全文化的目标指向性要求关注大学生意识形态领域的安全,用积极、健康、有益的高校安全文化塑造学生,形成有利于安全稳定的思维模式、精神风貌、职业行为规范、安全舆论和习惯,从高校安全文化方面确保大学生思想政治安全,为实现中华民族伟大复兴的中国梦,培养具有崇高理想信念和正确世界观、人生观、价值观的社会主义建设者和接班人。

(2)高校立德树人的目的是大学生德智体美的全面发展。2017年12月7日,在全国高校思想政治工作会议上,中共中央总书记、国家主席、中央军委主席习近平指出,思想政治工作从根本上说是做人的工作,必须围绕学生、关照学生、服务学生,不断提高学生思想水平、政治觉悟、道德品质、文化素养,让学生成为德才兼备、全面发展的人才。所以说,安全素质的培养是大学生全面发展必不可少的一环。高校安全文化作为熏陶和培养大学生安全素质重要的校园文化,它将学校的教育价值与人的生命价值和谐地统一起来,使广大学生在学校不仅仅要学习专业知识、专业技能,还要学会学习、学会生存、学会协作、学会竞争,提高自身综合素质，适应社会发展的需求。因此，大学教育要教导和培育大学生的安全意识，离不开高校安全文化建设。

（三）高校安全文化是高校安全教育的最高形式

高校安全文化作为高校安全教育的隐性课程，对大学生安全价值观的培养具有潜移默化的功能，是高校安全教育的最高形式，主要表现在以下几点。

（1）高校安全文化具有辐射渗透性，高校安全教育的目的是提高大学生的安全素质，促进其全面发展，在实现高校安全教育的目的上，有各种各样的方法和手段，其中高校安全文化的熏陶是其他方法和手段不可替代的。文化具有先天的渗透性和穿透力，潜移默化地影响着人的发展，提高其文化自觉意识。大力加强高校安全文化建设，通过高校安全文化的熏陶和感染，在日积月累的逐步沉淀和深化中，把安全文化理念渗透并植根于大学生的思想灵魂，使其形成良好的安全价值观，并催生其安全责任感、使命感，养成"人人讲安全、人人重安全"的自觉行动，从而实现高校安全教育的目的。

（2）高校安全文化具有潜在持久性。在高校校园文化中，许多种形式的安全文化都能熏陶和培育大学生的安全价值观，不仅能对大学生的安全意识的形成起着潜移默化的作用，而且只要其从内心真正接受了校园安全文化的影响，就会形成永久的安全价值观。而这种安全价值观，具有潜在持久性。不仅现在，而且将来都时时刻刻指导着他们的行动。正如爱因斯坦所说："教育就是忘记了在学校所学的一切之后剩下的东西。"这种剩下的东西就是大学生在学校期间学会的学习能力、生存能力、竞争能力、协作能力、人文素质。当然也有大学生将来走向社会以后所必需的安全能力，这是我们从事高校安全教育的根本目的。

综上所述，高校安全文化具有辐射渗透性和潜在持久性，所达到的安全教育目的是隐性的、持久的，是"润物细无声"的，是高校安全教育的最高境界和形式。

（四）高校安全文化是平安校园建设的重要保障

高校平安校园建设的根本任务在于准确判断并消除安全威胁，应对和处理各类校园危机，保护师生人身安全、财产安全，维护良好的校园环境。没有安全，学校各项工作也缺少了基础，教育教学工作就没有保障，教师不能正常授课，学生不能正常地接受教育。另外，在校园中，第一多是学生，第二多是教师，这是高校的两大群体。无论是教育教学工作，还是教育教学辅助和保障工作，都离不开他们。所以说，师生是平安建设的核心利益相关者，也是平安建设的最大推动者。因此，平安校园建设应当把平安建设的核心利益相关者导入校园安全的整改过程，开展群防群治。在平安校园建设过程中使师生受到潜移默化的感染和启示，形成一种浓厚的校园安全文化氛围。这种校园安全文化氛围，反过来影响和熏陶师生的安全自觉性，以校园安全文化的力量保障平安校园建设。

案例选编

典型案例1

2018年5月1日21时左右，湖南某大学一女生在校园内被多只流浪狗追咬，右手背和腰部两处被咬伤。5月2日16时左右，该大学另一名女生再次遭到多只流浪狗追咬，右腿后侧被咬伤。后来，两名女生在学院老师的陪同下，及时到医院进行狂犬疫苗注射和伤口处理，已恢复正常学习生活。

流浪狗追咬学生事件发生后，学校保卫部门立即做了紧急布置，加强保安巡逻力度，并在校内学生管理群发布了安全提示。5月2日保卫处干部带领所有保安队，在校园内24小时值班巡逻。

【案例分析】

校园安全体现在安全观念、安全行为、安全制度、安全责任和安全的物质环境等多个方面，一般情况下，学校都会制定应急预案以应对各种突发安全事件，但流浪狗事件为近年来新出现的安全隐患，学校没有配套制度和措施，导致此类事件处理不得力。学校应与时俱进，加强安全制度建设，规范校园宠物行为，确保校园安全。

典型案例2

近年来随着外卖业和快递业的蓬勃发展，校园内经常见到飞奔的外卖小哥和快递小哥。华中地区某高校保卫处杨处长介绍，最多的时候，该校一个星期内曾处理4起因外卖车辆出入校园引发的交通事故。其中，一辆无证驾驶的外卖电动车在下雨天飞驰而过，配送员一边开车一边看手机，将一位女同学撞得满脸是血后逃逸。

【案例分析】

校园内人流密集，学生们基本上都是步行，飞驰的机动车和非机动车穿行于人群之中，要做到校园交通安全，骑车人就要保持精神集中，不要左顾右盼，切忌看手机。驾车人要按道路限速标识行驶，注意避让行人，谨慎使用车喇叭，避免发生意外情况。行人要走人行道，横穿马路要提前观察，不要3~5人横向排开并行，并做到遵章守纪，文明出行，构建和谐校园交通秩序。

【思考与练习】

1. 在校园中漫步时，在上下课的途中，你是否驻足观看过路边竖立的宣传牌、教学楼墙壁上张贴的宣传板？
2. 国内部分学校禁止外卖人员进入校园，你如何看待这种做法？
3. 对于校园宠物饲养，你的态度是什么？

第十九章　高校安全文化构建

【案例】

一个冬天的晚上，深圳南山区某小学二年级学生袁某看到她的父母亲双双昏倒在浴室里，性命攸关。浴室里的煤气还在蔓延，一家人性命悬在一线之间。紧急关头，袁某用力打开浴室门，迅速关上煤气，用衣架捅开窗户，然后跑到屋外拨打110、120求救电话，准确报出位置，使救援人员迅速赶到现场，从而成功挽救了父母性命。

"5.12"汶川大地震给灾区造成了巨大的损害，使我们至今不寒而栗。而就是这样一场如此惨烈的地震，重灾区桑枣中学2300名师生却没有一人在地震中受伤或者遇难。"桑枣奇迹"被传为佳话。当汶川大地震发生时，桑枣中学绝大部分学生都在教学楼里上课。当他们感觉到大地的震动时，各个教室里的学生们都立刻按照老师的要求钻进课桌下，在第一阵地震波过后，大家又在老师的指挥下立刻进行了快速而有序的紧急疏散，仅用了1分36秒。据当时该校校长叶志平介绍，奇迹的取得得益于学校扎实细致、持之以恒地开展安全教育。

高校安全文化是一个综合性的概念，既涉及安全文化的内容，又涉及大学校园文化的部分内容。高校安全文化建设有安全讲座、安全课程、安全宣传栏，安全标识、安全手册、安全文化节等多种表现形式，全方位、多角度地构建着校园安全文化。

整体安全文化建设应该渗透于学校的教学、科研、管理生活及各种校园活动中，让教渗透于无声，使育彰显于无形。

【思考】

安全，无处不在，警钟，应该长鸣。当你在宿舍使用大功率电器的时候，有没有想到安全，当你在实训室内操作仪器设备时，有没有想到安全？

第一节　高校安全文化建设的理念

高校安全文化是具有高校特色的安全物质财富和安全精神财富的总和。任何一种文化只有随着时代和观念的变化不断创新，才能焕发出强大的生命力。2017年10月，习近平总书记在十九大报告中提出："树立安全发展理念，弘扬生命至上、安全第一的思想，健全公共安全体系，完善安全生产责任制，坚决遏制重特大安全事故，提升防灾减灾救灾能力。"这是党的十九大报告提到的六个理念之一，即创新、协调、绿色、开放、共享和安全发展，是习近平新时代中国特色社会主义思想的重要内涵。因此，高校安全文化建设理念也必须符合习近平新时代中国特色社会主义思想的要求，把"安全发展"确定为首要的理念。另外，高校安全文化建设理念还必须坚持法治思维和法治方式。

一、树立安全发展理念

党的十八大以来，习近平总书记多次指出：各级党委和政府要牢固树立安全发展理念，坚持人民利益至上，始终把安全生产放在首要位置，切实维护人民群众生命财产安全。要坚决落实安全生产责任制，切实做到党政同责、一岗双责、失职追责。归纳起来，习近平总书记的论述主要体现在以下几个方面。

(一)树立安全发展理念，必须坚持以人民为中心

以人民为中心的发展思想，是以习近平同志为核心的党中央治国理政的根本理念。要着力践行以人民为中心的发展思想，把实现人民幸福作为发展的目的和归宿。

坚持以人民为中心，在高校就是以师生为中心，就是要着力践行以师生为中心的发展思想，把实现师生幸福作为发展的目的和归宿。把高校安全文化建设好，在教育教学过程中防止发生造成师生生命财产安全的各类事故。高校安全文化建设更不能偏离这个中心，实现安全发展，维护师生的利益和幸福。

(二)树立安全发展理念，必须坚持生命至上、安全第一

党的十八大以来，习近平总书记关于安全生产的一系列重要论述，确立了新形势下安全生产的重要地位，揭示了现阶段安全生产的规律特点，体现了对人的尊重、对生命的敬畏，传递了生命至上，安全第一的价值理念。这也是高校安全文化建设应紧紧把握的理念和标准。生命对于我们只有一次，一旦失去就不再有，是无价的，是至高无上的。在一切教育教学活动中，必须把师生生命安全放在首位，把安全作为第一要务。关注安全、关注生命，要站在讲政治的高度充分认识搞好校园安全文化建设对确保师生生命安全的重要性。只有高校牢固树立以师生为本，珍爱生命的意识，才能从关爱师生生命安全的角度去思考设计教育教学活动，开展学校的每项工作，把安全措施落到实处，并及时进行实践反思，保障学校各项工作的顺利完成。

(三)树立安全发展理念，必须强化红线意识和底线思维

习近平总书记明确指出：发展决不能以牺牲安全为代价，这要作为一条不可逾越的红线。并要求这条红线必须树立得非常坚决、非常强烈、非常鲜明。提出安全红线，是习近平总书记对于马克思主义安全生产理论的原创性发展，是坚持人民利益至上、坚持以人民为中心的发展思想的具体体现，充分体现了习近平总书记深厚的为民情怀。牢记安全红线，还要守好底线。要善于运用底线思维的方法，凡事从坏处准备，努力争取最好的结果，做到有备无患、遇事不慌，牢牢把握主动权。高校安全文化建设也必须牢牢把握这"两条线"，运用底

线思维确保安全红线。校园安全工作的红线意识就是按照"人员无失误、设施无隐患、管理无漏洞、教育无盲区"的要求，确保不发生责任事故、确保不发生影响校园稳定的事件，为办人民满意的教育创造良好安全的环境。校园安全工作的底线思维，就是设定最低目标，争取最大的期望值。从唯物辩证法的角度来看，底线是由量变到质变的一个临界值，一旦量变突破底线即达到质变的关节点，事物的性质就会发生根本性的变化。因此，基于底线思维，高校安全文化建设要在充分考虑高校安全底线的前提下，通过积极构建校园安全文化，确立长效的安全体制，从而维护高校校园的长治久安和师生员工的生命财产安全。

（四）树立安全发展理念，强化责任担当和追究

安全责任重于泰山。习近平总书记指出："各级党委和政府要牢固树立安全发展理念，坚持人民利益至上，始终把安全生产放在首要位置，切实维护人民群众生命财产安全。要坚决落实安全生产责任制，切实做到党政同责、一岗双责、失职追责。"这也是习近平总书记针对安全生产责任制，再次明确提出"党政同责、一岗双责、失职追责"。他还在 2013 年 7 月 18 日召开的中央政治局第二十八次常委会上强调说："落实安全生产责任制，要落实行业主管部门直接监管、安全监管部门综合监管、地方政府属地监管，坚持管行业必须管安全，管业务必须管安全，管生产必须管安全，而且要党政同责、一岗双责、齐抓共管。该担责任的时候不负责任，就会影响党和政府的威信。"高校安全工作同样也是维护师生员工的生命财产安全，也必须始终把安全工作放在心上、扛在肩上、抓在手上、落实在行动上，建立校园安全责任体系和问责追责机制，明确职责，落实责任，切实把责任担当和追究当作保障高校安全发展的有力武器。

二、坚持法治思维和法治方式

运用法治思维和法治方式深化改革、推动发展、化解矛盾、维护稳定、提升执政能力，是我们国家依法治国，建设社会主义法治国家的重要方略和举措。以习近平同志为核心的党中央把全面依法治国放在"四个全面"战略布局中加以战略谋划和扎实推进，开启了全面依法治国、实现中国法治现代化的新时代。

所谓法治思维，就是在法治理念的基础上，人们自觉运用法律规范、法律原则、法律精神、法律逻辑等去认识问题、观察问题、思考问题和解决问题的活动与过程。与其紧密相关的法治方式，是制定和执行法律、法规、规章，并按照在此基础上的制度、机制、设施、程序等协调利益关系、解决冲突纠纷、行使权力和整改社会的一种方式。在现实中，它要求从事一切工作都要目的合法、权限合法、程序合法、内容合法、手段合法、结果合法。特别是随着改革进入攻坚期、经济增长进入换挡期、社会稳定进入风险期，呈现出时空领域不断拓展、矛盾问题交织叠加、风险隐患明显增多、压力挑战持续加大的新常态，我们更要充分认清维护安全稳定工作中遇到的新情况、新问题，善于运用法治思维和法治方式，坚持依法整改，全力维护社会安定有序。

高等学校担负着人才培养、科学研究、社会服务、文化传承创新的重任，是知识汇集、人才济济之地，也是讲文明、重法治的模范之地，因此，高校安全文化建设必须坚持法治思维和法治方式。

（1）建立健全高校安全文化建设制度体系。高校安全规章制度依法整改的基础和前提，

是有法可依的基本保障。所以，推动高校安全工作的创新发展，首要的工作是抓好制度体系的建设。

（2）提高高校依法依规整改校园安全的水平，法治思维和法治方式必然要求对规则的尊重和敬畏，善于用法律法规、规章制度解决现实问题。一是善于借助法治方式化解校内矛盾。坚持通过法定途径处理矛盾纠纷，着力解决好师生反映强烈的突出问题，最大限度地从源头上预防和减少矛盾。特别是进一步完善各项决策制度，规范决策流程，不断完善政府重大决策听证、风险评估、后评估等制度，加大出台决策的合法性审查力度，提高行政决策的科学化、民主化、法治化水平。二是善于依靠法治手段维护校园安全稳定。严格落实高校各单位安全主体责任和部门监管，按照职责权限尽应尽之责。严格依法、依规组织开展安全检查排查和隐患整改，维护校园安全稳定。

三、坚持预防为主教育在先的理念

"安全第一、预防为主、综合整改"是我国安全生产的方针，认真落实这一方针，既是党和国家的要求，也是搞好安全生产，保障从业人员的生命安全健康，保障企业的生产经营顺利进行的根本要求。其中"预防为主"，就是把安全生产工作的关口前移，超前防范，建立预教、预测、预报、预警、预防的递进式、立体化事故隐患预防体系，改善安全状况，预防安全事故。

"预防为主"体现了现代安全管理的思想。现代安全管理的理念就是事前预防。它的内涵，就是通过建设安全文化、健全安全法制、提高安全科技水平、落实安全责任、加大安全投入，构筑坚固的安全防线。从本质安全入手，加强危险源管理，有效整改隐患，强化事故预防措施，使事故得到预先防范和控制，保证安全。

实现预防为主的安全管理理念和目的，关键在于提高师生员工的安全意识，而安全意识的形成关键在于教育。思想观念是先导，加强安全宣传教育提高师生员工的安全素质和安全文化水平，筑牢思想上的安全防线，在预防工作中起决定性的作用。通过宣传贯彻有关安全的法律法规和规章制度，开展安全事故案例的警示教育；通过对重大危险部位的提醒标识，开展对危险操作规程的专业培训以及安全科学理论的学习，提高师生员工的操作技能；通过应急演练，提高师生员工的安全应急处置能力，等等。这样，全体师生员工就可形成正确的安全思维习惯，调动起大家重视安全的积极性，把"安全第一、预防为主"的观念变成每一个人的自觉行动。

第二节　高校安全文化建设的原则

高校安全文化建设是一项长期、复杂的系统工程，既要明确理念和目标，又要有正确的思想指导、理论观点和建设原则，才能使高校安全文化真正发挥应有作用，真正促进和保障高校的安全稳定。因此，新时代高校安全文化建设应当遵循以下基本原则。

一、人本性原则

人本原理，是管理学四大原理之一，顾名思义就是以人为本的原理。它要求人们在管理活动中坚持一切以人为核心，以人的权利为根本，强调人的主观能动性，力求实现人的全面、自由发展。其实质就是充分肯定人在管理活动中的主体地位和作用。同时，通过激励调动和发挥人的积极性和创造性，引导他们去实现预定的目标。

高校安全文化建设的目的是保护师生生命财产安全和为之服务，因此应当坚持和贯彻人本性原则，以师生为本，把高校安全文化建设的落脚点放在师生身上，关爱和保护师生，最大限度地满足师生的身心健康、生命安全需要，促进师生安全素质的全面发展。

高校师生是高校安全文化建设的主体，是各项管理的核心，是高校安全文化建设的对象和依靠力量。在高校安全文化建设过程中，充分发挥高校师生的主体性，调动师生的积极性，激发师生的创造性，逐渐培育以人为本的服务意识和自我保护意识，从根本上保证高校安全文化建设的良好效果。

二、文化性原则

高校安全文化归根结底是一种文化，必须坚持文化性原则。所谓文化性，就是文化的特性。前文已对文化的六个特性，即普同性、多样性、民族性、继承性、发展性、时代性做了介绍。高校安全文化建设也必须要符合这六个特性，具体的就是把不断创造、积累、凝聚、优化而成的优秀安全管理理念和经验做法，形成全校普遍接受和遵循，具有鲜明学校特色和时代特征，能不断焕发出强大生命力的高校安全文化。就是要把学校的安全管理方式、方法、制度等演变成为一种文化，融入、灌输到每个师生员工心中，成为其日常生活的一部分，使其将所接受的校园安全文化转变为自己的一种自觉、主动的行为。这样，高校完全可以改变将主要精力放在天天讲安全的重要性，师生员工却不把安全放在心上；天天要求落实安全措施，按安全规程操作，却屡屡有人违章；天天为了安全去检查整改，问题却永远也整改不完的被动局面。

三、方向性原则

高校安全文化的特征之一是"目标指向性"，即指向安全、指向稳定、指向正确的政治方向，这就是高校安全文化方向性原则。2016年12月7日，习近平总书记在全国高校思想政治工作会议上指出："我国高等教育肩负着培养德智体美全面发展的社会主义事业建设者和接班人的重大任务，必须坚持正确政治方向。高校立身之本在于立德树人。只有培养出一流人才的高校，才能够成为世界一流大学，办好我国高校，办出世界一流大学，必须牢牢抓住全面提高人才培养能力这个核心点，并以此来带动高校其他工作。""我们的高校是党领导下的高校，是中国特色社会主义高校。办好我们的高校，必须坚持以马克思主义为指导，全面贯彻党的教育方针。要坚持不懈传播马克思主义科学理论，抓好马克思主义理论教育，为学生一生成长奠定科学的思想基础，要坚持不懈培育和弘扬社会主义核心价值观，引导广大师生做社会主义核心价值观的坚定信仰者、积极传播者、模范践行者。要坚持不懈促进高校和谐稳定，培育理性平和的健康心态，加强人文关怀和心理疏导，把高校建设成为安定团结的模范之地。要坚持不懈培育优良校风和学风，使高校发展做到整改有方、管理到位、风清气正。"这些重要论述为高校安全文化建设指明了方向，是高校安全文化建设必须遵循的方向性原则。

四、先进性原则

高校安全文化建设还应遵循先进性原则,只有使高校安全文化不断保持先进性,其才具有鲜活力和吸引力,才能让广大师生员工有兴趣、爱学习,才能领会并贯彻执行。高校安全文化建设先进性原则主要体现在以下两个方面。

(1)高校安全文化建设内容先进。高校安全管理要与时俱进,安全管理制度应该根据国家的法律、法规和上级有关规章制度进行及时调整,弃旧取新;安全管理的方式、方法应该根据高校实际,借鉴国内外先进经验,进行创新;通过创新使高校安全文化建设不断保持先进性,形成良好的校园安全文化氛围。

(2)高校安全文化建设形式新颖。广泛开展内容丰富、形式新颖、吸引力强的校园文化活动,组织召开高校校园文化建设工作会议,对高校校园文化建设的成果进行集中展示;集中宣传先进人物的典型事迹;开展安全签名活动、誓师大会、文艺表演等;开展体验式安全教育培训,不断地进行方式方法创新,使校园安全文化不断保持先进性,真正发挥出校园安全文化的作用。

五、科学性原则

高校安全文化建设不仅是一种文化,而且也是一门科学,必须坚持科学性原则。这主要体现在以下三个方面。

(1)高校安全文化建设理念科学。高校校园安全理念的提出必须具有一定的科学依据。比如,"以人为本""生命至上,安全第一",体现了现代管理学的人本原理,即人是主体,人参与是有效管理的关键,使人性得到最完美的发展是管理的核心,服务于人是管理的根本目的等观点。比如,"党政同责、一岗双责、失职追责",体现了现代管理学的责任原理,即明确每个人的职责,合理设计职位和授权,奖惩要分明、公正且及时等观点,等等。

(2)高校安全文化建设内容科学。高校安全文化建设要严格遵守有关高校安全的法律、法规的规定,高校安全规章制度的建立不能违反上位法。在安全管理中,特别是不能把还处于理念状态,未经实践检验或检验不成熟的一些做法,当成先进经验推广应用,这是不科学并极其有害的。

(3)高校安全文化建设过程科学。高校安全文化建设过程有一套科学的程序,比如校园安全理念的提出、校园安全文化内容的确立、校园安全文化的贯彻执行和巩固等。如果安全文化建设的方式、方法科学合理就会起到事半功倍的效果。

六、系统性原则

高校安全文化建设是一个系统工程,它既要体现安全内涵,又要具有文化的特色,它是安全文化各个系统之间相辅相成、环环相扣的一个统一整体,其体系是否完整直接关系到建设的质和量。完整的高校安全文化体系应包括:高校安全保障场所、设施、器物等物质安全文化;培养师生员工的安全意识和安全文化素质;建立健全各种安全规章制度和预警机制;校园安全文化活动方式和校园安全文化管理方式;校园安全文化建设所需的专业人员等等。系统性原则还要求高校安全文化形成一个统一的整体,将校园安全文化建设的各个方面有机统一起来,有效调动各部门积极性、协调性,提高工作效率,保证把各项安全落到实处,真正建立起一套有效的校园安全文化。

七、全员性原则

高校安全为了师生员工，高校安全依靠师生员工。同样，高校安全文化建设要坚持全员性原则。高校应充分调动、发挥每个师生员工、每一部门的积极性和创造性，保障全程和全面校园安全管理，实现对校园安全管理质量的全方位监控；将安全素质培养贯穿于教育教学管理的各个环节和层面，全面提高师生员工的"安全意识"。只有高校全体师生员工的共同努力、高校各单位、部门的相互协调，高校安全文化才能在长期的教育教学实践过程中逐步形成，在广大师生直接参与和精心培养下不断发展，并反过来不断培养师生员工的安全理念和价值观，从而从根本上起到保护师生生命和财产安全的作用。

第三节　高校安全文化建设的方法

高校安全文化建设是一项长期的、基础性的系统工程，是新课题，需要在不断的实践中探索，重要的是把握正确的建设方法。

一、高校安全文化建设的相关理论

（一）组织安全文化方格理论

王秉、吴超发表在《中国安全生产科学技术》2015 年第 12 期的文章《安全文化建设原理研究》提出了"组织安全文化方格理论"。该理论认为：安全管理和安全文化建设所追求的最终目的都可视之为提高人和物的本质安全化程度。换言之，组织安全文化建设应从"人的本质安全化"和"物的本质安全化"两条脉络着手，既要关注"人"，也要关注"物"，要坚持"两手抓"，两者不可偏废。图 19 - 1 是组织安全文化方格矩阵图。

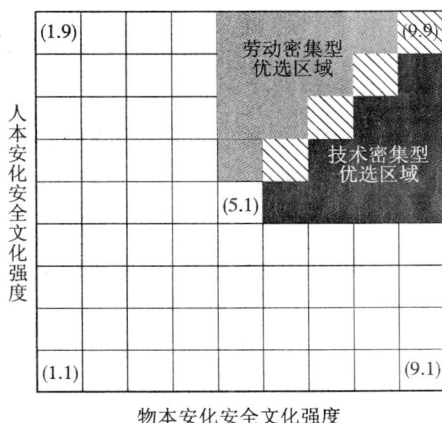

图 19 - 1　组织安全文化方格矩阵图

在组织安全文化方格矩阵图中,横坐标表示"物本安化安全文化强度",纵坐标表示"人本安化安全文化强度"。按照不同强度分为 9 个档次,1 为最低,9 为最高,纵横交错,共同构成具有 81 个方格的矩阵。有五组关键的数字方格,即(1,1)、(1,9)、(9,1)、(5,5)和(9,9)。方格具有组织安全文化的典型意义。

(1,1)为贫乏型安全文化:秉承这类安全文化的组织既不重视人的本质安全化,也不关注物的本质安全化,组织安全文化水平极低。这类组织的人的安全意识和素质低,安全宣传教育和监督检查不到位,工艺技术落后,设备可靠性差,组织抗灾能力弱。因此,这类安全文化下的组织事故频发,事故起数居高不下,如果没有特殊的条件支撑与保护,势必被淘汰。

(1,9)为趋人型安全文化:秉承这类安全文化的组织重点强调本质安全型人的塑造,这类组织的安全文化以"以人为本"为核心理念,用先进安全理念引导人的安全价值取向,用系统的安全培训教育提高人的安全意识和素质,用完善的安全行为规范保障人的安全行为养成。但这类组织弱化了从技术方面来提高物的本质安全化程度设备、生产工艺等存在较大的安全隐患。绝大多数事故都是由物的因素引起的,即因物的因素导致的事故频发。

(9,1)为趋物型安全文化:秉承这类安全文化的组织高度关注物的安全,偏向采用提高设备可靠性、工艺技术水平、系统抗灾能力、机械化程度、安全设施设备投入等措施来预防事故,进而提高组织的安全水平,成本较高。但这类企业弱化了对人的安全意识、素质等的提高。此外,许多特定条件下的研究发现,86% ~96% 的伤害事故都是由人为原因所致。因此,这类安全文化下的组织提高自身安全水平的效果不明显且不持久。绝大多数事故都是由人的因素引起的,即因人的因素导致的事故频发。

(5,5)为中立型安全文化:秉承这类安全文化的组织对提高人和物的本质安全化程度都给予适当的关注和投入,但"两手"都不硬,人和物的本质安全化程度都不理想,组织安全水平提升效率低。事故原因中既有物的因素,也有人的因素。

(9,9)为理想型安全文化:秉承这类安全文化的组织既重视本质安全型人的塑造,也关注物的本质安全化程度的提高,是最为理想的双强组织安全文化模式,这类组织一定是安全水平持续提高的组织。

在以上五种安全文化中,王秉、吴超对理想型安全文化的建设思路和实质含义做了论述:在"人本安化"与"物本安化"的互相推动中建立理想型安全文化模式,其实质是建设组织本质安全文化。①建设思路:由组织安全文化方格矩阵图可知,"人本安化"与"物本安化"两个维度在组织安全文化建设实践中既相互独立,又相互交叉,联系紧密,在组织安全文化建设实践中是相互推动、共同发展的。即"人本安化"需要依赖于"物本安化","物本安化"也必然依赖于"人本安化"。因此,建立理想型组织安全文化,避免组织安全文化畸形发展,必须要把"人本安化"与"物本安化"的安全文化建设结合起来,实现两者的结合和互动发展;②由上分析可知,理想型组织安全文化即组织本质安全文化,这是组织安全文化建设所追求的最终目标,它是指以组织安全价值理念为主导,以风险预控为核心,在此基础上形成的被组织成员所接受的组织安全价值观、信念、行为准则与保障组织安全的物质表现的总和。

(二)本质安全化

本质安全一词的提出源于 20 世纪 50 年代世界宇航技术的发展,这一概念的广泛接受是和人类科学技术的进步以及对安全文化的认识密切相连的,是人类在生产、生活实践的发展过程中，对事故由被动接受到积极事先预防，以实现从源头杜绝事故和人类自身安全保护需要，在安全认识上取得的一大进步。

狭义的概念指的是通过设计手段使生产过程和产品性能本身具有防止危险发生的功能，即使在误操作的情况下来说也不会发生事故。

广义的角度来说就是通过各种措施（包括教育、设计、优化环境等）从源头上堵住事故发生的可能性，即利用科学技术手段使人们生产活动全过程实现安全无危害化，即使出现人为失误或环境恶化也能有效阻止事故发生，使人的安全健康状态得到有效保障。

（三）事故致因理论

事故致因理论是海因里希（W. H. Heinrich）于1936年所提出的，也称事故因果连锁理论，其主要内容是从大量典型事故的本质原因的分析中所提炼出的事故机理和事故模型。这些机理和模型反映了事故发生的规律性，能够为事故原因的定性、定量分析，为事故的预测预防，为改进安全管理工作，从理论上提供科学、完整的依据。海因里希认为，伤害事故的发生是一连串的事件，按一定因果关系依次发生的结果；造成事故和人员伤亡的原因在于人的不安全行为和物的不安全状态；事故的发生与人员伤亡及财产损失之间的关系是必然的，即事故发生或多或少会引起人员伤亡或财产损失；不安全行为和物的不安全状态与事故的关系从长远和整体的角度来讲也是必然的。因为事故的发生总是因为人的不安全行为和物的不安全状态所引起，而如果人总是使物处于不安全状态或实施不安全行为也终究会引起事故的发生。

二、高校安全文化建设的方法

从以上组织安全文化方格理论和理想型安全文化的建设思路可以看出，组织安全文化建设应从"人本安化"与"物本安化"两个方面着手，实现两者的结合和互动发展。它强调的是以组织安全价值理念为主导，推进安全文化建设。从安全文化的层次上来说，组织安全价值理念属于安全精神文化层，是安全文化的核心层。即从安全文化核心层开始，向表层的安全制度文化、安全行为文化和安全物质文化建设，是一个由内到外的过程。同时，注重各层安全文化建设的相互穿插和协调，有步骤、分阶段整体推进。因此，高校安全文化作为安全文化的一个分支，同样也应遵循这样的方法，即"两面着手，结合互动；由内到外，相互协调；有步骤、分阶段整体推进"的方法。

（一）两面着手，结合互动

从组织安全文化方格理论来看，"人"和"物"是组织安全最重要的两个方面，单独抓"人的本质安全化"或"物的本质安全化"都不是理想的安全状态，只有"两手抓"和相互结合，才能实现组织的本质安全化。从事故致因理论看，造成事故的主要原因主要是人的不安全行为和物的不安全状态。抓好"人"和"物"，也就消除了事故主要根源。它与组织安全文化方格理论相辅相成。高校作为从事教育的社会组织，它在追求组织自身本质安全化的同时，也在塑造本质安全人——想安全、会安全、能安全的人。因此，高校安全文化建设，要抓好人的不安全行为和物的不安全状态两个方面，并将其有机结合起来。即通过对师生员工的安全教育和培训，有效降低人因失误；通过对师生员工的安全意识和责任培养，以及对师生员工的主观能动性的发挥，促使高校师生员工积极探索消除物的不安全状态的新方法、新技术等，即通过消除物的不安全状态，有效改善高校的安全环境，为消除人因失误创造有利的外部条件。

（二）由内到外，相互协调

简单说，价值观是关于价值的观念。安全价值观，就是关于安全价值的观念。而观念是客观事物在人脑中形成的概括印象，它会对人的行为产生直接和深远的影响。所以，安全价值的观念会对人的安全行为产生直接和深远的影响，可以规范和约束每个人的行为，协调各种活动。因此，高校安全文化建设，首先要从其核心层——安全价值观开始建设。通过安全教育，提高师生员工的安全意识，并在观念上形成统一认识，指导师生员工的行动，即让师生员工由内到外形成与安全价值观念一致的高校校园安全行为文化、制度文化和物态文化。另外，安全精神文化与制度文化、行为文化以及物态文化之间具有相互影响、相互制约的作用，在高校安全文化的建设过程中，必须相互协调和配合。

（三）有步骤、分阶段整体推进

高校校园安全精神文化、制度文化、行为文化和物态文化四个是一个有机的整体，不可分割，它们的关系是校园安全精神文化决定了其他安全文化的创造形态和内容，是灵魂和中枢，决定并在一定程度上支配其他安全文化形态的存在；校园安全行为文化既是安全精神文化的反映，同时又作用和改变安全精神文化；校园安全制度文化是安全行为文化的规范化，对行为安全起规范性、约束性影响和作用；校园安全物质文化是安全文化的表层，是其他安全文化的体现、物质基础和基本条件。所以，在有步骤、分阶段的高校安全文化建设中，应特别强调四个层次安全文化的相互协调，统一规划，整体推进，不能各行其是，相互割裂。

第四节　高校安全文化建设的途径

高校安全文化是校园文化的重要组成部分，是在高校教育教学过程中，创造出来的关于师生员工健康、生命、财产安全，并具有高校特色的安全物质财富和安全精神财富的总和。它包含精神层面的建设、行为层面的建设、制度层面的建设和物质层面的建设四方面。因此，高校安全文化建设也应紧紧围绕这四个方面开展，同时要特别注重高校安全文化载体的建设。

一、夯实高校安全文化建设的物质基础

高校安全文化和一般文化一样，其孕育、产生和成长都要依赖于一定的物质基础，它在校园安全文化构成要素中，是最直观、最外显的因素和重要保障。简单地说，就高校校园安全硬件设施，包括高校在教育教学过程中产生的，需要防护或保护师生员工健康与安全而使用的各种安全工具、器具和物品。比如消防安全设施设备、交通安全设施设备、防恐反恐设施设备等，它们是高校安全文化的重要物质保障。

随着科技发展的突飞猛进，特别随着国家对教育投入的增加，一系列科技创安系统设施设备也不断被高校安全所应用。高校校园环境和校园安全设施得到不断的完善，为高校安全

提供了有力的保障。比如用于校园治安安全方面的有校园视频监控系统、楼宇智能管理系统、防盗报警系统等，用于消防安全方面的有智慧消防可视化系统、消防自动报警灭火系统、消防水压实时监控系统、自动漏电检测保护系统等，用于校园交通安全的有车辆出入车牌自动识别系统、校内车辆停放自动诱导系统、校内交通违规抓拍系统等。另外，还有用于各类危险源安全检测防护、食品卫生安全、网络安全信息防护系统等。

夯实高校校园安全的物质基础，其目的是实现物的本质化安全，高校应进一步加强安全设施建设，升级和改造硬件设备，构筑高校安全综合防控体系，实现人防、物防、技防相结合的全方位、立体化防范体系，消除一切不安全的隐患和漏洞。

二、建立健全高校安全制度体系

建立健全高校安全制度体系是高校安全文化建设的重要组成部分。它既是维持高校工作正常运转必不可少的一项保障，也是依法治校的必然要求。一方面，要建立完善的安全管理制度，使安全管理工作有章可循，避免各类安全事故接踵而至；另一方面，建立、健全日常安全管理制度也是高校保护师生安全的重要手段。因而，高校建立健全安全管理制度有着非常重要的意义。高校只有在教育教学活动中遵循教学规范，落实安全管理要求，才能合理预见、积极防范可能发生的风险，为高校其他工作保驾护航，营造一个和谐、安全、稳定的校园。

高校安全管理是一项庞大、繁杂的工作，也造成高校安全管理制度的纷繁复杂。但是，不外乎管理环节制度、管理对象制度和应急管理制度三大类，建立健全高校安全制度体系应从这三个方面着手。

（一）管理环节制度

管理环节制度主要有：安全工作会议制度；安全值班制度；安全检查制度；隐患排查制度；风险评估制度；重点场所、设施、设备的检查、维护、更新制度；安全设施设备的配置、维护、更新制度；大型活动安全管理制度；安全教育培训制度；安全宣传制度；安全演练制度；安全信息收集、监测与报告制度；安全信息提示、预警制度；安全信息公开制度；安全管理投入保障制度；安全工作总结与督查制度；安全工作档案制度；责任追究制度等。

（二）管理对象制度

管理对象制度主要围绕以下方面建立：防震、防汛、防火、防台风、防地质灾害、防雷，其他当地常见自然灾害预防；校门、围墙安全管理；校园安全巡视；学生宿舍安全；学生到校和离校管理；临时用工安全管理；外来单位（人员）安全管理；出租房屋管理；易燃易爆物品、管制刀具等危险品检查、清缴；互联网安全管理；考试安全管理；师生精神疾病、特异性取向排查；基层矛盾排查与化解；校园环境安全管理；校舍、建筑物安全管理；施工安全管理；车辆、交通安全管理；水、电、气等设施设备的安全管理；大规模学生人流疏散；教学活动安全管理；实验教学安全；危险化学品管理；实践活动、校外活动安全；卫生防疫；饮食安全等。

（三）应急管理制度

应急管理制度主要是高校应对突发事件的各类预案。

高校安全制度建立后并不是一劳永逸的，还需要因时、因地、因事进行修订和完善，使其更适合高校的实际，更符合时代的要求。同时，还要充分做好校园安全制度载体——《校园安全制度手册》的编写工作。把校园安全制度手册下发给师生员工学习和查阅，让安全制度建设深入人心，并逐步内化为全校师生的一个行为准则，实现高校安全文化建设的目的。

三、创新高校校园安全的行为模式

人不仅是安全管理的主体，而且是安全管理的客体。在安全生产人、机、环境三要素中，人是最活跃的因素。同时，人的不安全行为，如违章指挥、违规作业和违反劳动纪律（"三违"）等具有危险性的做法也是导致事故的主要因素。所以，控制人的不安全行为，激励人的安全行为，这是安全文化的高层次和境界。因此，要不断创新高校校园安全行为模式，提高师生员工的安全技能，实现高校安全文化建设的目的。比如，组织开展治安、消防、交通等专题讲座，开展校园主题、校园节日、社团活动，用丰富多样的校园安全文化活动来塑造人；加强大学生德育教育工作，开展学生心理安全辅导活动，建立平等、互爱、和谐、融洽的校园师生关系，以和谐的人际环境团结人心；强化安全教育培训，提高师生安全意识和防范技能，等等。

安全行为文化在高校安全文化建设中，最能体现出人的本质、主体地位和主观能动性。当结合学校日常管理将安全常识、法律法规、心理理论等案例传达给师生，使安全理念化作师生的自觉意识；当安全工作由被动变成了主动，转化为师生员工内在的安全文化素质时，安全文化建设就有了理论前提和思想保证。

四、培育高校安全文化的灵魂

高校校园安全精神文化建设是高校安全文化建设的重中之重，它是高校安全文化的核心，总的指导思想。它决定着高校的安全格局，左右着师生员工的安全思想，指引着师生员工的行为选择方向。在高校安全文化建设中，如果只注重校园安全文化载体等表层形式的建设，而忽略了校园安全文化内在价值及理念建设，那么这样的校园安全文化就没有意义了，更别说对高校安全发展的推动作用。因此，在高校校园精神安全文化建设中要从以下三个方面着手。

1. 凝练高校校园安全理念

高校安全理念是高校安全的指导思想和宗旨，无论对决策层和管理层来说，还是对基层来讲，是否树立正确的安全理念，把安全理念渗透到高校安全管理的全过程、各要素之中至关重要。安全理念设计一般采取自上而下和上下结合的方式，既要体现国家总的安全理念，又要结合高校的实际情况，特别要突出高校的特色。具体来说，高校安全文化构建的指导思想是习近平新时代中国特色社会主义思想，牢固树立安全发展的理念，弘扬"生命至上，安全第一"的思想，以培养和提高师生员工素质，实现本质安全化为目标，从精神、制度、物质等各个层面不断营造安全氛围，规范程序，创新载体，丰富内涵，引导和教育师生树立科学的安全价值观，全面提高安全素质。

2. 运用安全教育渗透安全理念

预防事故发生的关键在于人们安全意识的形成，而安全意识形成的关键在于教育，根据不同时段的安全形势和工作重点，利用各种手段开展安全教育，把安全理念化作师生的自觉意识，筑牢思想上的安全防线，发挥安全理念在防范事故中的决定性作用。首先，高校要把安全教育制度化，定期安排开展，不间断地渗透安全理念。其次，要把安全教育内容系列化。除消防安全、交通安全、饮食卫生安全、意外伤害事故安全、体育活动安全等外显性安全外，还不能忽视内隐性安全的隐患排查和预防，如心理健康、政治倾向性等问题，全方位地渗透安全理念。第三，要把安全教育形式多样化。充分利用各种教育形式，加强师生安全防范意识和安全常识教育。比如主题班会、学生大会、校园广播、橱窗板报、专题宣传、影视播放、征文比赛、专项测试、知识竞赛、图片展览、专题讲座、课堂渗透等。这些形式的活动可让师生喜闻乐见、寓教于乐，增强安全理念的渗透效果。最后，安全理论学习与实际操作结合化。安全常识、理论学习及测验不能纸上谈兵，还要和消防器材的使用、紧急突发事件的处理、大型紧急疏散演练等实际操作相结合，解决安全教育的实效问题，让师生员工在实际中体会并牢记安全理念。

3. 营造体现安全理念校园环境

在物态层面上，高校安全文化和一般文化一样，其孕育、产生和成长都要依赖于一定的物质基础。在高校安全文化构成要素中，最直观、最外显的因素就是高校校园的硬环境和硬设施。在物态层面上确保安全理念的形成，应当从以下几方面进行建设。

（1）校园自然环境。要在多处设置安全活动警示牌、校园道路安全减速标志或减速带、楼梯通道行走靠右、安全出入口标志等等，构建人性化、花园式校园环境。

（2）校园网络环境。要构建完善的校园网络系统、校园安全文化网站，扩大宣传辐射面。

（3）校园人文环境。要通过塑造标语文化、橱窗文化、楼层文化、宿舍文化等，宣传有关安全的法律法规、信息、知识技能等内容，建设高尚优雅的人文校园。

案例选编

典型案例1

2013年3月22日，在沈阳市某大学城附近，大风吹倒了路边的广告牌，一名大学生被砸伤，路人迅速将其送往医院救治。事发时，该名大学生胡某正打算去乘坐公交车外出，路边有上百米的广告牌，大风将广告牌吹掉，掉落的广告牌砸到了胡某的头。经医院CT检查，胡某被诊断为脑震荡，胡某今后的说话和行动都会比较迟缓，但没有生命危险。

【案例分析】

路边、墙上、房顶随处可见的广告牌怎么就成了安全隐患呢？有句俗语"君子不立于危墙之下"，字面上的意思就是要躲着危险走，铺天盖地的广告牌有的年久失修，有的安装不牢固，有的安装不到位，习以为常反倒忽视了安全隐患。安全无处不在，事故就在身边，每个人都应该特别注意大风、雷电、暴雨等灾害天气下的个人安全。

典型案例2

2018年6月8日，受台风"艾云尼"影响，广州普降大暴雨。当日17时许，一名职校学生蹚水过马路时昏倒，该学生被抢救数小时后于当晚死亡，此事随后引发众多关注。医院 9 日出具的死亡证明书曾显示，推断死亡原因为"电击伤"。据 13 日下午广州白云区应急办微博通告，在事发地有一固定在高出地面 16 cm 平台上的交通设施设备机箱，当天因持续暴雨，水位迅速上涨，致使箱内的 220 V 电源插板遇水漏电，导致该男子触电身亡。

【案例分析】

水能导电这是常识，一般情况下电路遇水漏电会造成过载保护性跳闸。案例中的触电事故可能只是意外，但一条鲜活的生命就这样走到了尽头。当个人遇到特殊情况的时候，更应严格遵循安全准则，将危险降到最低。

【思考与练习】

1.过马路的时候，你是否严格遵循绿灯通行的规定，走斑马线的时候有没有低头看手机？

2.如果你们所在的大学设立安全志愿岗，你会不会报名参加志愿活动？

3.如果你是男生，有没有在宿舍床上抽烟的习惯，这样做安全吗？

4.如果你是女士，每次吹完头发后，会把电吹风从插座上拔下来吗？

附录　高校安全教育学习平台

1992 年 4 月，原国家教委颁布《普通高校学生安全教育及管理暂行规定》，标志着高校学生安全教育工作正式启动，至今已经28 个年头，虽然很多高校还没有发展成一门独立的安全教育课程，但是，做好安全教育已经逐渐被所有高校所认同，并以多种多样的形式和适合本校特点的模式，蓬勃开展起来。其中，通过在线学习和考核是一种非常重要的方式和手段。它不仅可以解决大学生安全知识、技能学习的时间限制问题，可以自由选择时间段学习，而且可以通过测试考察自己掌握知识的情况；它不仅可以克服传统教学方式学习安全知识的枯燥无味，而且可以以灵活生动的方式展现安全知识，信息量大，记忆深刻。因此，很多高校或专门机构都在发展安全教育学习平台。

一、安全教育学习与在线测试平台的主要功能和技术架构

大部分高校安全教育学习与在线测试平台，都有网页版和微信版，通过平台就可以进行安全教育内容学习，并进行学习效果测试。平台还可以对学生掌握的安全教育薄弱环节进行分析，有针对性地开展后续教育。此外，平台管理员还可以设置专题考试，对学生进行安全教育测试以及开展特定场景下的安全准入考试。

（一）学习用户功能

学生登录到学习端，在首页可以查看由管理员发布的通知公告、安全知识、安全法律、安全资讯，以及安全技能等内容。在视频学习模块选择课程进行安全知识学习，在试题学习模块选择对应的知识类别进行试题学习，学习完成以后可以进行模拟考试、正式考试，在考试完毕以后会展示学生所得分数，是否通过，未答和错答的试题信息及其讲解，也可在错题库中查看到自己未答和错答的试题信息及其讲解，加以巩固未掌握的知识。该平台的主要功能有如下几个。

（1）视频学习。点击对应的课程进行学习，每个视频都会有课后练习，学生只有看完视频、完成课后试题，并将试题全部答正确后，目录列表才会显示"已完成"标记。只看完视频没有做完课后试题或试题答案有误，目录列表中会显示"看了视频"标记。学生需要认真学习视频课程，如果学习过程中进行拖曳进度条等操作，即便课后试题答案全部正确，目录列表依旧显示"没看视频"标记。

（2）模拟考试。学生完成视频学习后可以通过模拟考试功能检验自己对安全知识或某一类别知识点的掌握情况。提交试卷后系统会自动打分，并显示错误试题进行纠错，也可在错

题库查询。如果在当前时间有未提交的试卷，系统自动默认取之前未提交试卷进行继续作答，当没有未提交试卷时才会去组新试卷，超过时间没有提交视为自动放弃本次考试机会。

（3）学习用户信息，包含了个人基本信息、密码修改、历史成绩，用户点击按钮可进行相关查询及信息修改。

（二）管理用户功能

管理员通过管理账户登录管理系统可对学生信息、课程信息、课后题、知识类别、类别下知识点和知识点下对应的试题进行管理。可以通过统计分析查看学生的考试成绩、视频学习和试题学习进度。可发布学校有关安全方面管理的通知公告，也可发布与安全相关的知识、新闻和法律，以及发生安全事故逃生的技能。

二、当前主要的安全教育学习与在线测试平台

（1）北京麦课在线教育技术有限责任公司平台
（2）超星尔雅大学生安全教育平台

另外，还有一些省市、高校也创建了各自的安全教育学习平台，也非常适合大学生安全教育的学习和在线测试，对大学生安全教育起到了很好的作用。

三、安全教育与在线测试平台的一般特点

（一）线上线下学习相结合

校园安全教育与在线测试实现了大学生安全教育的"网络在线学习 + 课堂学习"混合式学习模式的应用和推广，有效解决了该课程师资有限，学生课时量饱和以及时间、地域限制的难题，满足学生的个性化需求，提高大学生对大学生安全教育课程的自主学习能力和实践能力，是大学生安全教育课堂教学的有效补充，是安全教育课程的网络化、系统化、常态化模式的全新尝试。

（二）视频课程资源丰富

安全教育的视频课程包含法律法规、国家安全、消防安全、人身安全、交通安全、财产安全、网络安全、饮食安全、实验安全、反对邪教、抵制传销、突发事件应对、自救与互救等内容，视频课程资源非常丰富。

（三）视频课程知识点清晰

课程按照"了解、掌握、运用"三个层级设计，引导学生了解安全文化，掌握安全知识，完成技能操作，并对安全法律法规、原理、误区、方法等相关知识进行拓展。

（四）在线测试和考试资源丰富

在线测试和考试资源涵盖了防盗窃、急救、交通、常识、法律法规、心理健康、危险品、火灾消防、网络安全、食品安全、公共卫生、自然灾害等内容，可以结合每一类视频课程资源测试练习，也可以进行综合性测试练习和考试，自动生成测试和考试内容，不重复、不雷同。

（五）安全教育学习评价清楚

学生登录系统可查看自己的学习进度（已完成、未完成课程）、考试的历史信息（考试次数、类别、时间、是否通过、得分等）、错题库信息（每次考试后答错的试题总汇）。

（六）根据每个学校的情况定制学习内容

安全教育与在线测试系统兼容开放性好，可以根据学校学科特点，定制石油石化、生物医学、核科学、矿业工程等方面的内容供学生学习和测试练习。

参考文献

[1] 吴超，孙胜，胡鸿.现代安全教育学及其应用[M].北京：化学工业出版社，2016.

[2] 习近平.习近平谈治国理政[M].北京：外文出版社，2017.

[3] 中共中央宣传部.习近平总书记系列重要讲话读本[M].北京：学习出版社，2016.

[4] 毛泽东.毛泽东文集[M].北京：人民出版社，2009.

[5] 邓小平.邓小平文选[M].北京：人民出版社，2014.

[6] 江泽民.江泽民文选[M].北京：人民出版社，2006.

[7] 王焕斌.高校安全警示教育教程[M].北京：科学技术文献出版社，2016.

[8] 王秉，吴超.安全文化学[M].北京：化学工业出版社，2018.

[9] 李红霞.大学生安全与应急教育[M].北京；中国铁道出版社，2013.

[10] 宋志伟，燕国瑞.大学生安全教育[M].北京：清华大学出版社，2007.

[11] 刘志军，张宝运.大学生安全教育图鉴[M].济南：山东人民出版社，2015.

[12] 通识教育规划教材编写组.大学生安全教育(慕课版双色版)[M].北京：人民邮电出版社，2018.

[13] 张效民.大学生安全教育与应急处理训练[M].北京：商务印书馆，2014.

[14] 刘盛，刘明洁.消防安全知识教育读本[M].北京：中国法制出版社，2009.

[15] 崔政斌，周礼庆.危险化学品企业安全管理指南[M].北京：化学工业出版社，2016.

[16] 许龙君.校园安全与危机处理[M].北京：中国人民大学出版社，2010.

[17] 郝征.生存与避险训练：大学生安全知识读本[M].北京：北京航空航天大学出版社，2016.

[18] 陈卫华.实验室安全风险控制与管理[M].北京：化学工业出版社，2017.

[19] 汪秀丽，李雪梅.安全教育[M].北京：中国人民大学出版社，2014.

[20] 中国高等教育学会保卫学专业委员会.大学生安全教程[M].武汉：武汉大学出版社，2010.

[21] 虞汉华，朱兆华.安全检查手册[M].南京：东南大学出版社，2010.

[22] 张景林，王桂吉.安全的自然属性和社会属性[J].中国安全科学学报，2001.11(5)：6 - 10.

[23] 万川.对当前首都高校安全稳定形势的简要分析[J].新视野，2011，06：79 - 81.

[24] 赵列，陆卫群.西部高校校园安全现状及对策[J].长春师范大学学报，2017，36(1)：163 - 165.

[25] 程学礼，郑国兵，赵燕云，等.大学生被骗情况的调查[J].科技资讯，2017，09：229 - 232.

[26] 李子德.论平安校园的建设原则[J].中国石油大学胜利学院学报，2007，21(2)：44 - 45.

[27] 孟昭宁．化学实验室的防火安全[J].安全，2005，04：30 - 32.

[28] 汤继承.当前大学生安全教育的问题成因及对策研究[D].湖北：华中师范大学，2006.

[29] William. T. Glockman. School Crime, Safety and Threats [D]. New York：Nova Science Publishers，Inc，2009：11 - 14.

[30] 潘彬.平安校园建设视角下的高校安全教育研究[D].南京：南京信息工程大学，2015.

[31] 赵雪.大学生安全教育体系研究[D].浙江：中国计量学院，2014.

[32] 刘忠双．普通高校校园安全文化建设研究[D].齐齐哈尔：齐齐哈尔大学，2016.

[33] 国家安全生产监督管理局政策法规司.安全文化论文集[C].北京：中国工人出版社，2002.